KB272880

자기조절학습 탐구

자기조절학습 탐구

정미경 著

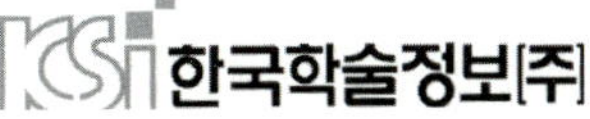
한국학술정보(주)

　　지식기반사회, 정보사회로의 변화는 교육의 방향을 크게 바꾸어 놓고 있다. 특히 새로운 세기와 함께 전개되는 정보사회에서 정보통신기술의 발달은 교육내용, 교수·학습 방법, 교육평가 등의 교수·학습 과정에서 지금보다 더 나은 수준의 학습자 중심의 교육을 요구하고 있다. 이는 지식과 정보의 끊임없는 생성이 사회의 핵심적 가치로 등장함으로써 과거의 수동적이고 기능 적응적인 사람보다 능동적이고 창조적인 사람이 필요하다는 시대적·사회적인 요구와 그 맥락을 함께 하고 있다. 이와 같은 교육적 패러다임의 전환에 따라 학교에서 팽창하는 정보와 지식을 능숙하게 처리하고 자신이 가지고 있는 지식을 효율적으로 관리할 수 있는 능력을 길러주어야 할 필요성이 매우 커졌고, 점차 교육심리학 분야에서 자기조절학습 구인에 대한 연구가 가속화되었다.

　　교수·학습에 있어서 자기조절학습의 효과성에 관한 연구는 지난 20년 동안 교육계에서 중요한 연구 주제의 하나였다. 즉 1986년 Zimmerman을 중심으로 한 일군의 연구자들이 'Contemporary Educational Psychology'라는 학술잡지를 통해 Bandura의 경험적 연구결과를 기초로 '학습자가 어떻게 자신의 학습을 조절해나가는가'에 대한 집중적인 논의를 거듭하면서 촉발되었다. 자기조절학습은 학습자가 자신의 학습 활동의 주인이 되어 학습 목표와 학습 동기를 진단하고, 학습에 필요한 인적·물적 자원을 관리하며, 학습의 모든 과정에서 의사 결정과 행위의 주체가 되는 자기 학습을 의미한다. 최근에 이르러 수행된 자기조절학습의 연구에 의하면 자기조절학습은 학습과제 유형과 관계없이 학생들의 학습과 학업성취의 중요한 예언치임이 규명되었다. 학교교육의 목적이 학습자의 부족한 특성을 찾아내어, 이를 개선할 수 있도록 도와주는 것이라고 볼 때 학습자들이 언제, 어디서, 어떻게 자기조절학습을 사용하고, 과제해결을 위해 각각의 구성 요인들을 어떻게 변형할 수 있을 것인가에 관한 연구와 안내가 절실하다고 할 수 있다. 이것이 바로 본서 집필의 근거이다.

이 책은 저자의 박사학위논문과 학술지에 게재되었던 논문을 기초로 모두 6개의 부로 구성하였다. 제1부는 1999년에 수행된 박사학위논문의 내용이다. 아마 박사학위논문만큼 그 사람의 정성과 노력이 들어간 연구도 드물 것이다. 이 연구는 자기조절학습의 개념화를 통해 학년과 학업성취 수준에 따라 자기조절학습의 발달 경향성을 알고자 하였다. 이를 위해 발달 특성을 조사·분석하고, 자기조절학습과 학업성취의 관계에 관한 경쟁적 인과모형들을 설정하여, 학년별로 이 인과모형들에 대한 적합도 검증을 통해 최적모형을 찾아 자기조절학습과 학업성취와의 관계를 규명하였다.

제2부는 Zimmerman과 Martinez-Pons(1986, 1988)가 제시한 자기조절학습 전략을 근거로 한국 아동의 발달 수준에 적합한 자기조절학습 훈련 프로그램을 개발하였고, 이 훈련 프로그램을 읽기, 쓰기에 적용하여 아동의 자기조절학습 및 학업성취에 미치는 효과를 밝히는데 목적을 두고 수행된 연구이다. 이는 2000년 한국학술진흥재단의 연구비에 의해 연구되었고(KRF-2000-037-CA-0081), 2002년에 교육심리연구 16권 1호의 183-203쪽에 게재되었다.

제3부는 한국 문화와 환경에 적절한 초등학생용 자기조절학습 검사를 표준화하는 것을 목적으로 수행된 연구이다. 이는 2001년 한국학술

진흥재단의 지원에 의해 연구되었고(KRF-2001-050-C00029), 2003년에 초등교육연구 16권 1호의 253-272쪽에 게재되었다.

제4부는 중학생들의 학습 과정에 있어서 학업성취를 제고하고 학습동기, 인지 전략, 학습 행동의 개인차를 확인하여 이를 교정하기 위한 자료의 하나로써 한국의 문화와 환경에 적절한 자기조절학습 측정 도구를 개발하려는 목적으로 수행되었다. 이는 2001년 한국학술진흥재단의 지원에 의해 연구되었고(KRF-2001-050-C00029), 2003년에 교육학연구 41권 4호의 157-182쪽에 게재되었다.

제5부는 대학생용 자기조절학습 검사를 개발하고, 그 타당성을 검증하려는 목적으로 수행되었다. 이는 2004년 한국학술진흥재단의 지원에 의해 연구되었고(KRF-2004-003- B00199), 2005년에 교육평가연구 18권 3호의 155-181쪽에 게재되었다.

제6부는 대학생이 지닌 자기조절학습과 창의적 사고력 그리고 비판적 사고력 간에 어떠한 관계가 있는지를 살펴보고, 자기조절학습 수준에 따라 창의적 사고력과 비판적 사고력에는 어떤 차이가 있는지를 살펴봄으로써 앞으로 대학교육의 교육과정 개발과 프로그램 개발을 위한 기초 자료를 제공하고자 하였다. 이는 한경대학교 2004년 학술연구조성비의 지원에 의해 연구되었고, 2007년에 영재와 영재교육 6권 1호의 163-182쪽에 게재되었음을 밝히는 바이다.

이처럼 박사학위논문의 주제였던 '자기조절학습'의 가설적 구인을 타당화하고자 하는 노력의 일환으로 수년간 초, 중, 고, 대학교 학생들을 대상으로 실험과 조사가 수행되었다. 이를 기초로 자기조절학습 이론을 체계화하여 학계에 기여할 수 있는 좋은 책을 내야겠다는 초기의 결심은 이런저런 핑계로 좀처럼 지켜지지 않아 그 간의 연구들을 조금 다듬어서 통합하는 선에서 마무리 지었다. 그러나 이는 또 하나의 단계로 나아가기 위한 출발로 생각한다. 다만 이와 같은 기초 작업이 이 분야의 연구를 수행하는 후학들에게 조금이나마 보탬이 되었으면 하는 바람뿐이다.

이 책을 내 인생의 동반자인 남편과 사랑하는 두 아들 상연, 도연이에게 바친다. 학문의 길을 가겠다는 아내에게 자신감과 용기를 북돋아 주고 지원해준 남편에게 지면을 통해서나마 진심어린 고마움을 표한다. 더불어 미진한 연구의 출판을 선뜻 맡아 주신 한국학술정보 출판사의 채종준 사장님과 바쁜 일정에 쫓기면서 책의 편집 작업에 애써 준 편집부 직원 여러분께 감사의 말씀을 전한다.

2008년 3월
정미경

제 6 부　자기조절학습과 창의적, 비판적 사고력 간의 관계

제 1 부

자기조절학습과 학업성취의 관계에 관한 구조모형 검증

제 1 장
서 론

1. 연구의 필요성과 목적

학습과정에 작용하는 변인을 탐색·통제하여 학업성취를 극대화시키려는 시도와 노력은 교육학 분야의 중심 과제이다. 선행학습 정도, 적성 그리고 일반지능과 같은 학습자의 지적인 특성이 학업성취에 보다 직접적인 관련이 있다는 결과와 더불어 흥미, 태도, 그리고 자아개념과 같은 학습자의 정의적 특성도 주어진 학습과제에 대한 동기적인 요소를 갖는 것으로서 학습자의 학업성취에 중요한 결정변수이다.

과거에 일반적으로 연구들이 학습에 영향을 미치는 여러 요인들 중에서 어느 한 가지 요인을 중심으로 연구를 수행해 왔다면, 현재의 연구들은 인지적 측면과 함께 정의적 측면을 통합하여 학업성취 현상을 설명하고 있다. 이는 학습이 실제로 이루어질 때는 이러한 요인들이 분리되어 영향을 미치지 않고 서로 밀접한 관련을 맺으며 종합적으로 그리고 복잡한 과정을 거쳐 영향을 미친다는 것이 인식되었으며, 개개의 요인들과 학업성취와의 관계가 일정치 않아 학업성취를 보다 잘 설명·예언할 수 있는 요인의 필요성이 인식되었기 때문이다(Howard-Rose & Winne, 1993).

또한 학습자를 단지 수동적인 반응자로 보는 종래의 관점에서 벗어나 학습의 능동적인 참여자로서 교수·학습의 성패를 좌우하는 핵심 요인으로 간주함에 따라 학습자의 역할에 대한 관심이 고조되고 있다. 이런 맥락에서 최근에는 자기조절학습(self-regulated learning)이라는 다면적이며 역동적인 구인을 통해 학업성취에 미치는 학습자의 인지와 동기 특성을 통합적인 시각에서 파악함으로써 학습과정에서 자기조절학습의 중요성에 중점을 두고 수행되고 있다.

1980년대 이후 자기조절학습은 기존의 연구에서 밝혀진 산발적 또는 분리된 학습요소들을 통합하는 개념적 특성이 있다. 즉 학습이 이루어지는 데 필요한 학습요소의 전체 영역에서 일관되게 작용하고 있는 자기조절학습이란 구인을 발견하여 종합적이고 역동적으로 투시했다는 데 의미가 있는 이론이다(Zimmerman, 1990).

자기조절학습 이론은 학생들이 상위인지적, 동기적, 행동적 전략의 선택적 사용을 통해 그들이 학습능력을 개별적으로 개선할 수 있고, 그들에게 유리한 학습환경을 선택·구성할 뿐만 아니라 창조할 수 있으며, 그들이 필요로 하는 수업의 양과 형태를 선택하는 데 있어서의 주도적 역할을 가정하고 있다(Bandura, 1986; Brophy, 1983; Corno & Mandinach, 1983; McCombs, 1984; Schunk, 1989; Zimmerman, 1986, 1989, 1990). 이와 같은 점에서 볼 때 학업성취를 신뢰롭게 예언하고 교육적 관점에서 훈련 가능하고 조작 가능한 구인으로서 자기조절학습에 대한 탐구는 필요하다고 볼 수 있다.

최근까지 이루어진 자기조절학습에 대한 연구에 의하면 학습은 결코 외부의 영향에 의해 완전히 통제될 수 없고 항상 자기조절적 요소를 포함하며(Weinert, 1983), 인간의 인지와 행동에 대한 자기조절은 교실 맥락에서 학생들의 학습과 학문적 성취에 있어서 중요한 측면이 된다는 것이 밝혀졌다(Corno & Mandinach, 1983). 또한 자기조절학습과 학업성취 간에는 비교적 높은 상관이 존재하며, 자기조절 학습자인 학생들의 중요한 지식구조와 과정들을 정의하는 한편 상위인지적, 인지적, 동기적 요소의 중요성을 인식하는 데 진전을 보게 되었다.

지금까지 한국에서 수행되어 온 자기조절학습에 관한 종래의 연구들은 대체로 동기와 자기조절학습, 인지와 자기조절학습, 자기조절학습과 학업성취 간의 관계를 부분적으로 다루고 있을 뿐 자기조절학습의 구인에 대한 탐색과 자기조절학습의 개념 정립에 소홀했다(권대훈, 1995; 권정아, 1992; 김종백, 1992; 문병상, 1993, 신종순, 1997). 또한 자기조절학습의 이론변인과 학업성취와의 관계분석을 특정 발달단계별로, 피험자 특성(우수아, 학습부진아)을 중심으로 구체적이고 설명적인 관계보다는 기술적이고 상호 상관적인 특성을 제시하는 데 그침으로써 이론변인에 대한 설명력이 부족한 실정이다.

이러한 점을 고려해 본다면, 학습과정에 있어서 자기조절학습에 대한 중요성을 논할 때 탐구해야 하는 것은 자기조절학습의 구성요인은 무엇이며, 학습자들이 이 구인을 어떻게 획득하는가에 관련된 다음과 같은 문제들이다.

먼저 자기조절학습의 구성요인에 대한 논의는 크게 인지적 요소를 강조하는 입장과 동기적 요소를 강조하는 입장으로 정리할 수 있다. 첫째, 인지적 요소를 강조하고 있는 Weinstein과 Mayer(1986)는 암송, 정교화 및 조직화와 같은 인지전략이 학습에 있어서 인지활동을 증가시키고 높은 수준의 학업성취를 가져온다고 주장하였다. 그러나 Pintrich(1989), Pintrich, Cross, Kozma와 McKeachie(1986) 등은 인지 및 상위인지 전략이 학생들의 학업성취 증가에 별로 도움을 주지 못한다고 지적하였고, Ames와 Archer(1988), Nolen(1988), Pintrich와 De Groot(1990) 등은 인지전략과 함께 동기적 요소가 상호작용하여 학생들의 학습에 영향을 준다고 주장하였다. 둘째, 동기적 요소를 강조하고 있는 McCombs(1984), Zimmerman(1989), Lepper와 Malone(1987), Paris와 Byrnes(1989) 등 여러 이론가들은 학생들이 어려운 문제 학습 상황이나 과제수행 장면에서 내적 동기가 높을 때 자기조절학습의 수준이 높다고 밝히고 있다. 이처럼 '자기조절학습'이라는 개념은 아직도 단일한 용어로 정립되지 않은 채 제각기 다양한 이론적 관점 속에서 구성요인을 제시하고 있기 때문에 일치된 견해를 도출해 내기가 어려울 뿐만 아니라, 이들 변인들 사이의 관계성에 대한 상이한 결과들이 증가하고 있다. 이와 같은 맥락에서 볼 때 교수 및 교육실제를 개선하기 위해서 자기조절학습이라는 구인을 개념화하고, 자기조절학습의 구성요인에 대한 탐색과 확인이 요청된다.

또한 학습자들이 어떻게 자기조절학습을 획득하는가에 대한 논의는 발달적 측면과 환경적 측면(학습이나 훈련)에서 이루어져 왔다. 발달적 측면의 연구에 의하면 자기조절학습 발달의 결정적 시기는 중학생 시기라는 연구결과들이 있다(Armstrong, 1989; Paris & Newman, 1990; Zimmerman & Matinez-Pons, 1990). 그러나 사회인지 이론가들은 자기조절학습은 연령 증가에 따라 자동적으로 발달이 이루어지는 것도 아니고, 환경적 상호작용에 의해 수동적으로 획득되는 것도 아닌 개인·행동·환경의 교호적 상호작용(reciprocal interaction)에 의해 이루어진다고 주장한다(Bandura, 1977; Schunk, 1989). 즉 자기조절이 이루어지는 데는 특별한 학습이나 훈련이 필요하지만, 이와 같은 학습이나 훈련은 발달의 한계를 고려할 필요가 있다. 그러므로 본 연구를 통해 자기조절학습의 발달 경향성이 확인되고 학업성취에 영향을 미치는 자기조절학습 측정변인 간의 관계성 및 효과의 크기가 밝혀진다면, 학습자의 학년 수준과 능력 수준에 적합한 자기조절학습 프로그램 개발에 대한 시사점을 제공해 줄 수 있을 뿐만 아니라, 교수·학습 과정의 궁극적 목표인 학업성취 향상에도 기여할 수 있을 것이다.

이상과 같은 문제의식과 필요성에 따라 본 연구의 목적은 첫째, 자기조절학습을 개념화하고, 구성요인을 탐색·확인한다. 둘째, 학년과 학업성취 수준에 따라 자기조절학습은 상이한 발달 경향을 보이는지 발달 특성을 조사·분석한다. 셋째, 자기조절학습과 학업성취의 관계에 관한 가설적 인과모형들을 가정하고, 학년별로 이 인과모형들에 대한 적합도 검증을 통해 최적모형을 찾고자 한다.

이와 같은 연구를 통해 얻은 결과는 한국 학생들의 자기조절학습이 어떤 발달 과정에 의해 어떻게 분화되어 가는지를 규명해줄 수 있을 것이며, 더 나아가서 이러한 학년별 자기조절학습 모형에 근거해서 학습과제의 성취와 동기, 상위인지, 학습전략을 증진시킬 수 있는 자기조절학습 프로그램의 개발을 위한 토대를 마련할 수 있을 것이다.

2. 연구문제

본 연구는 자기조절학습을 개념화하고, 자기조절학습의 발달 경향성을 조사·분석하며, 자기조절학습과 학업성취와의 관계에 대한 대안적 인과모형을 가정해서 이 인과모형의 적합도를 검증하고자 한다. 이 연구의 목적을 보다 구체적으로 제시하기 위해 탐구하고자 하는 연구문제는 다음과 같다.

첫째, 자기조절학습을 어떻게 개념화할 것인가?

이 연구의 목적 중의 하나는 위의 연구목적에서 밝힌 바와 같이 자기조절학습을 개념화하고, 그 구성요인을 탐색·확인하는 것이다. 이를 위해 본 연구에서는 자기조절학습의 모형을 탐색하고, 각 변인들의 잠재적 구인을 경험적으로 규명한다.

둘째, 자기조절학습은 학년과 학업성취 수준에 따라 어떠한 차이를 나타내는가?

자기조절학습의 학년과 학업성취 수준에 따른 발달 경향성을 확인하려는 것이 본 연구의 또 하나의 목적이다. 이를 위해 비교 연령 집단의 간격을 3년으로 나누는 횡단적 연구방법을 사용하여 아동기에서부터 청소년기까지의 자기조절학습의 발달 차를 학년 및 학업성취 수준에 따라 경험적으로 분석한다.

셋째, 학년별로 학업성취에 영향을 미치는 자기조절학습의 구성요인은 무엇이며, 어떠한 경로를 통해 이루어지는가?

이 연구의 주요 초점은 학년별로 자기조절학습과 학업성취의 관계에 관한 가설적인 구조모형들을 설정하고, 이 구조모형들에 대한 적합도를 비교·검토하여 최적모형을 확인하는 데 있다. 즉 자기조절학습과 학업성취 간에 존재하는 관계의 법칙만을 발견하는 데 초점이 있는 것이 아니라, 자기조절학습의 발달적 분화 과정에서 자기조절학습의 구성요인 중에 어떤 변인이 어떤 과정을 거쳐 어느 정도로 학업성취에 영향을 미치는가 하는 효과를 확인하는 데에도 주요 목적이 있다.

제 2 장
이론적 배경

1. 자기조절학습의 개념

'자기 스스로 학습을 선택하고 실행하는 것'이라는 포괄적인 의미에
서 자기조절학습을 지칭하는 용어는 매우 다양하다.[1] 흔히 사용하는
사람에 따라 '자기조절학습'이나, '자기조절적 인지능력(self-regulated
cognition)'이라고도 하며, 종종 '자기조절학습 전략(self-regulated
lear ning strategies)'과 혼용하여 사용하는 경우도 있다. 이는 학자들
의 이론적 관점에 따라 표현을 달리했을 뿐 의미는 같기 때문에 자기
조절학습이란 용어를 채택하여 개념화하고자 한다.

자기조절학습의 개념과 관련된 입장은 일반적으로 두 가지로 나눌

---

1) 예를 들면, 외국의 경우에는 self-control(Mahoney & Thoresen, 1974), self
-management(Thomas, 1980), personal control(Wang, 1983), self-
regulation(Bandura, 1986), self-regulated learning(Zimmerman, 1986), self
-regulated learning strategies(Zimmerman & Martinez-Pons, 1986), self
-regulatory skills(Gagne & Glaser, 1987), self-regulated cognition(Pressley
& Ghatala, 1990) 등과 같은 용어들이 사용되고 있다.(Yang, 1991) 또한 한
국의 경우에는 자기조절된 학습전략(문병상, 1993), 자기조정학습(김영상,
1992), 자기규제학습(손종식, 1993; 홍기칠, 1994), 자기조절학습(박승호,
1995; 정정옥, 1995; 신종순, 1997) 등과 같은 용어들이 사용되고 있다.

수 있다. 첫째는 학습이 이루어지는 데 필요한 인지적, 동기적, 행동적 측면을 동시에 고려한 입장으로, 이는 Zimmerman을 중심으로 주로 미국에서 진행되고 있다. 둘째는 자기조절학습의 인지적 측면에만 집중하여 상위인지와 유사한 개념으로 사용하는 입장으로, 주로 유럽과 Vygotsky를 계승하는 미국의 연구자들에 의해 진행되고 있다.

Zimmerman(1986, 1988, 1990)은 일반적 입장에서 자기조절학습이란 아동이 학습할 때 상위인지적, 동기적, 행동적으로 자신의 학습에 적극 참여하는 것을 의미하며, 자기조절이 학업성취를 촉진하는 실제적 촉진자라고 하였다. 여기서 상위인지적으로 학습에 적극 참여한다는 것은 학습자가 학습과정 중에 학습을 계획하고, 목적을 설정하며, 자기점검과 자기평가하는 것을 의미하며, 이러한 과정에서 자신의 학습을 자각하고, 자신의 학습에 대해 통찰력과 확신을 갖게 된다. 동기 과정에서 보면, 자기조절 학습자는 자기효능감이 높고 자발적이며 과제에 본질적인 흥미를 가지고 접근한다. 또 행동적으로 학습에 적극 참여한다는 것은 자기조절 학습자가 자신의 학습을 성공적으로 이끌기 위해 가장 적합한 환경을 선택하고, 구조화하며, 창조하는 것을 의미하며, 이를 위해 자신의 학습에 도움을 주는 정보와 조언을 구하고, 학습하기에 가장 적합한 장소를 찾고, 학습과정 중에 자기교수와 자기강화를 한다. 그러므로 자기조절 학습자는 자신의 학업성취를 향상시키기 위해 학습 시 상위인지적, 동기적, 행동적 전략을 체계적으로 사용한다.

Pintrich와 De Groot(1990) 역시 일반적 입장에서 자기조절학습에는 다양한 정의가 존재하지만 학교교실 상황에서 학업성취에 특히 중요하다고 간주되는 요인에는 세 가지가 있다고 본다. 첫째, 학생들의 인지를 계획, 점검, 그리고 조절하기 위한 상위인지적 전략들이다. 둘째,

교실의 학업적 과제에 대한 학생들의 노력을 관리하고 통제하는 요인이다. 셋째, 학습자가 학습하고, 기억하며, 이해하기 위해 사용하는 인지전략 요인이다.

Corno와 Mandinach(1983, p.95)는 인지적 입장에서 자기조절학습을 인지적 참여의 최상의 형태로 보고 "교실에서의 지식습득과정 중에 학습자들이 사용하는 일련의 학습전략"으로 정의하였다.

그런데 자기조절학습에 대한 이러한 개념은 학파에 따라 관점이 다르기 때문에 자기조절학습을 개념화하기 위해 여러 관점들을 살펴보면 다음과 같이 여섯 가지로 분류할 수 있다(Zimmerman & Schunk, 1989).

첫째, 조작적 관점은 Skinner(1979)의 조작적 조건화 원리에 기초를 둔 것으로 외부에서 주어지는 강화 자극이 학습자가 학습하는 동안 자기조절을 하게 하는 동기 요인으로 작용한다고 본다. 이들은 자기조절학습에서 환경의 역할을 강조했으며, 자기조절학습의 핵심적인 유목으로 자기점검, 자기교수 및 자기강화 등 세 가지에 역점을 두어왔다. 자기조절 학습자가 되게 하는 교수 방법으로 모방, 언어적 교수, 강화 등을 제시한다(Mace, Belfiore & Shea, 1989).

둘째, 현상학적 관점에서는 자기조절학습의 핵심과정으로 자기가치와 자아정체감의 중요성을 강조했다. McCombs와 Marzano(1990)에 의하면 학습자가 자기조절학습 과정과 활동에 참여하게 하는 의지와 동기를 유발하는 요인이 자아로 학습자가 자기조절을 하게 하는 동기는 자아개념의 증진 또는 자아실현에 있다고 본다. McCombs(1989)는 자기조절의 핵심과정으로 자기평가, 계획, 목표설정, 점검, 정보처리, 부호화, 인출전략을 제시하였으며, 이 중에서 특히 자기평가를 중요한 것으로 보고 있다.

셋째, 사회인지 관점은 Bandura(1977)의 사회학습이론에 기초하여 학습자의 학습은 자신의 내면적인 인지과정과 몸담고 있는 환경, 그리고 학습 행동 세 가지의 상호작용에 의해 결정된다고 설명하고 있다. 또한 자기조절을 위한 동기는 성취기대와 자기효능감에 있는데, 학습자는 자신이 기대한 결과를 얻음으로써 또는 설정한 목적을 성취하기 위해 필요한 행동을 성공적으로 수행할 수 있다는 자신감에 의해 동기화된다. Bandura(1986)는 자기조절의 하위과정으로 자기관찰, 자기판단, 자기반응을 제시하고, 이러한 하위과정들은 상호작용하는 것으로 가정하였다.

넷째, 의지 관점은 Kuhl(1984)의 이론에 기초를 둔 것으로 초기 학자들은 동기와 의지를 같은 의미로 해석하였다. 그러나 Kuhl은 의지를 동기와 다른 것으로 보았는데, 동기는 행동을 의도·유발시키나 유발된 행동을, 여러 장애 속에서 지속·활성화시키는 것은 의지가 하는 일이라는 점에서 동기와 의지를 구분하였다. 한편 Corno(1986)는 의지를 자기통제란 말로 대치하면서, 의지는 모든 심리적 상태를 보호하고 통제하는 상위인지적, 상위동기적 그리고 상위감정적 과정이라고 하였다. 이 의지에 관한 핵심 과정으로 주의통제, 약호화 통제, 정보처리통제, 정서통제, 동기통제, 환경통제 등으로 구분하여 설명하였다.

다섯째, Vygotsky 관점은 소련의 심리학자인 Vygotsky의 이론에 토대를 두고 있으며, 자기조절학습의 동기 요인으로 내적 언어와 성인과 아동의 상호작용을 들고 있다(Harris, 1990). 자기조절의 핵심과정은 자기중심적 언어인데, 아동이 성장함에 따라 자기중심적 언어가 사라지는 것이 아니라 내면화되어 내적 언어가 될 때 비로소 자기조절이 가능해진다. Vygotsky는 자기조절학습에서 사회화 과정을 중요시하며, 학교와 가정, 사회적 수업환경의 내재화가 고려되어야 한다고 주장한다.

여섯째, 인지구성주의적 관점은 Piaget의 이론에 근거한 것으로 자기조절학습의 동기를 인지적 평형으로 설명하고 있다. 즉 인간은 환경과의 상호작용 속에서 지식과 개념의 내적 범주를 형성하며 이러한 내적 범주에 의해 세계를 이해한다고 본다. 따라서 그들은 인간 학습과 기억에 있어 형성된 내적 범주인 쉐마의 역할을 강조한다. 이 관점을 취하는 Paris와 Barnes(1989)는 자기조절학습의 중요한 하위요인으로 자기유능성, 노력, 학습과제 및 도구적 전략을 제시하고, 이 중에서 학습자가 시간, 동기, 정서를 관리하는 것은 물론 정보처리를 위한 정신적·신체적 활동을 정교화하는 것을 의미하는 도구적 전략이 가장 중요한 요소라고 주장하였다. 이 관점에서는 또래 교수, 협동학습 방법을 자기조절학습을 위한 교수 방법으로 권장하고 있다.

이상과 같이 자기조절학습을 보는 관점은 연구자들의 이론적 견해에 따라 다르지만 다음과 같은 공통된 특징을 통해 자기조절학습의 개념화를 시도하고자 한다.

첫째, 자기조절 학습자는 자신의 학업성취를 향상시키기 위해 학습에 상위인지적, 동기적, 행동적 전략을 체계적으로 사용한다.

둘째, 자기조절 학습자는 학습 중에 학습의 효과를 알아보기 위해 자기지향적인 피드백을 사용한다.

셋째, 자기조절 학습자는 특정 자기조절학습전략을 선택하여 사용하는 방법이나 이유를 설명할 수 있다.

넷째, 자기조절학습의 중요한 측면은 학습과 동기는 별개로 다루어져서는 충분히 이해하기 어려운 상호 연관성이 있는 과정이라는 것이다.

본 연구에서는 인간 학습의 인지와 동기적 측면이 하나로 통합되어야 한다는 관점에 초점을 맞추고 있는 연구 목적에 비추어 볼 때 학습자의 내재적 과정, 학습자가 몸담고 있는 환경, 그리고 학습 행동의 세 가지 결정변인이 학습자가 자기 학습을 조절하려는 노력이라고 설명하고 있는 사회인지 관점을 받아들이기로 하였다. Bandura(1977)에 의해 시도된 사회인지 관점을 수용한 이유는 본 연구의 종속변인에 해당하는 학업성취가 교사, 학습자, 교육내용 등 제 요소들의 역동적 상호작용에 의해 결정됨으로 교육적 함의를 얻기에 적합하다고 판단되었기 때문이다.

따라서 사회인지 관점의 자기조절학습을 중심적인 관점으로 하여 이 연구에서는 자기조절학습이란 '학습자가 자신의 학습 활동의 주인이 되어 학습 목표와 학습 동기를 진단하고, 학습에 필요한 인적·물적 자원을 관리하며, 학습의 모든 과정에서 의사 결정과 행위의 주체가 되는 자기 학습'이라고 정의하고자 한다.

2. 자기조절학습의 구성요인

자기조절학습의 구성요인과 측정변인에 대해서는 연구자의 관점에 따라 다양하다.

Bandura(1982)는 자기조절을 구성하는 요소로 극복전략, 문제해결과 의사결정 기술, 목표설정, 계획, 자기평가, 자기조절, 자기강화에 대한 능력을 포함한다고 하였고, Corno(1986)는 주의통제, 약호화 통제, 정보처리통제, 정서통제, 동기통제, 환경통제와 같은 상위인지 요인을 강조했다. 상위인지 외에 상위동기, 의지통제를 자기조절학습의 중요 구성요인으로 제시한 연구자로 박승호(1995)를 들 수 있다. 여기서 상위인지란 자기조절 학습자가 자신의 학습을 계획, 점검, 조절하는 것을 의미하고, 상위동기는 자신의 동기과정을 인식하는 것으로서 그 결과 학습자들이 열심과 계속적인 동기를 가지고 학습하게 되는 보다 높은 수준의 기술을 말한다. 또한 의지통제란 학습 중에 학습을 방해하는 많은 내적·외적 주의 산만 요소를 통제하면서 본래의 의도를 지속적으로 유지시켜 학습목적을 달성하게 하는 심리적 기제를 의미한다.

자기조절학습에서 동기적 요소를 강조한 Pintrich(1989)는 중심 요소로 인지적 요소, 자원관리 요소, 동기적 요소로 구분하였는데, 인지적 요소로는 주어진 과제의 암송, 과제의 정교화, 과제의 조직화를 포함하고, 자원관리 요소로는 할당된 시간의 관리, 주어진 상황의 환경적 조건 관리, 과제를 수행하기 위한 노력의 분배관리, 필요한 도움의 요청 등을 포함하며, 동기적 요소로는 내적 지향, 과제의 중요성, 신념, 성공에 대한 기대를 포함한다고 하였다.

한편, Pintrich와 De Groot(1990)는 자기조절학습에 동기를 포함시켜 동기화된 자기조절학습을 강조하였다. 그들은 44개 문항을 요인분석하여 동기적 신념과 자기조절학습전략으로 구분하고 동기적 신념 속에 자기효능감, 내재적 가치, 시험불안을 포함시키고, 자기조절학습전략 속에는 인지전략, 자기조절을 포함시켰다.

인지와 동기의 통합적인 역할에 강조를 두고 구성요인을 제시한 연구자들은 다음과 같다. 먼저 Zimmerman(1989), Zimmerman과 Martinez-Pons(1986, 1988)는 자기조절학습의 결정요소로서 개인적, 행동적, 환경적 요소를 들고 있다. 개인적 요소로는 학생의 지식, 상위인지적 과정, 목표, 불안, 자기효능감 등이 있고, 행동적 요소에는 자기관찰, 자기판단, 자기반응 등이 있다. 또한 환경적 요소에는 모방, 언어적 설득, 사회적 지원과 학습환경의 구조화 등이 있다.

Sink(1991) 등은 여러 학자들의 연구들을 종합하여 자기조절학습의 구성요인을 인지적인 면과 정의적인 면으로 파악하였다. 전자에는 영역 특수적인 지식과 전략, 일반적 학습전략, 학습과 수행에 대한 상위인지적 통제가 포함되며, 후자에는 일반적인 자기효능감 영역, 특수적인 자기효능감 영역, 통제 부위, 내적 동기, 자아존중감, 완성 경향성이 포함된다고 말하고 있다.

문헌분석을 통해 자기조절학습의 구성요인을 체계적으로 탐색한 Linder와 Harris(1992)는 상위인지, 학습전략, 동기, 상황적 민감성, 환경 이용과 통제의 5개 차원의 71개 문항으로 이루어진 자기조절학습 검사(Self-Regulated Learning Inventory: SRLI)를 개발하였다. 여기서 상위인지는 인지조절, 인지에 대한 지식, 자기 반성적 인식을 말하고, 학습전략이란 성공적인 학습 촉진을 위해 계획 조직하기, 학습목표 달성을 위해 기술 세분하기, 학문적인 목표를 달성하기 위한 절차를 의미한다. 또한 동기란 노력과 결과의 관계 인식하기, 성취감·능력감, 학습 욕구를 의미하고, 상황적 민감성이란 과제 요구를 측정하는 능력, 과제 요구를 조정하는 능력, 학습 과제와 평가 사이의 관계를 판단하는 능력을 말하며, 환경 이용과 통제란 도움 구하기, 계획하기, 학습환경 만들기를 의미한다. 그러나 최근 연구(1996)에서 그들이 만든 자기조절학습 검사의 구성요인을 요인분석 방법을 통해 문항 분석한 후 집행적 처리과정, 인지적 처리과정, 동기 및 환경 이용과 통제의 4개 차원의 80개 문항으로 이루어진 자기조절학습 검사 개정판을 내놓고 있다.

이상의 선행연구들을 종합해 보면 자기조절학습의 구성요인은 학자들의 관심에 따라 강조점이 다소 차이가 있으며 구성요인 또한 다르게 제시되어 있다는 것을 알 수 있다. 그러나 유사한 개념들을 통합해서 공통적인 개념을 추출해 보면 동기, 상위인지 및 학습전략의 세 가지 구성요인으로 분류해 볼 수 있다.

동기 요인에 해당된다고 생각할 수 있는 것은 Bandura(1982)의 자기강화, Garcia와 Pintrich(1993)의 학습목적과 자기 쉐마, Pintrich(1989)의 내적 지향, 과제의 중요성, 성공에 대한 기대, Sink(1991)의 일반적인 자기효능감, 특수적인 자기효능감, 내적 동기, 자아존중감, 완성 경향성, Zimmerman(1986, 1988, 1989)의 불안, 자기효능감, 그리고 박승호(1995)의 상위동기이다.

상위인지 요인에 포함된다고 생각할 수 있는 것은 Bandura(1982)의 계획, 자기평가, 자기조절, Linder와 Harris(1996)의 집행적 처리과정, Sink(1991)의 학습과 수행에 대한 상위인지적 통제, Zimmerman(1986)의 자기교수, 자기점검, 자기평가이다.

학습전략 요인에 해당될 수 있다고 생각할 수 있는 것은 Bandura(1982)의 문제해결과 의사결정 기술, Corno(1986)의 주의통제, 환경통제, Pintrich(1989)의 암송, 정교화, 조직화, 시간관리, 환경적 조건관리, 노력관리, 타인의 조력추구, Pintrich와 De Groot(1990)의 인지전략, 자기조절, Zimmerman과 Martinez-Pons(1986, 1988)의 사회적 지원, 학습환경의 구조화이다.

따라서 본 연구에서는 개념 고찰 및 선행연구에서 경험적 연구방법에 의해 입증된 내용을 근거로 동기, 상위인지 및 학습전략을 자기조절학습의 구성요인으로 보고, 이들 구성요인에 대한 이론적 탐색을 하고자 한다. 이는 위에서 자기조절학습에 대한 제 이론을 근거로 한 자기조절학습의 개념화를 위한 기초가 되기 때문이다.

1) 동 기

학습에 관한 최근 연구들은 학습의 질은 인지적 용어만으로는 적절하게 기술될 수 없으며, 학습자의 동기 측면을 고려할 것을 제안하고 있다(Pokay & Blumenfeld, 1990; Zimmerman, 1990; Zimmerman & Martinez-Pons, 1988).

최근 동기에 대한 연구 경향은 동기 요인을 외적 자극이나 충동 등이 아닌 인지적 해석이나 평가와 같은 인지과정으로 보고 있다. 이와 같은 맥락에서 인지이론으로 동기 과정을 설명하는 이론들 중에서 핵심적 위치를 차지하는 것은 기대-가치 이론(expectancy-value theory) 또는 기대-유인가 이론(expectancy-valence theory)으로 특징지을 수 있다(한덕웅, 1985). 이것은 동기가 두 가지 주된 힘의 산물이라는 것인데, 그 힘은 목표에 도달하고자 하는 개인의 기대와 그에게 있어 목표의 가치라고 할 수 있다.

Bandura(1977, 1982, 1986)의 사회학습이론은 동기에 대해 기대-가치 접근을 한 대표적인 실례인데, 그가 상이한 치료방법에 의해 발생되는 행동변화를 설명·예언하기 위하여 종합적인 이론체계를 구상한 것이 자기효능감(self-efficacy theory)이다. Bandura(1977)에 의하면 자기효능감이란 자신의 능력에 대한 개인적 판단 및 신념으로서 활동의 선택 및 노력의 양과 지속성을 결정하는 변인이다. 즉 자기효능감은 개인이 성취 장면에서 자신의 능력에 대해 가지는 기대라고도 볼 수 있는데, 그는 이러한 기대를 결과기대와 효능기대로 구분했다. 결과기대는 어떤 행동이 어떤 결과를 산출할 것이라는 확률추정치로서 어떤 결과를 얻으려면 무엇을 해야 할 것인가에 대한 지식을 의미하며, 효능기대는 자신이 어떤 성과를 달성하는 데 필요한 행위를 수행할 수 있는가에 대한 신념을 의미한다.(권대훈, 1995) Schunk(1989)와 Zimmerman(1989)은 자기효능감을 과제의 성공적인 수행에 필요한 인지적, 행동적 및 사회적 기능을 구조화하여 수행할 수 있는 개인의 능력에 대한 확신감이라고 정의하고 있다.

자기효능감에 대한 연구가 다양한 이론적 전통 안에서 수행되었을 지라도 그 연구들 간의 공통점은 삶의 중요한 측면을 통제할 수 있다는 자신의 능력에 관한 신념을 강조한다는 점이다. 즉 통제할 수 있는 자신의 능력에 관한 믿음이 자기효능감이기 때문에 자기조절학습에 영향을 미치는 첫 번째 동기 요인으로서 포함시킬 수 있는 이유가 된다.

동기의 가치 요인은 과제에 대한 목적, 과제의 흥미와 중요성에 대한 신념을 포함하며, 학습 대 수행목적, 내재적 대 외재적 지향성, 과제 가치, 그리고 내재적 흥미와 같이 다양하게 개념화되어 왔다(Pintrich & De Groot, 1990).

이러한 가치 요인은 학생들이 과제를 수행하는 이유와 관련된다. 즉 어떤 과제 속에서 중요성과 흥미에 대한 학생들의 목표나 신념을 나타내는 가치 요소는 노력과 지속성의 중요한 예언자가 된다. 선행연구들은 그 과제가 흥미롭고 중요하다는 내재적 목표와 신념을 가진 학생들은 더 많은 인지전략 사용과 효과적인 노력관리를 한다고 제시하고 있다(Ames & Archer, 1988; Pokay & Blumenfeld, 1990; Shell et al., 1995). 그러므로 내재적 가치를 지향하는 학습자가 보다 효율적으로 자기조절학습을 사용한다고 볼 수 있다.

전술한 바에 비추어 볼 때 내재적 가치는 과제의 중요성에 대한 개인의 인식, 과제에 대한 내재적 가치 혹은 내재적 흥미, 장래의 목표를 위한 과제의 유용성 가치라고 할 수 있는 것으로서 학습전략의 사용에 영향을 미치는 자기조절학습과 관련된 중요한 동기요인의 하나라고 할 수 있다.

또한 정의적 요소인 불안 요인은 기존의 기대-가치 이론을 보완하기 위해 추가된 이론이다. 불안 요인은 동기적 힘을 결정하는 데 있어서 앞서 고려한 기대와 가치 요인과 마찬가지로 고려되어야 할 중요한 동기 요인이라고 할 수 있다. 불안은 주의 집중을 방해함으로써 수행을 저하시키는 매개자로서 작용한다(Pintrich & De Groot, 1990). 불안에 관한 연구들을 살펴보면, 대상불안(targeted anxiety)으로서 시험불안을 다루고 있는 것이 많다. 불안과 학습 간의 관계는 직선적이라기보다는 곡선적이라고 할 수 있는데, 불안 성향이 적은 학생은 학습에 도전감을 느끼고 최선을 다하며 능률을 향상하는 경향을 보이는 반면에, 불안 성향이 큰 학생은 당황하고 걱정하며 능률을 상실하는 경향을 나타내게 될 것으로 기대된다. 이러한 시험불안은 Liebert와 Morris(1967)에 의하면 인지적인 요소와 정서적인 요소를 포함하고 있다. 인지적 요소인 걱정은 자기 자신, 가까이 있는 시험장면이나 잠재된 결과에 대한 부정적인 기대감 및 근심 등과 같은 불안 경험의 인지적인 요소를 의미하는 것으로 보고 있다. 한편 정서적 요소인 정서성은 불안 경험의 생리적·감정적인 요소, 즉 초조와 긴장 등과 같은 자율적 각성의 징후와 불쾌한 감정의 상태를 지각하는 것을 의미한다(이동길, 1985).

 Sarason(1975) 역시 시험불안에 대한 반응을 인지적 반응과 정서적 반응으로 구분하고 이 중에서 인지적 반응이 행동수행에 더 큰 영향을 미친다고 보고하였다. 결과적으로 시험불안은 인지 간섭의 문제라고 할 수 있으며 동기적 힘을 결정하는 데 있어서 기대-가치 요인과 더불어 고려되어야 할 중요한 동기요인으로 생각할 수 있다(김종백, 1992).

 이상의 선행연구 결과들을 종합해 볼 때 자기조절학습은 동기와 밀접한 관계가 있고 동기적 요인들의 정도가 증가되면 자기조절학습 수준이 높아질 수 있으며, 동기관련 요인들 중에서도 자기효능감, 내재적 가치, 시험불안이 중요한 요인으로 작용하는 것을 알 수 있다(Pintrich,

1989; Pintrich & De Groot, 1990; Pintrich & Garcia, 1991).

그러므로 본 연구에서는 자기조절학습 모형에 기대-가치 모형을 적용한 Pintrich와 De Groot(1990)의 견해를 채택하여 동기를 자기조절학습의 중요한 구성요인으로 보고, 동기의 하위 구성요인에 자기효능감, 내재적 가치, 시험불안을 포함해서 이 요인들의 발달적 분화 과정과 학업성취와의 관계를 탐색하고자 한다.

2) 상위인지

학습을 결정하는 중요한 예언변인의 하나로 1970년대 말부터 관심을 모으기 시작한 상위인지는 인지심리학, 교육 및 교수심리학 등의 관심 대상이 되어 온 이후 이에 관한 연구가 점차 증가하고 있다.

상위인지는 Flavell(1971)에 의해 처음으로 사용되기 시작하였으나 그 근원은 학습자의 자기조절학습 능력을 의미하는 Piaget(1976)의 반성적 의식의 개념에 연유하고 있다(김옥기, 1988).

상위인지에 대한 개념은 다양하지만, 공통적인 합의점을 찾아보면 인지 과정에서 스스로 무엇을, 얼마나 알고 있는지를 인식하는 것으로서, 자기 자신의 수행을 점검하고 평가하는 행동과 그 평가에 따라 이루어지는 전략의 선택 및 사용에 관한 인지적 능력이라고 정의를 내리고 있다(김종순, 1995). 즉 상위인지란 인지 자체라기보다는 자신의 인지에 관한 지식이며 자신의 인지 과정에 대한 통제와 지적인 평가의 결과라고 정의할 수 있다.

상위인지의 구성요인에 있어서는 다음과 같은 분류를 확인할 수 있다.

Corno(1986)는 자기조절학습을 설명하기 위해 다른 요인들보다 점검(monitoring) 요인을 강조하였다. 점검은 아무리 과제가 쉽다 하더라도 자동적으로 이루어지기는 어렵고 항상 의식적인 통제를 요하므로 자기조절학습이 일어나게 할 가능성이 높다.

Flavell(1979)은 상위인지를 개인의 인지과정에 대한 지식 또는 그와 관련된 산물로 정의하고, 상위인지적 지식과 상위인지적 경험으로 구분하였다. 상위인지적 지식이 과제에 적절한 지식을 선택하고 유지하며 일반화하는 것과 관련된 인지적 자원에 관한 개인의 지식이라면, 상위인지적 경험은 문제해결을 하는 동안 능동적 학습자에 의해 사용되는 자기조절 기제로서 계획, 점검, 조절과 같은 활동 과정을 포함한다. 계획은 목표를 설정하고, 정독하기 전에 훑어보고, 질문을 만들며, 문제를 분석하는 것 등을 포함하는 활동으로 문제에 대한 작업이 이루어지기 전에 일어난다. 점검은 스스로 주의 집중을 하고, 자기평가를 하며, 이해를 확인하는 것 등을 포함하는 활동으로 학습 그 자체 동안에 일어난다. 조절은 선택된 활동이 효과적이며 효율적이었는지를 계속적으로 체크하고, 필요할 때 활동을 조정하도록 하는 활동으로 과제를 완성한 후에 일어난다.

이상의 선행연구 결과들을 통합해 볼 때 인지과정에 대한 반성적 의식인 상위인지 활동과 상위인지 요소는 자기조절학습의 핵심 구성요인이고, 자기조절학습이 이루어지기 위해서는 상위인지적 지식보다는 실행 통제 과정이 이루어져야 한다는 것을 알 수 있다. 따라서 상위인지를 자기조절학습의 중요 구성요인의 하나로 보는 본 연구에서는 Flavell(1979)의 견해를 채택하여 상위인지의 지식적 측면보다는 상위인지의 경험적 측면에 초점을 맞추고, 상위인지를 학습자가 자신의 사고 내용이나 상태를 이해하고 사고 과정이나 문제해결 과정을 계획, 점검, 조절하는 경험 과정으로 정의한 후, 이 구성요인들의 발달적 분화 과정과 학업성취와의 관계를 규명하고자 한다.

3) 학습전략

교수·학습 과정의 효율화를 위한 최근의 연구들은 능동적인 참여자로서 학습자의 역할에 초점을 맞추어 진행되고 있으며, 학습자가 학습하는 동안 사용하는 학습전략의 중요성을 강조하고 있다(Weinstein & Mayer, 1986).

학습전략의 유사 개념으로는 학습기법, 공부전략, 공부방법, 학습요령 또는 공부기술 등이 있다. 그러나 학습전략 속에는 전체적인 체계라는 의미와 의도적이고 계획적이라는 의미를 특별히 포함하고 있다는 점에서 이들과는 변별될 수 있다(김영채, 1995).

학습전략이란 일반적으로 "정보의 획득, 저장, 그리고 유용화를 촉진시킬 수 있는 일련의 과정 또는 단계들의 집합"(Dansereau, 1978, pp. 2-4), "학습자가 사용하고 학습자의 학습과정에 영향을 미치는 행동양식과 사고체계로서 학습자가 새로운 정보를 선택, 획득, 조직, 통합하는 방식에 영향을 미치는 인간의 정보처리활동"(Weinstein & Mayer, 1986, p.315), "학습을 보다 효과적으로 하기 위하여 학습자 자신이 취하는 모든 방법적 사고 또는 행동"(김영채, 1990, p.15), 그리고 "학습을 효율적으로 기억하는 데 필요하거나 도움이 되는 여러 종류의 기능 또는 방법"(신종순, 1997, p.20) 등으로 정의되고 있다.

다음으로 학습전략의 구성요인에 있어서도 상당한 다양성을 발견할 수 있는데, 보다 일반적인 구조로 이해하여 내용을 분석해 보면 다음과 같은 분류를 확인할 수 있다.

McKeachie(1986) 등은 학습전략을 인지전략, 상위인지전략, 자원관리전략의 세 가지로 나누었는데, 인지전략에 시연, 정교화 및 조직화전략을, 상위인지전략에 계획, 점검 및 조절을, 그리고 자원관리전략에 시간관리, 공부환경관리, 노력관리 및 타인의 조력 등을 포함시키고 있다.

Weinstein과 Mayer(1986)는 학습전략을 기본적 시연전략, 복합적 시연전략, 기본적 정교화 전략, 복합적 정교화 전략, 기본적 조직화 전략, 복합적 조직화 전략, 이해관리 전략, 정의적 및 동기적 전략의 여덟 가지로 세분했는데, 기본적인 것과 복합적인 것의 차이는 학습과제가 얼마나 복잡하고 어려운가에 따라 결정된다. 이들의 분류 역시 정의적 및 동기적 전략은 자원관리전략에 포함되며, 나머지 전략들은 인지전략으로 분류가 가능하다.

Dansereau(1978) 등은 학습전략을 일차적 전략과 지지적 전략으로 구분하고 있는데, 일차적 전략은 인지적인 것이고 지지적 전략은 자원관리적인 것으로 볼 수 있다.

전술한 바를 토대로 학습전략의 공통요인을 추출해 보면, 인지전략(cognitive strategies)과 자원관리전략(resource management strategies)으로 분류가 가능하다.

인지전략에는 자료의 부호화, 즉 학습에 관한 전략과 정보의 인출에 관한 전략이 포함되는데, McKeachie(1986) 등과 Weinstein과 Mayer(1986)는 인지적 학습전략으로 시연, 정교화, 조직화를 포함시키고 있다. 시연(rehearsal)은 앞으로 이용할 정보를 습득하고 세부사항을 선택하도록 하는 것으로서 따라 읽기, 베끼기, 노트하기, 밑줄 긋기, 덧칠하기와 같은 행동을 포함하고, 정교화(elaboration)는 기존의 지식과 새로운 정보의 통합을 촉진하는 것으로서 학습한 문항에 대해 심상을 형성하는 것과 같은 의역하기, 요약하기, 유추하기, 창의적 노트하기, 질의·응답하기와 같은 행동을 포함한다. 또한 조직화(organization)는 새로운 지식을 더 큰 기존의 개념 틀 속으로 통합시키기 위해 문항을 군집화하는 것으로서, 핵심 아이디어 선택하기, 개요화하기, 군집화하기, 도표화하기와 같은 행동을 포함한다.

자원관리전략은 학습수행 과정 자체에 대한 것이라기보다는 그러한 수행 노력을 시작하고 지속할 수 있게 하는 학습지지적 전략으로서, 학습자가 환경과 가용한 자원을 관리토록 도와주는 여러 가지 전략들이 포함된다. 자원에는 공부에 가용한 시간, 실제의 공부환경, 자기 자신, 그리고 교사, 부모, 동료 등 타자들이 포함된다. 이들 전략은 성질상 인지적인 것으로나 상위인지적인 것으로 볼 수도 있지만, 학습자가 환경에 적응하거나 자기의 요구에 맞게 환경을 변화시키는 데 도움주기 위한 전략이기 때문에 독립적으로 분류하는 것이 더 적절하다고 본다(김영채, 1992).

이상의 선행연구 결과들을 통합해 볼 때 학습전략이란 학습을 보다 효율적으로 수행하기 위해 학습자가 취하는 여러 종류의 기술 또는 방법으로 자기조절학습의 핵심 구성요인이다.

따라서 본 연구에서는 McKeachie(1986) 등의 견해를 채택하여 학습전략을 인지전략과 자원관리전략으로 분류하고, 인지전략의 하위 구성요인에는 시연, 정교화, 조직화를 포함하고, 자원관리전략의 하위 구성요인에는 시간관리, 공부환경관리, 노력관리를 포함해서 이들 변인들의 발달적 분화 과정과 학업성취와의 관계를 규명하고자 한다.

3. 자기조절학습의 발달

자기조절학습의 발달과 관련하여 수행된 연구는 발달적 측면과 환경적 측면(학습이나 훈련)의 두 가지로 나누어 볼 수 있다. 발달과 관련된 연구를 보면, Paris와 Newman(1990)은 자기조절학습의 발달적 측면을 세 가지로 나누어 논의했다. 첫째, 학업적 자기지각에 관해서 7, 8세 아동은 11, 12세 아동과 비교할 때 자신의 인지능력을 평가하거나 통제하지 못하고 지나치게 낙천적인 것으로 나타났다. 그러나 학습전략에 대한 이해와 학문적 자기지각은 연령 증가에 따라 점진적 증가를 보인다. 즉 아동 자신의 능력 지각에 대한 근거가 변할 때 자기효능감, 통제감도 변한다. 둘째, 학교에서의 사회적 인지 측면에서 학업성취가 높은 아동은 학업적 도움이 필요할 때 지식 있는 타인의 도움을 요청하지만, 학업성취가 낮은 아동은 수동적이 된다. 셋째, 학업과제구조에 대한 지식, 목표지향, 목표획득을 위해 사용한 전략의 측면에서 볼 때 10~12세 아동조차도 학습과제의 구조를 제대로 파악하지 못하는 것으로 나타났다. 이러한 발달적 측면에서의 변화는 아동들이 학급에서 자기유능성, 학습과제, 인지전략, 동기, 사회적 인지에 대한 개인적 관점을 형성하는 것에 달려 있다고 본다. 이들의 연구는 아동들이 교수활동과 동료 간의 상호작용을 통해 자기조절학습이 어떻게 발달되는가에 관해 시사점을 제공하고 있다.

Zimmerman과 Martinez-Pons(1990)는 5학년, 8학년, 11학년을 대상으로 자기조절학습의 발달 차이를 제시하고 있다. 이 연구결과 학생들의 학업효능의 지각과 자기조절학습전략의 사용에 광범위한 차이가 발견되었다. 자기효능감, 기록유지와 조정, 조직과 변환, 전략 사용 등은 학년에 따라 증가하였지만, 교재에 대한 의존, 목표설정, 계획은 학년에 따라 감소하는 경향이 있다고 보고하고 있다. 또한 손종식(1993)은 초등학교 5, 6학년, 중학교 1, 2, 3학년, 및 고등학교 1, 2학년을 대상으로 학년별 자기조절학습 수준의 차이를 연구하여 초등학교 5, 6학년이 중학교 2, 3학년과 고등학교 2학년보다 높다는 사실을 제시하였다. 이는 자기조절학습이 연령 증가에 따라 점진적으로 증가하는 것이 아니라 학교 학습의 성질에 따라 증가할 수도 있고 감소될 수도 있음을 시사하고 있다.

다음으로 환경적 측면에서 수행된 연구로는 Purdie(1995), Purdie와 Hattie(1996)의 연구를 들 수 있다. 이들은 자기조절학습에 있어서 학습전략 활용의 문화 비교(호주와 일본)를 통해 교사나 성인에게 도움을 요청하는 빈도에 있어서는 일본 학생들(N=248)이 호주 학생들(N=215)보다 현저하게 낮고, 암기나 교재를 복습하는 빈도는 일본 학생들이 현저하게 높다는 결과를 보고하고 있어서 학교 학습환경이 자기조절학습의 사용에 많은 영향을 미친다는 점을 경험적으로 제시하고 있다. 이는 학습환경이 일본과 매우 유사한 한국의 경우 자기조절학습 수준의 차이를 설명하는 데 있어서 중요한 시사점을 제공한다. 이와 같은 맥락에서 사회인지이론가들 역시 자기조절학습은 연령 증가에 따라 자동적으로 발달하는 것도 아니고, 환경적 상호작용에 의해 수동적으로 획득되는 것도 아닌 개인, 환경, 행동의 삼원적 상호작용에 의해 이루어진다고 주장하였다. 즉 자기조절학습은 타고난다기보다는 학습되는 것으로서, 자기조절하는 데는 특별한 학습이 필요하다는 점을 강조하였다.

이상과 같은 논의를 기초로 하여 볼 때 자기조절학습은 학교 학습의 환경에 따라 구성요인의 발달 경향성이 달라질 것이라는 가정을 할 수 있다. 이를 토대로 본 연구는 횡단적 발달 연구방법을 사용하여 Zimmerman과 Martinez-Pons(1990) 등의 연구에 근거하여 초등학교 5학년, 중학교 2학년, 고등학교 2학년 학생들의 자기조절학습의 발달 경향성을 규명하고자 한다.

4. 자기조절학습과 학업성취

자기조절학습이 학생들의 학업성취에 영향을 주는 효과에 관한 경험적 연구는 많지 않으나, 최근에 이르러 수행된 인지와 동기에 대한 자기조절학습의 연구결과는 자기조절학습이 학습과제 유형과 관계없이 학생들의 학습과 학업성취의 중요한 예언치임을 밝혀주고 있다(Pintrich & De Groot, 1990; Zimmerman, 1989; Zimmerman & Martinez-Pons, 1990). 따라서 여기서는 자기조절학습 모형의 형성을 위한 시사점을 얻기 위해 자기조절학습의 세 가지 구성요인인 동기, 상위인지, 학습전략과 학업성취와의 관련성을 탐구하고자 한다.

1) 동기와 학업성취

동기는 정의적이며 과정적인 특성을 갖고 있는 학습자 변인인 동시에 학업성취를 위한 노력 또는 활동을 시동하여 일정한 방향으로 나가는 데 필요한 에너지를 제공해 주는 원천이다. 그러나 동기의 구성요인들이 학업성취와 어떠한 관련성을 맺고 있는지에 대한 연구결과의 폭이 다양하기 때문에 일치된 결론을 도출하기가 어렵다.

동기의 첫 번째 요인에 해당하는 자기효능감과 학업성취의 관계분석 연구들은 자기효능감과 관련된 최근 연구 논문들의 종합적 분석, 자기효능감이 높은 학습자와 낮은 학습자의 차이, 자기효능감과 학업성취 간의 상관관계 등을 연구함으로써 두 변인 간의 관계를 규명하고 있다.

자기효능감과 관련된 총 39개의 연구들을 메타분석한 Multon, Brown과 Lent(1991)는 자기효능감이 특정한 학업적 수행에서의 성공 및 학업적 지속성과 밀접하게 관련되어 있다는 점을 제안했다.

Pajares(1996)는 학습장면에 있어서의 자기효능감에 관한 최근 연구들을 종합적으로 검토·분석한 후, 자기효능감과 학문적 수행 간에 상관계수가 .49~.70이며, 경로분석에 의하면 직접효과는 $\beta=.34~.54$ 정도라고 보고하고, 특히 자기효능감은 국어와 작문 같은 학과목에서보다는 수학과 관련된 과제수행에서 더 상관이 높다는 것을 지적했다. Pajares가 동료들과 수행한 일련의 연구들의 결과를 종합한 것에 의하면 자기효능감은 개인의 능력(일반지능 g)만큼 강력한 학업성취 결정요인이라는 것이다.

자기효능감이 높은 학습자와 낮은 학습자들 간의 차이분석을 시도한 Meece(1988) 등은 자기효능감이 높은 학습자들은 낮은 학습자들보다 자신의 수행에 대해 높은 기대를 가지며, 학습과제를 더 가치 있게 판단하며, 어려운 과제를 해결해야 할 때보다 오랫동안 지속하며, 높은 수준의 과제참여를 나타내는 경향이 있다고 했다.

Miller(1993) 등도 대학생을 대상으로 수행한 연구에서 자기효능감 수준이 높을수록 목표설정, 점검전략, 인지전략을 더 많이 사용한다고 보고했다.

자기효능감과 학업성취의 관계분석을 시도한 Schunk(1984)는 수업처치, 자기효능감, 인내력, 산수기능 사이의 관계 규명을 위해 경로분석한 결과 자기효능감 변인이 학습자의 산수 기능에 .46의 영향을 미치는 것으로 밝혀냈다.

박승호(1995)는 초등학교 3, 4, 5학년 학생 388명을 대상으로 초인지, 초동기, 의지통제와 자기조절학습과의 관계분석한 연구결과, 학습자들의 목표지향과 자기효능감은 자신들의 학습전략 사용과 초인지, 초동기, 의지통제에 영향을 미칠 수 있으며, 그 모두는 함께 학습자의 학업성취에 영향을 미칠 수 있다고 보고했다. 특히 자기조절학습 구성요인들의 경로분석에서 자기효능감의 학업성취에 대한 직접효과가 β =.31로 유의하게 나타났음을 보고하였다.

그러나 Garcia와 Pintrich(1991)의 구조모형 분석에 의하면, 자기효능감은 학업성취를 직접 예언하는 것이 아니라 학습전략을 매개하여 학업성취에 영향을 미친다는 연구결과를 제시하고 있어서 선행연구들과 차이를 보이고 있다.

자기효능감과 동기변인 간의 관계를 검토한 이상의 연구결과를 볼 때 자기효능감은 활동의 선택, 노력의 양 및 지구력을 결정하는 핵심적인 요소이며, 학습전략의 사용이나 상위인지 활동과 밀접히 관련되어 있다. 즉 자기효능감이 높은 학습자들은 자기효능감이 낮은 학습자들에 비해 학습활동에 더 지속적으로 참여하고 학습과제를 보다 가치 있게 생각하고 도전적인 수행기대를 설정할 것으로 가정할 수 있다. 그러나 자기효능감의 학업성취에 대한 영향 경로는 일치된 견해를 도출하기가 어려우므로 이에 대한 검증이 요청된다.

동기의 두 번째 요인은 가치요인인데 이것은 과제의 중요성과 흥미에 관한 학생들의 목표와 믿음이다. 가치요인은 내재적 목표지향과 외재적 목표지향으로 구분하기도 하는데, 내재적 목표를 지향하는 학습자는 학습하는 것 자체를 즐겨 성적보다는 새로운 학습기술 습득이나 이해와 노력하는 것에 관심을 두고, 학습 시 심층적 학습전략과 상위인지 및 자기조절을 하여 인지적 참여를 보다 많이 하고 효율적인 노력관리를 한다(Ames & Archer, 1988; Pintrich & De Groot, 1990).

Bloom(1976)도 학생들이 열의와 흥미를 가지고 학습에 임할 때 다른 여타조건이 비슷하다면 그들은 더 쉽게, 빠르게 학습하며, 학업성취 수준이 높다고 보고 있으며, 그 증거로서 많은 연구결과를 제시하고 있다. 그중의 한 가지로서 IEA(International Association for the Evaluation of Educational Achievement)에서 수행한 8학년 학생들의 수학 성적과 정의적 특성 간의 관계를 살핀 연구를 제시하고 있는데, 그 연구에서 두 변인 간의 상관은 r=.28~.52로 나타났다고 보고하고 있다.

과학과 영어수업을 듣는 173명의 학생들을 대상으로 동기지향, 자기조절학습, 학습의 학문적 수행 간의 관계를 연구한 Pintrich(1990) 등은 내재적 가치는 수행에 직접적인 영향을 미치지는 못하지만, 이전의 성취 수준에 관계없이 인지적 전략 사용의 중요한 예언자임을 보고하고 있다.

이상의 연구결과를 볼 때 수행과제의 가치성분이 전략 사용과 정적으로 관련된다고 가정할 수 있다. 그러나 내재적 가치의 학업성취에 대한 영향 경로는 일치된 견해를 도출하기가 어려우므로 이에 대한 검증이 요청된다.

동기의 세 번째 요인은 정의적 요소인데 학교현장에서 학업성적에 영향을 미치는 중요한 정의적 요인 중의 하나로서 학습자의 불안, 특히 시험불안이 강조되고 있다. Taylor(1951)는 처음으로 불안을 학업성취의 동기적 요소로 설명하였다. 동기적 요소로서 시험불안이 학업성적과 학습에 미치는 영향을 밝힌 연구들 중에서 일반적으로 Mandler와 S. Sarason(1952)은 이 분야의 개척자로서 인정을 받고 있는데, 그들은 일련의 연구를 통해서 제작한 시험불안 질문지(Test Anxiety Questionnaire: TAQ)를 이용하여 불안이 높다고 보고한 학생이 낮다고 보고한 학생보다 지능검사와 학습과제에 관한 시험장면에서 성적이 떨어진다는 사실을 보고했다. 또한 Sarason(1972)에 의하면 불안의 주된 영향은 정보처리를 방해하는 작용을 한다는 것이다. 높은 수준의 불안

상태는 평가 상황에서 좋은 학업성취를 위하여 필수적이라 할 수 있는 주어진 일과 관련된 반응들의 유발을 방해하고, 주어진 일과 관련이 없는 오류 반응이나 자기몰두 등을 유발시킨다는 것이다(이동길, 1985).

시험불안과 학업성취의 관계를 분석한 이상의 연구결과를 볼 때 시험불안의 두 가지 구성개념 중에서 학업성취에 영향을 미치는 것은 정서적 요인보다는 인지적 요인이라는 것이 밝혀지고 있다. 또한 시험불안은 학습자의 상위인지, 인지전략 사용과 상관이 있는 것으로 나타났으며, 경쟁상황이나 평가상황에서 학업성취를 방해하는 기능을 함으로써 시험불안과 학업성취는 부적인 상관이 있을 것으로 가정할 수 있다. 그러나 시험불안의 학업성취에 대한 영향 경로는 일치된 견해를 도출하기가 어려우므로 이에 대한 검증이 요청된다.

이상을 종합해 보면, 동기와 학업성취 간에는 밀접한 관계가 있는 것이 분명하지만 영향 경로는 사용한 측정도구에 따라, 그리고 연구대상에 따라 일관성을 보이지 않고 있다. 따라서 본 연구에서는 이에 대한 규명과 자기조절학습의 분화 과정에서 동기는 어떤 과정을 거쳐 어느 정도로 학업성취에 영향을 미치는가 하는 직·간접 효과를 확인하고자 한다.

2) 상위인지와 학업성취

상위인지는 인지에 관한 지식과 인지에 관한 조절, 조정의 두 측면을 포함하는 것으로 간주하고 있다. 최근의 연구들은 상위인지와 학습자들의 학업성취의 관계분석에서 정적인 상관을 보고하고 있는데(Flavell, 1979; Paris et al., 1984; Pressley et al., 1990), 이들 연구들은 학업 우수아와 부진아 간의 상위인지의 차이, 전문가와 비전문가 간의 상위인지의 차이, 상위인지능력을 신장시키기 위한 훈련효과, 상위인지와 학업성취도 간의 상관관계 등을 연구함으로써 두 변인 간의 관계를 규명하고 있다.

학업 우수아와 부진아 간의 상위인지의 차이에 관한 연구를 수행한 Winograd(1984)는 중학교 2학년 학생들을 대상으로 요약과제 수행의 어려움은 전략적 기능에서의 어려움과 관련되었을 가능성을 검증하기 위하여 요약능력, 중점파악능력, 그리고 전환능력을 체계적으로 연구한 결과 대부분의 피험자들은 과제의 요구를 잘 알고 있었지만 우수한 독자와 그렇지 못한 독자 간에는 중요하다고 생각하는 것, 본문을 전환시키는 방법, 중점에 대한 민감성 및 전환의 효율적 사용에 차이가 있다는 것이 밝혀졌다. 즉 학업 우수아는 자신이 이해하는 정도를 인식하고 자신의 이해를 끊임없이 확인하기 때문에 이해하지 못한 내용이 무엇인지 알고 있으나, 부진 학생은 이해하려고 노력하지 않음으로써 이해하는지 여부도 모르게 되는 것이다(김옥기, 1988).

전문가와 비전문가 간의 상위인지의 차이를 분석한 연구로서 Schoen-feld(1983)는 전문가와 초보적 문제해결자 간의 기본적인 차이는 자신의 사고를 조절하고 통제하는 상위인지능력에 있다고 밝혔다. 전문가는 문제해결 상태와 전략적 행동을 스스로 계획, 수행, 점검하고 이해도를 평가하고 수정하는 인지적 조절 활동을 통해 수행을 증진시킬 수 있는 반면에, 초보자는 그러한 관리가 부족하고 문제해결과는 거리가 먼 계산에 시간을 많이 소비한다.

학업 우수아와 부진아, 전문가와 비전문가 간의 상위인지의 차이에 관한 위의 연구들은 두 집단 간에 상위인지능력에 있어 차이가 있다는 결과를 보고하고 있는데, 이러한 결과들은 상위인지가 학업성취에 영향을 미친다는 것을 보여주는 것으로 받아들여지고 있다(김홍원, 1993). 다시 말하면 정보처리의 전반적인 흐름을 조정하고 관리하는 상위인지와 같은 통제 과정을 좀 더 적극적으로 사용하는 학습자가 그렇지 않은 학습자보다 더 나은 학업수행을 보인다는 것이다.

상위인지능력을 신장시키기 위한 훈련효과를 검증한 김옥기(1988)는 초등학교 4학년 3개 학급을 대상으로 상위인지 전략 활용 훈련과 상위인지적 자기조정 훈련집단 등 두 개의 실험집단과 통제집단으로 나누어 실험한 결과 자기조정 훈련집단에서 상위인지 점수가 의의 있게 향상되었음을 밝히고 있다.

상위인지와 학업성취도 간의 상관관계를 규명한 이달석(1989)은 중학교 1학년 학생 414명을 대상으로 국어, 수학, 사회, 과학 교과 상위인지와 교과 성적과의 상관이 $r=.16\sim.50$까지, 범교과 상위인지와 교과 성적과의 상관은 $r=.48\sim.57$까지 있음을 보고하고 있다. 또한 지능의 영향이 제거되었을 때 교과 상위인지와 성적과의 상관은 $r=.02\sim.29$까지, 범교과 상위인지와 성적과의 상관은 $r=.17\sim.27$까지로 나타나 상위인지 수준과 학업성취도 간에는 정적인 상관이 있음을 보고하였다.

또한 김홍원(1993)은 초등학교 4학년 학생 78명을 대상으로 한 연구에서 상위인지와 국어, 산수, 사회, 자연의 학업성적(중간, 기말고사 4개 교과의 평균점수)과의 상관은 $r=.42\sim.50$까지 있음을 보고하고 있으며, 지능, 귀인양식의 영향을 제거한 부분상관은 $r=.29\sim.32$까지 있음을 보고하고 있다.

그러나 박승호(1995)는 초등학교 3, 4, 5학년 학생 388명을 대상으로 학업성취 예언을 위해 경로분석을 사용한 연구에서 상위인지가 학습자들의 학업성취에 의의 있는 영향력을 보이지 않는다고 보고하면서, 이는 초등학교 학습자들이 갖는 자기보고 측정의 문제에 기인할 수도 있음을 시사했다.

이상을 종합해 보면, 상위인지와 학업성취 간에는 밀접한 관계가 있으나 영향 경로는 사용한 측정도구에 따라, 그리고 연구대상에 따라 다양성을 보이고 있다. 따라서 본 연구에서는 이들 문제에 대한 규명과 발달적 분화 과정에서 상위인지는 어떤 과정을 거쳐 어느 정도로 학업성취에 영향을 미치는가 하는 직·간접 효과를 확인하고자 한다.

3) 학습전략과 학업성취

학습전략은 개인마다 가지고 있는 독특한 학습방법으로 개인의 적성과 함께 학업성취의 차이를 나타내는 중요한 학습과정의 매개변인이다(Dansereau, 1978; Biggs, 1978). 즉 학습자가 학습하는 동안 사용하는 학습전략은 학습자 개인의 특성에 따라 다르며, 이들 전략이 부호화 과정에 영향을 미치고 결국 학습결과와 학업성취에도 영향을 미친다(Weinstein & Mayer, 1986).

학습전략을 교육에 적용하기 위한 다양한 학습전략의 훈련 가능성과 전략의 사용이 학업성취에 미치는 효과에 관한 연구는 여러 측면에서 탐구되고 있지만, 선행연구에서는 학습전략을 전체적으로 고려함으로써 동기적 변인과 학습전략의 하위 구성요인의 관계를 검증하지 못할 뿐만 아니라 이들의 학업성취에 대한 영향 경로를 규명하지 못하고 있다. 따라서 본 연구에서는 이론적 탐색을 기초로 학습전략을 인지전략과 자원관리전략으로 구분하고 이들 변인들의 학업성취에 관한 영향 경로를 규명하기 위해 관련 연구들을 고찰하고자 한다.

학습전략의 훈련 가능성을 실험 연구한 한국교육개발원의 박현숙과 현 주(1990)는 1988년부터 1990년까지 읽기 학습전략으로 중심내용 파악전략, 관계 짓기 전략, 자기점검전략 및 정교화 전략 훈련 프로그램 등을 개발해 온 것을 계속하여 먼저 생각하기, 생각하면서 읽기,

그리고 질문 만들기의 세 가지 정교화 전략 훈련 자료를 개발하였으며, 이를 초등학교 5학년과 중학교 2학년에게 적용하여 유의한 효과를 확인하고 있다. Paris, Newman과 McVey(1982)는 정교화 전략과 재생 간의 관계에 관한 지식을 제공해 준 집단의 전략사용 및 재생 득점이 그와 같은 지식을 제공해 주지 않은 집단에 비해 더 높다는 것을 밝혀냈다. 이는 학습전략의 훈련을 통해 학습자가 어떤 방법으로 학습할 것인지를 결정하는 태도인 학습자 특성에 영향을 주고, 특정 학습전략의 사용은 학습자의 약호화 과정에 영향을 주어 결과적으로는 학습성과 및 성취도에 영향을 주게 된다고 할 수 있다.

이상과 같은 다양한 학습전략의 훈련 효과에 관한 연구결과들은 대체로 학습성과를 긍정적으로 증진시킨다는 데 결론을 모으고 있다. 즉 어떤 특정 전략이 언제, 어디서 사용될 수 있는 것인지, 다른 전략과 비교한 상대적 효율성과 가치는 어떠한지, 전략을 사용하는 것이 얼마나 흥미로운지 등 학습전략의 유용성에 관한 정보를 소유하지 못한 학습자는 전략의 폭넓은 활용가능성이 제한받기 쉽다는 것이다 (Pressley et al., 1990).

학습전략과 학업성취의 관계분석을 시도한 연구들 중 Corno와 Mandinach(1983), Weinstein과 Mayer(1986) 등은 시연, 정교화, 조직화와 같은 인지전략의 사용으로 학습재료를 기억, 조직, 변형하여 학습하려고 노력하는 아동이 그렇지 않은 아동보다 높은 수준의 학업성취를 나타낸다고 보고하였다.

김영채(1990)는 대학생 109명을 대상으로 학업수행과 결합되어 있는 동기 및 학습전략 변인에 관한 연구에서 학업성취와 관련되어 있는 중요한 결정인 내지 상관인으로서 시간과 공부관리, 그리고 노력관리와 같은 자원관리전략, 그리고 이와 높게 상관되어 있는 상위인지

조정전략, 약호화 전략으로서 조직화 전략과 선택전략 등이 있음을 제시하고 있다. 즉 공부에 대하여 뚜렷한 목적의식을 가지고 많은 시간을 체계적으로 노력해 가는 사람일수록 자신의 능력, 자기 능률 또는 성공에 대한 지각과 기대가 높으며 약호화 전략을 잘 써서 공부를 효과적으로 할 뿐만 아니라, 공부활동을 계획하고, 조정하며, 장면과 요구에 따라 조절할 줄 안다고 하였다. Zimmerman(1990) 역시 자기조절 학습자는 열악한 공부환경 속에서도 성공적으로 학습을 수행할 수 있는 방법을 찾아낸다고 하였다.

이성흠(1988)은 인문계 남·여 고등학생 229명을 대상으로 학습전략과 학업성취 간의 관계분석 연구에서 학습전략은 학업성취에 영향을 미치는 여러 가지 학습자 변인(지능, 학업적 자아개념, 학습전략) 가운데 가장 크게 직접 영향을 미치는 변인이며, 정보처리, 주요 개념의 선택, 학습보조물 활용, 자기검증, 시험전략과 같은 주전략이 학습태도, 학습동기, 시간활용, 불안대처, 주의 집중과 같은 보조전략보다 학업성취와 더 밀접한 관련이 있다고 하였다. 이는 주전략이 학업성취에 직접적으로 영향을 주는 반면, 보조전략은 주전략을 통해서 학업성취에 영향을 미치는 변인임이 증명되었다고 할 수 있다. 여기서 주전략은 인지전략과 유사하고, 보조전략은 자원관리전략과 유사성이 크다.

그리고 정택희(1987)는 중학교 1, 2, 3학년 569명을 대상으로 공부 횟수와 공부시간의 길이를 양적 시간, 그리고 인지적 노력을 투입한 시간을 질적 시간으로 개념화해서 학업성취와의 관계분석 연구를 하였는데, 인지적 노력투입의 질적 시간만이 학업성적과 $r = .26(p < .05)$의 상관이 있음을 보고하였다. 여기서 인지적 노력을 투입한 시간을 학습자원관리와 연관시킬 수 있다.

이상을 종합해 보면, 학습전략은 학업성취에 직접 영향을 미칠 뿐만 아니라 학업성취에 영향을 미치는 학습자들의 동기와 상위인지 변인들을 매개해 주는 역할을 할 것으로 가정된다. 따라서 이에 대한 경험적 확인이 필요하고, 자기조절학습의 발달 과정에 있어서 학습전략은 학업성취 결정 과정에 어떤 경로를 통해 어느 정도로 영향을 미치는가 하는 직·간접 효과를 보고자 한다.

5. 자기조절학습 모형

자기조절학습의 개념화와 구성요인의 확인을 근거로 하고, 선행연구의 경험적 연구 결과를 근거하여 학업성취 예언변인으로서 자기조절학습 모형을 수립하였다.

1) 개념모형

자기조절학습 모형은 학생들이 어떻게 학문적 목표를 선택하고, 문제해결 전략을 선택하며, 그들의 성공에 따라서 계획과 노력을 적응시키는지를 밝혀내기 위해 동기적인 그리고 인지적인 연구 업적의 바탕 위에서 세워지고 있다(Paris & Newman, 1990).

그런데 자기조절학습 모형을 통합적인 관점에서 조명한 연구가 아직 거의 없는 실정이기 때문에 동기와 학업성취, 상위인지와 학업성취, 학습전략과 학업성취 간의 관계 연구를 개관함으로써 시사점을 얻고자 하였다. 이와 같은 맥락에서 자기조절학습 모형의 통합적 접근에 대한 필요성을 제기한 학자들은 많다. Corno와 Mandinach(1983)는 학습에 있어서 인지적 측면과 동기적 측면에 대한 연구가 과거에는 하나의 통합된 과정으로서가 아니라 분리되어 존재해 왔다고 전제하면서 인간 학습의 인지와 동기적 측면이 하나로 통합되어야 한다고 주장하였다. Pintrich(1989) 역시 동기와 인지 사이의 관계는 단순히 역동적인 관계가 아니라 통합적인 관계로서, 동기와 인지요소가 정적으로 상관되었으며 학업성취에 정적인 영향을 주고 있다고 하였다. 이와 같은 논의를 바탕으로 한다면 동기와 인지는 별개의 실체들이라기보다 서로가 융합되어 있는 공동작용(synergic)의 특성으로서 동기와 인지 사이의 관계에 있어서 통합적인 본질은 학습과정의 결정적인 양상이라고 볼 수 있다. 더 나아가서 동기와 인지 사이의 상호작용 효과가 그들의 개별효과보다 크기 때문에 학습과정을 완전히 이해하기 위해서는 학습의 동기적 요소뿐만 아니라, 인지적 요소를 통합하는 것이 중요하다는 시사점을 얻을 수 있다.

이상의 논의를 근거로 하여 본 연구에서는 자기조절학습의 구성요인인 동기, 상위인지, 학습전략과 학업성취 간에 인과적인 관계가 있음을 상정하고 [그림 1-1]과 같은 개념모형을 설정하였다.

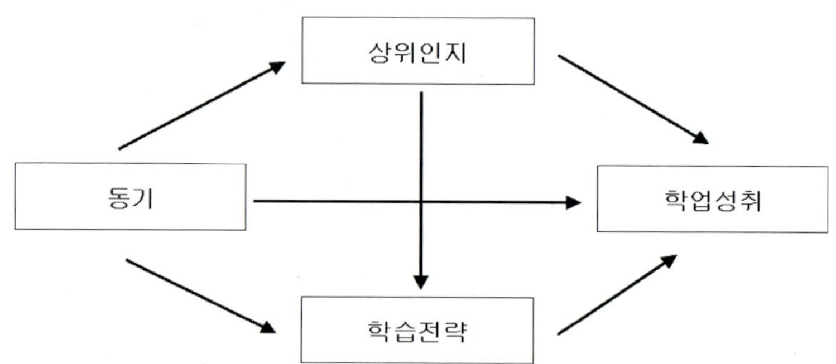

[그림 1-1] 자기조절학습의 구성요인과 학업성취의 관계에 관한 개념모형

이 개념모형은 Pintrich(1989), Pintrich와 De Groot(1990), 그리고 Zimmerman(1986, 1989, 1990) 등이 그들의 이론에서 설명하고 있는 동기와 인지 사이의 역동적 관계에 바탕을 두고 있다. 즉 학업성취를 위한 노력 또는 활동을 시동하여 일정한 방향으로 나가는 데 필요한 에너지를 제공해 주는 원천인 동기는 상위인지, 학습전략, 학업성취에 영향을 주는 외생변인[2]으로 세 개의 하위요인, 즉 자기효능감, 내재적 가치, 시험불안으로 구성되어 있다. 내생변인[3]인 상위인지와 학습전략은 동기의 종속변인이자 학업성취에 대한 독립변인으로서 상위인지는 계획, 점검, 조절로 구성되어 있고, 학습전략은 인지전략과 자원관리전략으로 구성되어 있다. 적절한 전략을 선택하고 활용하기 위해서는 그 전략의 가치, 유용성, 그리고 효과 등에 대한 지식인 상위인지가 필요하다. 그러므로 상위인지는 학습전략의 지속과 일반화를 예언해 준다고 가정할 수 있다.

2) 구조모형

본 연구의 개념모형을 측정모형과 이론구조모형이 포함된 구체적인 구조모형으로 나타내고, 상관 매트릭스로 구조모형의 적합도를 평가하기 전에 문헌연구를 통해 세 개의 인과모형을 설정하였다. 즉 공변량 구조모형 사용의 전형적 방식 중에 복수모형 비교 방식을 사용하고

---

2) 외생변인(exogenous variable): 외생변인은 ξ(xi 또는 ksi)로 표시하고, 이론모형 내의 어떤 변인으로부터도 화살표를 받지 않는 변인을 말한다.(이순묵, 1990)
3) 내생변인(endogenous variable): 내생변인은 η(eta)로 표시하고, 적어도 하나 이상의 화살표를 다른 변인으로부터 받는 변인을 말한다.(이순묵, 1990)

있는 본 연구에서는 추론된 인과 관계를 설정하여 경쟁적 구조모형들 간의 합치도를 비교한 후에 이론적으로 의의 있는 모형을 찾고, 변인들 간의 인과관계를 보고하게 된다(Song, 1982; 이순묵, 1990).

본 연구는 횡단적 발달 연구이므로 학년별로 학생들의 자기조절학습과 학업성취의 관계에 관한 구조모형을 평가하기 위해 설정된 인과모형에 따라 측정방정식 모형과 구조방정식 모형의 두 가지 형태의 모형을 형성할 필요가 있다. 측정방정식 모형은 가설적 구인과 변인들 사이의 관계를 설정하고, 구조방정식 모형은 가설적 구인들 사이의 영향력을 파악한다.

첫째, 측정모형은 가설적 구인—자기효능감, 내재적 가치, 시험불안, 상위인지, 인지전략, 자원관리전략—을 파악하기 위해 각각의 요인에 대한 측정변인을 선정하고, 각각의 요인이 측정변인에 미치는 영향력의 정도를 측정하여 요인의 성격을 파악한다. 측정방정식 모형에서 각각의 측정변인(y)은 요인(η)과 요인의 효과(λ) 및 측정오차(ε)로 구성된다.

둘째, 구조방정식 모형은 기본적으로는 경로모형을 나타낸다. 즉 독립변인의 매개변인과 종속변인에 대한 효과와 매개변인의 종속변인에 대한 효과를 인과관계로 추정한다. 경로모형과 구조방정식 모형의 차이는 경로모형이 매개변인과 종속변인에 대한 설명량과 인과효과만을 추정하는 반면에 구조방정식 모형은 전체 모형에 대한 적합도를 평가할 수 있다는 점이다. 기본적으로 구조방정식 모형은 매개변인이나 종속변인(η)에 대한 독립변인(ξ)의 효과(γ)와 매개변인(η)의 효과(β), 그리고 오차(ζ)를 추정하는 수식으로 나타낸다.

적합도를 검증하기 위해 사용된 구조모형들은 문헌연구에 의해 발달되었다. 모형 I, 모형 II, 모형 III은 자기조절학습의 구성요인을 중심으로 설정되었는데, 이는 본 연구의 목적이 학업성취 예언변인으로서 자기조절학습의 설명력을 탐색하고자 하였기 때문에 학업성취에 영향을 주는 기타 변인들은 모형에 포함시키지 않았다.

학교학습의 산출변인으로서 중요한 것을 학업성취라고 보면, 학업성취와 직접 관련된 변인은 과정변인들이라고 할 수 있다. 학교교육의 목적이 학습자의 부족한 특성을 찾아내어 그 하위 요인을 탐색하고 이를 개선할 수 있도록 도와주는 것이라고 볼 때, 본 연구의 구조모형에서 다루고 있는 자기조절학습의 구성요인들의 관계에 대한 설명력을 규명하는 일은 매우 중요하다고 본다. 각각의 경로가 가정된 이론적 근거와 측정방정식 모형, 구조방정식 모형은 다음과 같다.

모형 I은 Biggs(1978)의 공부과정 모형과 McCombs(1986)의 학습의 내적 동기의 통합모형에 토대를 두었다. Biggs(1978)는 학업성취에 관한 학습모형에서 전략을 매개변인으로 설정하고 있는데, 이는 본 연구모형의 상위인지와 학습전략을 의미한다. 또한 전략의 선택과 사용에 영향을 미칠 수 있는 학습자 변인은 동기 요인으로 볼 수 있다. McCombs(1986)의 학습의 내적 동기의 통합모형에 의하면, 내적 흥미나 동기 수준은 전략의 유용성 및 가치 지각에 영향을 주고, 이는 다시 시연, 정교화, 주의 집중 전략과 같은 인지전략에 영향을 주며, 이 모두는 성취 수준에 영향을 미친다고 가정하였다. 이들의 제안 모형을 기초로 가정된 모형 I은 동기변인이 외생변인으로서 학업성취에 직접 영향을 미칠 뿐만 아니라, 상위인지, 학습전략 등의 매개변인을 통해 간접 영향을 미칠 수 있다고 가정하였고, 이를 도식화하면 [그림 1-2]와 같다.

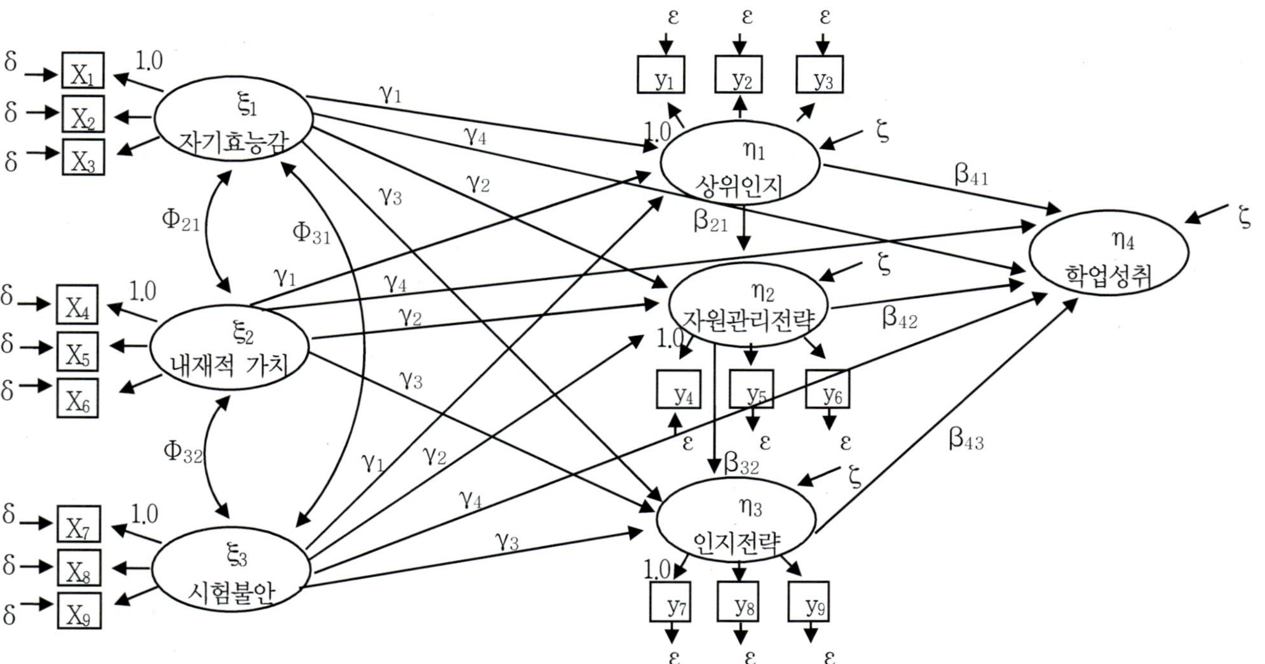

[그림 1-2] 자기조절학습의 구성요인과 학업성취의 관계에 관한 인과모형 Ⅰ

모형 I의 측정방정식 모형과 구조방정식 모형을 수식의 형태로 제시하면 다음과 같다.

[모형 I의 측정방정식 모형]

x_1 (자기효능감1) $= \lambda x_{11} \cdot \xi_1$ (자기효능감) $+ \delta_1$

x_2 (자기효능감2) $= \lambda x_{21} \cdot \xi_1$ (자기효능감) $+ \delta_2$

x_3 (자기효능감3) $= \lambda x_{31} \cdot \xi_1$ (자기효능감) $+ \delta_3$

x_4 (내재적 가치1) $= \lambda x_{42} \cdot \xi_2$ (내재적 가치) $+ \delta_4$

x_5 (내재적 가치2) $= \lambda x_{52} \cdot \xi_2$ (내재적 가치) $+ \delta_5$

x_6 (내재적 가치3) $= \lambda x_{62} \cdot \xi_2$ (내재적 가치) $+ \delta_6$

x_7 (시험불안1) $= \lambda x_{73} \cdot \xi_3$ (시험불안) $+ \delta_7$

x_8 (시험불안2) $= \lambda x_{83} \cdot \xi_3$ (시험불안) $+ \delta_8$

x_9 (시험불안3) $= \lambda x_{93} \cdot \xi_3$ (시험불안) $+ \delta_9$

y_1 (상위인지1) $= \lambda y_{11} \cdot \eta_1$ (상위인지) $+ \varepsilon_1$

y_2 (상위인지2) $= \lambda y_{21} \cdot \eta_1$ (상위인지) $+ \varepsilon_2$

y_3 (상위인지3) $= \lambda y_{31} \cdot \eta_1$ (상위인지) $+ \varepsilon_3$

y_4 (자원관리전략1) $= \lambda y_{42} \cdot \eta_2$ (자원관리전략) $+ \varepsilon_4$

y_5 (자원관리전략2) $= \lambda y_{52} \cdot \eta_2$ (자원관리전략) $+ \varepsilon_5$

y_6 (자원관리전략3) $= \lambda y_{62} \cdot \eta_2$ (자원관리전략) $+ \varepsilon_6$

y_7 (인지전략1) $= \lambda y_{73} \cdot \eta_3$ (인지전략) $+ \varepsilon_7$

y_8 (인지전략2) $= \lambda y_{83} \cdot \eta_3$ (인지전략) $+ \varepsilon_8$

y_9 (인지전략3) $= \lambda y_{93} \cdot \eta_3$ (인지전략) $+ \varepsilon_9$

[모형 I의 구조방정식 모형]

η_1 (상위인지) $= \gamma_{11} \cdot \xi_1$ (자기효능감) $+ \gamma_{12} \cdot \xi_2$ (내재적 가치 $+ \gamma_{13} \cdot \xi_3$ (시험불안) $+ \zeta_1$

$$\eta_2 \text{ (자원관리전략)} = \gamma_{21} \cdot \xi_1 \text{ (자기효능감)} + \gamma_{22} \cdot \xi_2 \text{ (내재적 가치)} +$$
$$\gamma_{23} \cdot \xi_3 \text{ (시험불안)} + \beta_{21} \cdot \eta_1 \text{(상위인지)} + \zeta_2$$
$$\eta_3 \text{ (인지전략)} = \gamma_{31} \cdot \xi_1 \text{ (자기효능감)} + \gamma_{32} \cdot \xi_2 \text{ (내재적 가치)} +$$
$$\gamma_{33} \cdot \xi_3 \text{ (시험불안)} + \beta_{32} \cdot \eta_2 \text{ (자원관리전략)} + \zeta_3$$
$$\eta_4 \text{ (학업성취)} = \gamma_{41} \cdot \xi_1 \text{ (자기효능감)} + \gamma_{42} \cdot \xi_2 \text{ (내재적 가치)} +$$
$$\gamma_{43} \cdot \xi_3 \text{ (시험불안)} + \beta_{41} \cdot \eta_1 \text{ (상위인지)} +$$
$$\beta_{42} \cdot \eta_2 \text{ (자원관리전략)} + \beta_{43} \cdot \eta_3 \text{ (인지전략)} + \zeta_4$$

모형Ⅱ는 Pintrich와 De Groot(1990)의 연구결과와 Garcia와 Pintrich(1991)가 공변량구조분석을 통해 제시한 구조모형에 기초를 두었다. Pintrich와 De Groot(1990)는 학습전략에 대한 지식만으로는 학업성취를 촉진시킬 수 없고, 학습전략이 학업성취에 영향을 미치기 위해서는 먼저 학습자들이 전략을 사용하고자 동기지워져야 한다고 강조하고 있다. Garcia와 Pintrich(1991)는 Corno와 Mandinach(1983)가 제시한 자기조절학습의 정의를 바탕으로 내재적 가치, 자기효능감과 같은 동기변인과 자기조절학습전략(점검, 정교화, 노력관리) 사이의 관계를 시계열 구조분석한 결과, 내재적 가치는 "행동을 시작하는" 과정으로서 학습전략 사용, 능력평가, 성공기대에 영향을 미치는 외생변인이며, 자기효능감과 시험불안은 상위인지, 학습전략의 매개변인이라는 검증모형을 제시하였다. 이들의 제안모형을 기초로 가정된 모형Ⅱ는 자기효능감, 내재적 가치, 시험불안과 같은 동기요인이 학업성취를 직접 예언하는 것이 아니라 상위인지와 학습전략을 매개하여 학업성취에 간접적으로 영향을 미친다는 것이다. 이를 도식화하면 [그림 1-3]과 같다.

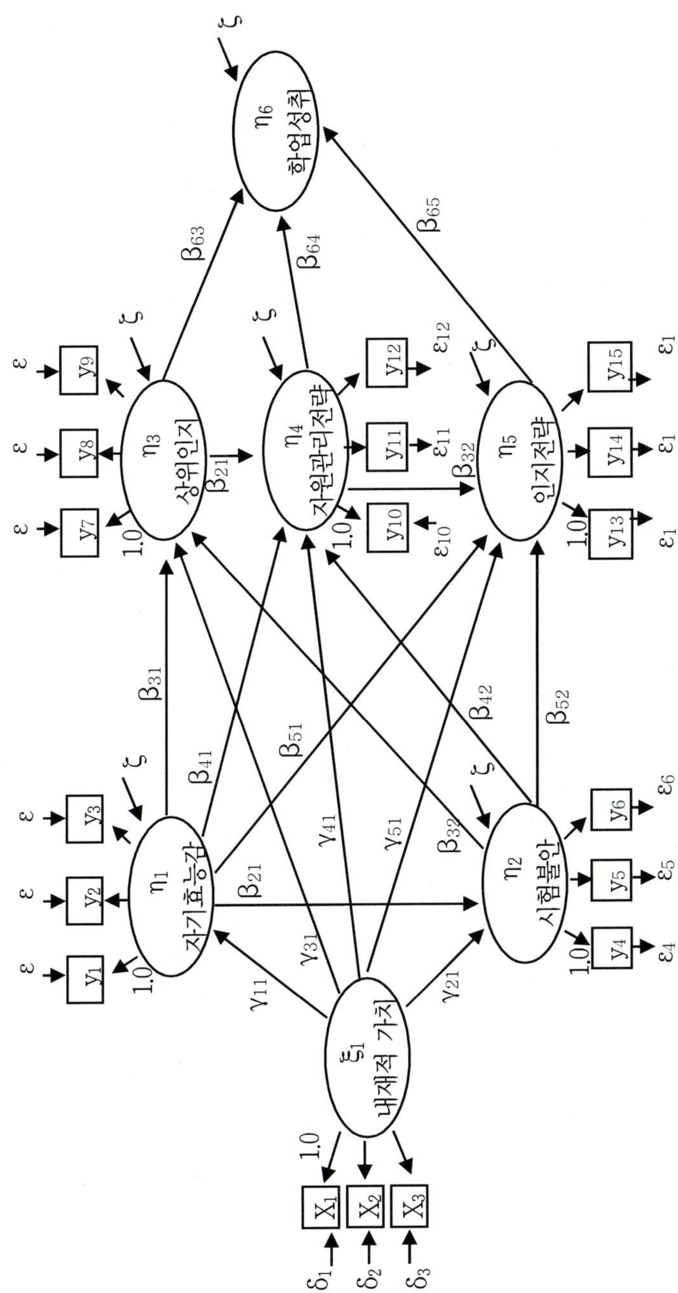

[그림 1-3] 자기조절학습의 구성요인과 학업성취의 관계에 관한 인과모형 II

모형 II의 측정방정식 모형과 구조방정식 모형을 수식의 형태로 제시하면 다음과 같다.

[모형 II의 측정방정식 모형]

x_1 (내재적 가치1) $= \lambda x_{11} \cdot \xi_1$ (내재적 가치) $+ \delta_1$

x_2 (내재적 가치2) $= \lambda x_{21} \cdot \xi_1$ (내재적 가치) $+ \delta_2$

x_3 (내재적 가치3) $= \lambda x_{31} \cdot \xi_1$ (내재적 가치) $+ \delta_3$

y_1 (자기효능감1) $= \lambda y_{11} \cdot \eta_1$ (자기효능감) $+ \varepsilon_1$

y_2 (자기효능감2) $= \lambda y_{21} \cdot \eta_1$ (자기효능감) $+ \varepsilon_2$

y_3 (자기효능감3) $= \lambda y_{31} \cdot \eta_1$ (자기효능감) $+ \varepsilon_3$

y_4 (시험불안1) $= \lambda y_{42} \cdot \eta_2$ (시험불안) $+ \varepsilon_4$

y_5 (시험불안2) $= \lambda y_{52} \cdot \eta_2$ (시험불안) $+ \varepsilon_5$

y_6 (시험불안3) $= \lambda y_{62} \cdot \eta_2$ (시험불안) $+ \varepsilon_6$

y_7 (상위인지1) $= \lambda y_{73} \cdot \eta_3$ (상위인지) $+ \varepsilon_7$

y_8 (상위인지2) $= \lambda y_{83} \cdot \eta_3$ (상위인지) $+ \varepsilon_8$

y_9 (상위인지3) $= \lambda y_{93} \cdot \eta_3$ (상위인지) $+ \varepsilon_9$

y_{10} (자원관리전략1) $= \lambda y_{104} \cdot \eta_4$ (자원관리전략) $+ \varepsilon_{10}$

y_{11} (자원관리전략2) $= \lambda y_{114} \cdot \eta_4$ (자원관리전략) $+ \varepsilon_{11}$

y_{12} (자원관리전략3) $= \lambda y_{124} \cdot \eta_4$ (자원관리전략) $+ \varepsilon_{12}$

y_{13} (인지전략1) $= \lambda y_{135} \cdot \eta_5$ (인지전략) $+ \varepsilon_{13}$

y_{14} (인지전략2) $= \lambda y_{145} \cdot \eta_5$ (인지전략) $+ \varepsilon_{14}$

y_{15} (인지전략3) $= \lambda y_{155} \cdot \eta_5$ (인지전략) $+ \varepsilon_{15}$

[모형 II의 구조방정식 모형]

η_1 (자기효능감) $= \gamma_{11} \cdot \xi_1$ (내재적 가치) $+ \zeta_1$

η_2 (시험불안) $= \gamma_{21} \cdot \xi_1$ (내재적 가치) $+ \beta_{21} \cdot \eta_1$ (자기효능감) $+ \zeta_2$

$$\eta_3 \ (상위인지) = \gamma_3 \cdot \xi_1 \ (내재적\ 가치) + \beta_{31} \cdot \eta_1 \ (자기효능감) +$$
$$\beta_{32} \cdot \eta_2 \ (시험불안) + \zeta_3$$
$$\eta_4 \ (자원관리전략) = \gamma_{41} \cdot \xi_1 \ (내재적\ 가치) + \beta_{41} \cdot \eta_1 \ (자기효능감) +$$
$$\beta_{42} \cdot \eta_2 \ (시험불안) + \beta_{43} \cdot \eta_3 \ (상위인지) + \zeta_4$$
$$\eta_5 \ (인지전략) = \gamma_{51} \cdot \xi_1 \ (내재적\ 가치) + \beta_{51} \cdot \eta_1 \ (자기효능감) +$$
$$\beta_{52} \cdot \eta_2 \ (시험불안) + \beta_{54} \cdot \eta_4 \ (자원관리전략) + \zeta_5$$
$$\eta_6 \ (학업성취) = \beta_{63} \cdot \eta_3 \ (상위인지) + \beta_{64} \cdot \eta_4 \ (자원관리전략) +$$
$$\beta_{65} \cdot \eta_5 \ (인지전략) + \zeta_6$$

모형Ⅲ은 Bandura(1982) 이후 많은 연구자들(Ames et al., 1988; Meece et al., 1990; Miller et al., 1993)은 학습자 자신의 능력에 대한 지각이 과제선택, 과제선호, 가치부여, 지속성 및 긴장에 대한 대응력과 같은 동기패턴에 유의한 영향을 준다는 연구결과를 일관성 있게 보고하고 있다. 예를 들어 Meece(1993) 등은 수학성취 예언을 위한 구조모형 검증 연구에서 수행기대가 잇따른 수학점수를 예언한다는 검증모형을 제시하고 있다. 즉 자기효능감은 학업성취, 상위인지, 학습전략, 내재적 가치, 시험불안에 영향을 미치는 외생변인이며, 내재적 가치와 시험불안은 상위인지, 학습전략의 매개변인임을 가정할 수 있다. 이들의 제안모형들을 통합하여 모형Ⅲ을 가정하였고, 이 모형을 도식화하면 [그림 1-4]와 같다.

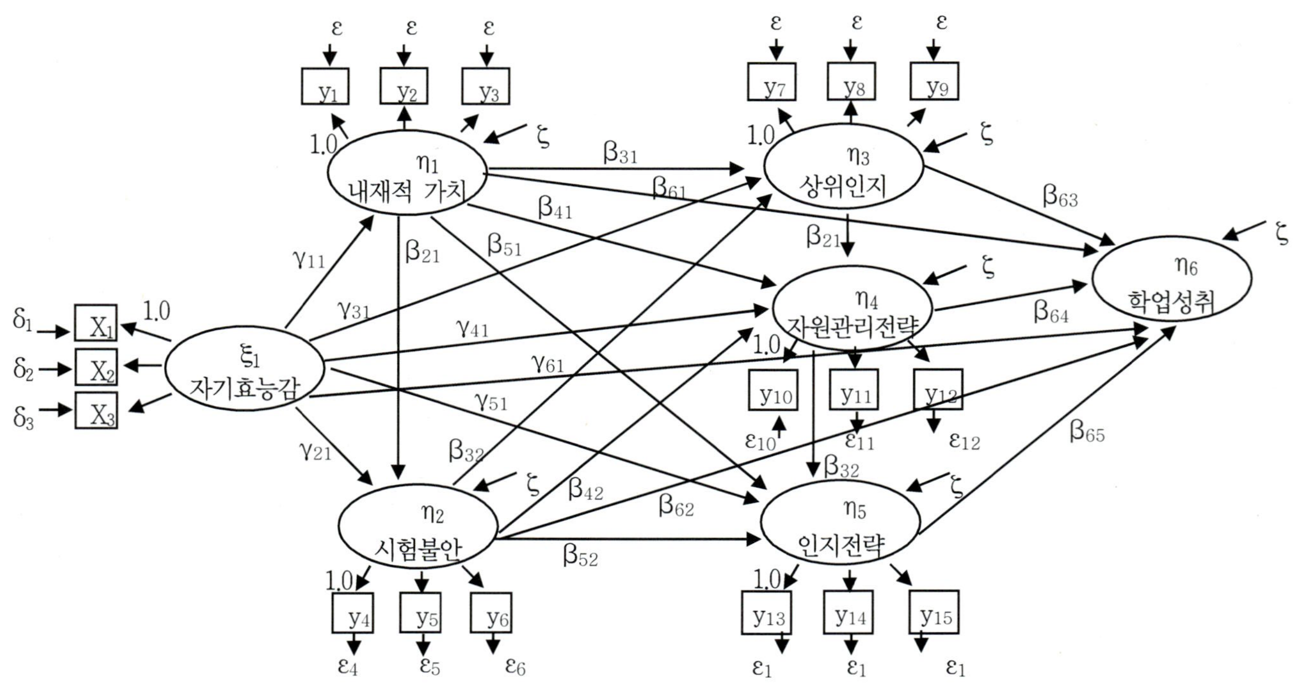

[그림 1-4] 자기조절학습의 구성요인과 학업성취의 관계에 관한 인과모형Ⅲ

모형Ⅲ의 측정방정식 모형과 구조방정식 모형을 수식의 형태로 제시하면 다음과 같다.

[모형Ⅲの 측정방정식 모형]

x_1 (자기효능감1) $= \lambda x_{11} \cdot \xi_1$ (자기효능감) $+ \delta_1$

x_2 (자기효능감2) $= \lambda x_{21} \cdot \xi_1$ (자기효능감) $+ \delta_2$

x_3 (자기효능감3) $= \lambda x_{31} \cdot \xi_1$ (자기효능감) $+ \delta_3$

y_1 (내재적 가치1) $= \lambda y_{11} \cdot \eta_1$ (내재적 가치) $+ \varepsilon_1$

y_2 (내재적 가치2) $= \lambda y_{21} \cdot \eta_1$ (내재적 가치) $+ \varepsilon_2$

y_3 (내재적 가치3) $= \lambda y_{31} \cdot \eta_1$ (내재적 가치) $+ \varepsilon_3$

y_4 (시험불안1) $= \lambda y_{42} \cdot \eta_2$ (시험불안) $+ \varepsilon_4$

y_5 (시험불안2) $= \lambda y_{52} \cdot \eta_2$ (시험불안) $+ \varepsilon_5$

y_6 (시험불안3) $= \lambda y_{62} \cdot \eta_2$ (시험불안) $+ \varepsilon_6$

y_7 (상위인지1) $= \lambda y_{73} \cdot \eta_3$ (상위인지) $+ \varepsilon_7$

y_8 (상위인지2) $= \lambda y_{83} \cdot \eta_3$ (상위인지) $+ \varepsilon_8$

y_9 (상위인지3) $= \lambda y_{93} \cdot \eta_3$ (상위인지) $+ \varepsilon_9$

y_{10} (자원관리전략1) $= \lambda y_{104} \cdot \eta_4$ (자원관리전략) $+ \varepsilon_{10}$

y_{11} (자원관리전략2) $= \lambda y_{114} \cdot \eta_4$ (자원관리전략) $+ \varepsilon_{11}$

y_{12} (자원관리전략3) $= \lambda y_{124} \cdot \eta_4$ (자원관리전략) $+ \varepsilon_{12}$

y_{13} (인지전략1) $= \lambda y_{135} \cdot \eta_5$ (인지전략) $+ \varepsilon_{13}$

y_{14} (인지전략2) $= \lambda y_{145} \cdot \eta_5$ (인지전략) $+ \varepsilon_{14}$

y_{15} (인지전략3) $= \lambda y_{155} \cdot \eta_5$ (인지전략) $+ \varepsilon_{15}$

[모형Ⅲ의 구조방정식 모형]

η_1 (내재적 가치) $= \gamma_{11} \cdot \xi_1$ (자기효능감) $+ \zeta_1$

η_2 (시험불안) $= \gamma_{21} \cdot \xi_1$ (자기효능감) $+ \beta_{21} \cdot \eta_1$ (내재적 가치) $+ \zeta_2$

$$\eta_3 \text{ (상위인지)} = \gamma_{31} \cdot \zeta_1 \text{ (자기효능감)} + \beta_{31} \cdot \eta_1 \text{ (내재적 가치)} + \beta_{32} \cdot \eta_2 \text{ (시험불안)} + \zeta_3$$

$$\eta_4 \text{ (자원관리전략)} = \gamma_{41} \cdot \zeta_1 \text{ (자기효능감)} + \beta_{41} \cdot \eta_1 \text{ (내재적 가치)} + \beta_{42} \cdot \eta_2 \text{ (시험불안)} + \beta_{43} \cdot \eta_3 \text{ (상위인지)} + \zeta_4$$

$$\eta_5 \text{ (인지전략)} = \gamma_{51} \cdot \zeta_1 \text{ (자기효능감)} + \beta_{51} \cdot \eta_1 \text{ (내재적 가치)} + \beta_{52} \cdot \eta_2 \text{ (시험불안)} + \beta_{54} \cdot \eta_4 \text{ (자원관리전략)} + \zeta_5$$

$$\eta_6 \text{ (학업성취)} = \gamma_{61} \cdot \zeta_1 \text{ (자기효능감)} + \beta_{61} \cdot \eta_1 \text{ (내재적 가치)} + \beta_{62} \cdot \eta_2 \text{ (시험불안)} + \beta_{63} \cdot \eta_3 \text{ (상위인지)} + \beta_{64} \cdot \eta_4 \text{ (자원관리전략)} + \beta_{65} \cdot \eta_5 \text{ (인지전략)} + \zeta_6$$

외생변인을 제외한 경로는 구조모형으로 설정된 모형Ⅰ, 모형Ⅱ, 모형Ⅲ이 모두 같기 때문에 이들 경로들 사이의 관계를 가정하기 위해 선행연구들을 개관하면 다음과 같다.

외생변인인 동기는 정의적이며 과정적인 특성을 갖고 있는 학습자 변인이다. Biggs(1978)의 공부과정 모형과 McCombs(1986)의 학습의 내적 동기의 통합모형에 의하면 동기는 학습전략에 영향을 주고 학습전략은 학업성취에 영향을 주므로, 동기와 학습자원관리가 학업성취에 작용하는 과정변인이다. 따라서 동기는 학습전략과 학업성취에 모두 영향을 준다고 가정할 수 있다.

동기의 첫 번째 구성요인으로서 자기효능감은 정교화, 조직화, 그리고 자기조절전략과 같은 심층 학습전략의 사용과 정적으로 관계가 있으며, 기계적 기억, 도전회피전략, 그리고 외부의 도움이나 기준에 대한 신뢰와 같은 표층 학습전략의 사용과는 부적으로 관계가 있다 (Pintrich, 1989; Pintrich & De Groot, 1990; 박승호, 1995). 또한 Bandura(1986)는 사람들이 두려워하는 이유가 있는 사건들에 대하여 예언하거나 통제를 실행할 수 없을 때 불안을 느낀다고 주장하여 자기효능감이 시험불안과 부적 상관이 있을 것이라고 가정하였다. 이와 같은 논의에 의하면, 자기효능감은 활동의 선택, 노력의 양 및 지구력을 결정하는 핵심적인 요인으로서 시험불안, 학습전략의 사용, 그리고 상위인지 활동에 영향을 미칠 수 있으며, 그 모두는 함께 학습자의 학업성취에 영향을 미칠 수 있다고 할 수 있다.

동기의 두 번째 구성요인으로서 내재적 가치는 이전의 성취 수준에 관계없이 인지전략 사용의 중요한 예언자이다(Pintrich & De Groot, 1990). 즉 선행연구 결과에 의하면 가치부여는 학습전략과 밀접하게 관련되어 있어서 교과공부가 흥미롭고 중요하다고 생각하는 학생들은 그 자료를 학습하고 이해하고자 보다 더 적극적으로 참여하며 보다 자기조절적이고 학습에 더 오랫동안 지속한다고 보고하고 있다(Meece, Wigfield & Eccles, 1988; Miller, Behrens & Greene, 1993; Pintrich & De Groot, 1990; Pokay & Blumenfeld, 1990).

동기의 세 번째 구성요인으로서 시험불안은 경쟁상황이나 평가상황에서 학업성취를 방해하는 기능을 하며, 학습자의 상위인지, 인지전략 사용과 상관이 있는 것으로 밝혀졌다.

내생변인인 상위인지는 인지전략이 아니라 인지전략들에 대한 일반적인 지식이다. 인지전략은 특정 인지과제 습득을 위해 개인이 사용하게 되는 구체적인 인지적 활동방법인 데 비해, 상위인지는 이들 활동방법들의 가치와 유용성 등에 대한 일반적인 지식이다. 적절한 전략을 선택하고 활용하기 위해서는 특정한 전략을 가지고 있어야 하겠지만 그보다 더 중요한 것은 그 전략의 가치와 유용성, 그리고 효과 등에 대한 지식이 있어야 한다. 왜냐하면 적절한 전략을 가지고 있으면서도 학습장면에서 그것을 사용하지 못하는 경우가 많기 때문이다. 즉 상위인지와 인지적 수행 간의 관계에 대한 경험적인 연구들을 종합해 볼 때 상위인지와 인지적 수행 간에 정적인 상관이 있거나 혹은 상위인지가 학습전략의 지속과 일반화를 예언해 준다고 가정할 수 있다 (Borkowski, Peck, Reid & Kurtz, 1983).

내생변인인 학습전략에 대한 지식만으로 학업성취를 촉진시킬 수 없다. 학습전략이 학업성취에 영향을 미치기 위해서는 먼저 학습자들이 전략을 사용하고자 동기 지워야 한다. 이러한 동기를 활성화시키는 데 작용하는 요인으로 학습상황과 과제특성도 고려해야 하겠지만 무엇보다 학습자들의 학습에 대한 개인적인 동기 지향과 신념이 학습전략의 사용에 더 많이 작용할 것이다(Pintrich et al., 1990). 이와 관련된 경험적 연구(Biggs, 1978; Dansereau, 1978; Weinstein & Mayer, 1986; 이성흠, 1988)에 의하면 학습전략은 대체로 학업성취에 직접 영향을 미칠 뿐만 아니라, 학업성취에 영향을 미치는 학습자들의 동기변인을 중재해 주는 역할을 할 것으로 볼 수 있다.

학습전략의 하위 구성요인인 인지전략과 자원관리전략에 관한 경험적인 연구결과(Dansereau, 1978; 이성흠, 1988; 정택희, 1987)를 살펴보면, 자원관리전략은 인지전략을 통해서 학업성취에 영향을 주는 반면 인지전략은 학업성취에 직접적인 영향을 줄 것으로 가정할 수 있다.

이제까지 검토해 본 외생변인과 내생변인의 관계에 관한 문헌연구를 바탕으로 [그림 1-2]의 모형 I, [그림 1-3]의 모형 II, [그림 1-4]의 모형 III과 같은 이론적 구조모형을 설정하였고, 각 모형의 적합도 검증을 통해 최적모형을 찾고자 하였다.

제 3 장
연구방법

1. 연구설계

본 연구는 모형Ⅰ, 모형Ⅱ, 그리고 모형Ⅲ 중에서 어느 모형이 더 적합모형인가를 평가하기 위해 전반적 적합도 지수를 사용하였고, 적합도의 손상 없이 더 나은 모형을 탐색하기 위해 세부적 적합도 지수를 사용하였다.

또한 초등학교 5학년, 중학교 2학년, 고등학교 2학년 남·여 학생 1,865명을 대상으로 수집한 표본자료를 무선 할당방법에 의해 학년별로 각각 두 표본으로 나누었다. 제1표본의 자료(초등학교 5학년 294명, 중학교 2학년 305명, 고등학교 2학년 285명)를 통해 구조모형을 검증하고, 제2표본의 자료(초등학교 5학년 295명, 중학교 2학년 332명, 고등학교 2학년 309명)는4) 일반화 가능성을 검증하기 위해 모형의 교차타당도 분석5)에 사용하였다.

---

4) 제1표본의 자료와 제2표본의 자료의 수가 같지 않은 것은 결측치가 포함된 자료를 제외하였기 때문이다.
5) 교차타당도란 상이한 집단을 통하여 연구결과의 일반성을 증진시키기 위한 방법으로 한 표집에만 작용하는 변산적 오차를 찾아낼 수 있으므로 우

2. 연구대상

자료 수집은 연구자가 직접 학교를 방문하거나 우편을 이용하여 교사들에게 검사의 목적을 설명하고 협조를 얻어 이루어졌다. 본 연구의 대상은 최소한 한국적 일반화를 극대화하기 위해서 서울, 경기, 충청, 경남, 경북 지역에 소재한 초등학교 5학년 14개 반, 중학교 2학년 12개 반, 고등학교 2학년 13개 반 남·여학생들을 대상으로 1998년 5월 20일~6월 10일 사이에 이루어졌다. 이들 학교는 대도시에 위치하고 있으며, 전체적으로 볼 때 사회경제적 수준이 유사하다. 학생들의 표집방법은 학교, 학년, 성별을 고려해서 유층 무선 표집하였다.

상기 집단을 연구대상으로 선택한 이유는 자기조절학습의 구성요인인 동기, 상위인지, 학습전략에 관한 선행연구들을 종합적으로 고려한 결과이다.

첫째, 학생들의 학습전략의 선택에 있어서 동기변인이 인지변인보다 더 강하게 영향을 주는 시기를 초등학교 5학년으로 보고 있으며(Paris & Oka, 1986), 동기적 특질에 있어서의 개인차는 초등학교 5, 6학년 시기에 신뢰롭게 평가할 수 있다는 연구(Harter, 1987)에 기초하였다.

둘째, 횡단적 연구(cross-sectional research)에서 가장 이상적인 비교연령 집단의 간격을 보통 3~5년으로 보기 때문(Bloom, 1964)에 초등학교 5학년을 중심으로 비교연령 집단의 간격을 3년으로 나누어 중학교 2학년, 고등학교 2학년을 표집하였다.

전체 연구대상은 총 1,865명이었으며, 이들에 대한 분포는 〈표 1-1〉과 같다.

연한 변산적 오차의 크기를 추정하여 타당한 자료에 필요한 수정을 할 수 있게 된다.

<표 1-1> 표집 대상의 학년 및 성별 분포

학년 \ 성별	남	여	합계
초등학교 5학년	312	281	593
중학교 2학년	334	328	662
고등학교 2학년	319	291	610
합 계	965	900	1,865

3. 측정도구

1) 자기조절학습 검사

자기조절학습의 개념과 구성요인에 대한 문헌탐색을 기초로 동기, 상위인지, 학습전략을 측정할 수 있는 자기조절학습 검사를 만들었다. 이 검사는 '매우 그렇다'의 5점에서부터 '전혀 그렇지 않다'의 1점에 이르기까지 5단계로 이루어진 리커트식 척도로서 전체 88문항으로 구성되어 있다. 본 연구에서 사용한 자기조절학습 검사의 구성을 위한 기초가 된 선행연구는 다음과 같다.

동기는 Pintrich와 De Groot(1990)의 The Motivated Strategies for Learning Questionnaire(MSLQ)의 동기적 신념을 우리 실정에 맞게 번역하여 사용하였다. 이 척도는 자기효능감(9문항), 내재적 가치(9문항), 시험불안(4문항)의 3개 하위 요인으로 이루어졌다. 총 22문항 중 4개(19번, 20번, 21번, 22번) 문항은 역채점하도록 되어 있고, 이 변인을 측정하기 위하여 9개 문항을 사용하였다.

상위인지는 Paris와 그의 동료들(1984)이 만든 Index of Reading Awareness를 김옥기(1988)가 그의 연구에서 번역·수정한 읽기인식검사와 김종순(1995)의 연구에서 사용된 상위인지 검사를 바탕으로 수정·보완하여 읽기와 쓰기에 대한 상위인지를 측정하기 위해 정정옥(1995)이 제작한 상위인지 검사를 사용하였다. 이 척도는 계획(12문항), 점검(10문항), 조절(11문항)의 3개 하위 요인으로 이루어졌다. 총 33문항 중 4개(39번, 43번, 45번, 47번) 문항은 역채점하도록 되어 있고, 이 변인을 측정하기 위하여 9개 문항을 사용하였다.

학습전략은 McKeachie(1986) 등이 만든 The Motivated Strategies for Learning Questionnaire(MSLQ)를 김영채(1990)가 그의 연구에서 번안하여 사용한 '학습전략 설문지'를 토대로 인지척도, 자원관리척도를 발췌해서 사용하였다. 이 척도는 시연(5문항), 조직화(5문항), 정교화(7문항)의 인지전략과 시간과 공부관리(5문항), 공부환경관리(3문항), 노력관리(4문항), 조력추구적 행동(4문항)의 자원관리전략으로 이루어졌다. 총 46문항 중 1개(63번) 문항은 역채점하도록 되어 있고, 이 변인을 측정하기 위하여 17개 문항이 사용되었다.

이들을 기초로 자기조절학습을 측정하기 위한 변인 및 척도가 구성되었으며, 자기조절학습 검사는 〈부록 1-1〉에 제시되어 있다.

2) 학업성취도

학업성취도의 준거로는 학교 및 학년별로 교사들의 자작검사에 의해서 실시된 학업 성적 중에서 초등학교, 중학교, 고등학교의 공통 교과목에 해당하는 국어와 수학 성적을 이용하였다. 이를 위해 본 연구를 위해 실시된 자기조절학습 검사 조사 시기(5월 20일~6월 10일)

이전인 4월 말부터 5월 초에 치러진 중간고사 성적을 사용하였다.

그런데 국어와 수학 성적의 평가도구가 학교 및 학년별에 따라 다르기 때문에 성적산출시의 어떤 차이를 통제하기 위해서 표준점수인 T점수로 전환하여 분석하였다.

4. 분석방법

본 연구의 문제를 해결하기 위해 적용되는 통계적 분석방법은 첫째로 SPSS PC+(Statistical Package for the Social Sciences)를 사용하였다. 여기서 자기조절학습의 구성요인을 파악하기 위해 요인분석을 하였으며, 본 연구에서 사용된 자기조절학습 검사의 신뢰도를 구하기 위해 Cronbach의 α계수를 산출하였다. 또한 발달 차를 규명하기 위해 F검증, Scheffé검증을 하였다.

둘째로 PC-LISREL Ⅷ(Linear Structural Relations: Joreskog & Sorbom, 1989) 프로그램을 사용하여 공변량구조분석6)을 실시하였다. 공변량구조분석은 직접적인 인과관계에 대한 검증이 아니라, 변인들 간의 관계에 대한 모형을 가정해 그 모형의 진위에 대한 여부를 검증하기 위한 이론을 개발·검증하거나, 자료에 대한 탐색적 이해를 도모하기 위해 쓰이는 연구방법으로 조작과 통제를 통해 변인들 간의 인과관계를 직접 밝혀내기 어려운 행동 및 사회과학 분야에서 매우 강

---

6) 현재 공변량구조 관계의 분석 기법으로는 EQS(Bentler, 1985), COSAN (Fraser, 1982; McDonald, 1985), EZPATH(Steiger & Browne, 1984), CFM(Lohnes, 1986) 등이 있지만, LISREL(Joreskog & Sorbom, 1989)이 가장 널리 사용되고 있다(서민원, 1996).

력한 연구방법으로 간주된다(Long, 1983; Song, 1982; 김기석, 1990; 이순묵, 1990).

따라서 본 연구의 통계 분석은 주로 공변량구조분석을 통해서 이루어졌다. 공변량구조분석은 1970년대 후반을 기점으로 해서 변인들의 구조적 관계를 규명하는 이론적·경험적 확인을 했기 때문이다.

LISREL로 가설적 인과모형의 모수를 추정하기 위해 최대우도법(maximum likelihood estimation)을 이용하여 계수를 산출하고 유의도 검증을 하였으며, 전반적 적합도 지수(x^2, GFI, AGFI, RMSR, NNFI)와 세부적 적합도 지수(T-value)를 이용하여 적합도 검증을 하였다.

제 4 장
연구결과

1. 자기조절학습의 구성요인

이 연구의 일차적 목적은 자기조절학습을 개념화하고, 구성요인을 탐색·확인하는 것이다. 따라서 이 절에서는 이론적 배경에서 도출된 구성요인과 이들을 측정하기 위해 사용한 검사 문항이 얼마나 신뢰롭고 타당한가를 검증한다. 이를 위해 자기조절학습의 구성요인을 외생 측정변인과 내생 측정변인으로 구분하여 각 범주별로 신뢰도 추정의 탐색과정과 확인과정을 거쳤고 요인타당도 검증을 실시하였다.

1) 신뢰도

(1) 신뢰도 추정과정

신뢰도 추정과정에서는 최종적인 척도에 포함될 문항을 선정하기 위해 탐색과정과 확인과정의 두 단계를 거쳐 문항분석을 시도하였다 (송인섭, 1982, 1988).

첫째, 신뢰도의 탐색과정으로서 각 문항에 대한 전체상관을 구하였다. 문항 전체상관은 척도의 전체점수와 문항 개개와의 상관으로 이것은 문항이 하나의 척도로서 같은 차원을 어느 정도 측정하고 있는가를 보여주는 지수이다. 이 과정에서 측정도구의 신뢰도를 높이기 위해 문항 전체상관 중 부적상관을 보이고 있는 문항은 정적상관을 가지도록 수정하였다.

둘째, 자기조절학습의 구성요인별로 Cronbach의 α계수를 추정하였으며, 이 과정에서 문항삭제를 통해 신뢰도가 높아질 수 있는 문항을 삭제하였다.

(2) 신뢰도 추정결과

탐색적 신뢰도 추정을 위한 첫 번째 과정으로 문항 전체상관계수를 산출한 결과, 상위인지의 45번 문항(나는 글을 읽을 때 중요하지 않은 부분은 읽지 않고 건너뛴다.)은 전체 척도 총점과 부적상관인 것으로 나타나서 정적상관을 가지도록 수정하였다.

탐색적 신뢰도 추정의 두 번째 기준에 의해 동기 22문항 중 22번 문항, 상위인지 33문항 중 39번, 43번, 44번, 45번, 47번 문항, 학습전략 33문항 중 63번, 64번, 73번, 75번, 88번 문항을 삭제함으로써 신뢰도 계수를 높일 수 있었다.

이와 같은 신뢰도 추정결과 자기조절학습 구성요인의 탐색적 α계수는 .8613~.8882이고, 확인적 α계수는 .8618~.9085의 범위로 만족할 만한 정도의 신뢰도 수준을 나타냈다. 이 결과는 〈표 1-2〉에 제시되어 있고, 각 차원이 단일성의 의미를 갖고 있음을 확인시켜주는 것이다.

<표 1-2> 자기조절학습 구성요인의 신뢰도

분석단계지수 구성요인	탐색계수		확인계수	
	문항 수	Cronbach α계수	문항 수	Cronbach α계수
동 기	22	.8613	21	.8618
상위인지	33	.8882	28	.9085
학습전략	33	.8775	28	.8904

2) 타당도

이론적 배경에서 도출한 자기조절학습 구성요인의 차원을 확인하고, 적절한 문항을 선별하기 위해 요인분석을 실시하였다. 요인분석은 변인들 간의 상관관계를 요약하여 요인 수를 극소화시키면서 여러 개의 변수들 속에 깔려 있는 구인의 의미와 정보를 극대화하는 데 목적이 있다(Song, 1982).

(1) 타당도 추정과정

자기조절학습 구성요인의 구인 타당도를 확인하기 위해 직교회전 방법을 사용하여 주요소분석을 실시하고, 다음과 같은 절차에 따라 요인분석을 실시하였다.

첫째, 요인분석에서 통계적으로 의미 있는 요인 수를 결정하는 준거는 Kaiser(1959)가 제안한 고유치 1 이상의 요인 수를 중심으로 구분하는 것이 일반적인 관례이지만, 더욱 신뢰성을 높이기 위해 Cattell과 Harman(1966)이 제안한 Scree test를 실시해서 나타난 요인 수와 문헌탐색을 통해 나타난 요인 수를 동시에 고려하여 공통요인을 추출하였다(최진승 외, 1993, 재인용).

둘째, Bentler(1980)는 LISREL 분석 시 미지수(parameter)당 피험자의 수가 최소한 5배 이상이 되어야 신뢰할 만한 미지수 추정치를 얻을 수 있다고 주장했다. 이에 따라 피험자의 수와 미지수와의 비율이 5 이상이 되도록 하기 위하여 각 변인 당 측정 문항 수를 줄이기 위한 방법을 시도했다. 문항 수를 줄이는 데 있어서는 이론변인별로 각각 3~6개 정도의 측정변수를 선정하는 것이 바람직하다는 이론(Bentler & Chou, 1987)에 따라 각 이론변인별로 요인부하량이 높은 세 개의 측정변수를 선정하는 과정을 거쳤다.

동기의 경우 주요소분석 결과 1보다 큰 고유치는 5개인 것으로 나타났으나, 본 연구의 이론적 틀을 통해서 확인된 결과와 Scree test 결과 3개 요인이 적절한 것으로 나타나서 3개 요인을 채택했다. 여기서 요인1은 자기효능감, 요인2는 내재적 가치, 그리고 요인3은 시험불안으로 명확하게 묶이는 것은 본 연구에서 사용한 동기의 구인타당도가 적절함을 경험적으로 확인해 주는 것이다. 이 분석결과는 이론적 배경에서 검토한 바와 같이 Pintrich와 De Groot(1990)가 자기조절학습의 동기요인으로 제시한 3개 차원과도 근본적으로 일치하는 것이다. 동기의 직교회전후의 요인행렬은 〈표 1-3〉과 같다.

〈표 1-3〉 동기의 직교회전후의 요인행렬

문항 \ 요인	요인1	요인2	요인3	공통변량
A6	.78885	.11766	.00539	.63615
A3	.77118	.10743	.02867	.60708
A8	.70517	.19886	.09261	.54508
A2	.69582	.25363	.03620	.54981
A1	.67990	.20851	-.01022	.50584
A4	.67980	-.15113	-.04339	.48685
A7	.60282	.13647	.18108	.41484
A9	.58977	.08580	-.00450	.35522
A5	.57818	.11278	-.03599	.34830
B15	.56488	.09414	.02529	.32859
B10	.26366	.00235	-.03398	.04681
B12	.26505	.77538	-.13007	.68838
B16	.27802	.72923	-.15487	.63305
B17	.33804	.71989	-.05407	.63544
B11	.01138	.68668	-.10823	.48338
B13	-.10358	.65484	.03072	.44048

요인 문항	요인1	요인2	요인3	공통변량
B18	.14593	**.62096**	.07993	.41328
C20	−.05220	−.08239	**.87388**	.77318
C19	−.00388	.12485	**.77324**	.61350
C21	.03483	−.21659	**.76955**	.64033
C22	.27956	.00609	**.62896**	.47378
B14	.17750	.09182	−**.21587**	.08653
고유치	5.80145	2.8654	2.03930	
변량 백분율	26.4	13.0	9.3	
누가 백분율	26.4	39.4	48.7	

* A는 자기효능감, B는 내재적 가치, C는 시험불안의 문항 번호임.

상위인지의 경우 주요소분석 결과 1보다 큰 고유치는 4개인 것으로 나타났으나, Scree test 결과 3개 요인이 적절한 것으로 나타나서 3개 요인을 채택했다. 여기서 요인1은 계획, 요인2는 조절, 그리고 요인3은 점검으로 분명하게 묶이는 것은 본 연구에서 사용한 상위인지의 구인 타당도가 적절함을 경험적으로 확인해 주는 것이다. 이는 이론적 배경에서 탐색한 바와 같이 Flavell(1979), 정정옥(1995) 등이 자기조절학습의 상위인지 요인으로 제시한 3개 차원과도 근본적으로 일치하는 결과이다. 상위인지의 직교회전후의 요인행렬은 〈표 1-4〉와 같다.

〈표 1-4〉 상위인지의 직교회전후의 요인행렬

요인 문항	요인1	요인2	요인3	공통변량
D33	**.69362**	.23107	.08954	.54252
D32	**.67864**	.22537	.05950	.51489
D31	**.66886**	.38408	−.01430	.59510
D29	**.64728**	.18189	.11927	.46629
D52	**.63465**	.06153	.42644	.58843

요인 / 문항	요인1	요인2	요인3	공통변량
D51	**.58947**	.00376	.41178	.51703
D54	**.57982**	.16141	.30383	.45456
D30	**.48811**	.18121	.21089	.31556
D48	**.39964**	.39897	.17221	.34855
D53	**.35824**	.01525	.31925	.23049
D24	.07210	**.70487**	.08231	.50881
D28	.16164	**.62614**	.13190	.43558
D25	.40333	**.40333**	−.02012	.52672
D23	.16306	**.55281**	.22086	.22086
D26	.20424	**.53989**	.19956	.37302
D34	.01520	**.53400**	.27957	.36355
D40	.18740	**.52550**	.01318	.31144
D27	.43516	**.51557**	.06035	.45881
D38	.16209	**.47772**	.41585	.42743
D37	.17646	**.46878**	.28908	.33446
D50	.16380	**.45865**	.34476.	.35605
D36	−.03207	**.36739**	.36096	.26630
D46	.37678	.00061	**.55937**	.45486
D55	.15099	.23513	**.52801**	.35687
D49	.35421	.15750	**.51214**	.41256
D35	.29537	.22112	**.48931**	.37556
D41	−.00816	.17599	**.44443**	.22856
D42	.29659	.20060	**.32010**	.23067
고유치	8.23269	1.88959	1.25335	
변량 백분율	29.4	6.7	4.5	
누가 백분율	29.4	36.2	40.6	

* D는 상위인지의 문항 번호임.

학습전략의 하위 구성요인 중 인지전략의 경우 주요소분석 결과 1 보다 큰 요인 고유치는 3개이고, Scree test 결과에서도 3개인 것으로

나타났다. 여기서 요인1은 조직화, 요인2는 시연, 그리고 요인3은 정교
화로 명확하게 묶이는 것은 인지전략의 구인타당도가 적절함을 경험
적으로 확인해 주는 결과이다. 이는 이론적 배경에서 검토한 바와 같
이 McKeachie(1986), 김영채(1990) 등이 인지전략 요인으로 제시한 3
개 차원과도 일치하는 것이다. 인지전략의 직교회전후의 요인행렬은
〈표 1-5〉와 같다.

〈표 1-5〉 인지전략의 직교회전후의 요인행렬

요인 \ 문항	요인1	요인2	요인3	공통변량
E71	.72344	.12403	.06451	.54291
E69	.64508	.07508	.32048	.52448
E61	.62480	-.01070	.28419	.47126
E70	.59357	.32038	-.09449	.46390
E72	.54145	.37654	-.00982	.43505
E60	.50517	.23880	.29127	.39706
E58	.06263	.79265	.07398	.63769
E62	.20616	.66234	.14213	.50140
E59	.16008	.51543	.41709	.46526
E57	.21902	.46184	.42111	.43860
E65	-.03544	.08618	.63258	.40884
E68	.20789	.29643	.57722	.46427
E56	.07152	.46230	.51587	.48496
E67	.49444	-.06591	.51576	.51483
E66	.29541	.08966	.49837	.34368
고유치	4.69124	1.35028	1.05267	
변량 백분율	31.3	9.0	7.0	
누가 백분율	31.3	40.3	47.3	

* E는 인지전략의 문항 번호임.

학습전략의 하위 구성요인 중 자원관리전략의 경우 주요소분석 결과 1보다 큰 요인 고유치는 3개이고, Scree test 결과에서도 3개인 것으로 나타났다. 여기서 요인1은 시간과 공부관리, 요인2는 노력관리, 그리고 요인3은 공부환경관리로 명명하였다. 이렇게 3개 요인은 이론적 탐색 결과 McKeachie(1986), 김영채(1990) 등이 자원관리전략으로 제시한 4개 차원과는 부분적인 차이를 보이고 있다. 이는 조력추구적 행동과 노력관리 요인이 함께 묶인 결과로서, 교육심리학전공 박사과정 학생들 3명과 내용분석을 한 후 노력관리로 통합하였다. 자원관리전략의 직교회전후의 요인행렬은 〈표 1-6〉과 같다.

〈표 1-6〉 자원관리전략의 직교회전후의 요인행렬

문항 \ 요인	요인1	요인2	요인3	공통변량
F76	**.71055**	.00250	.14091	.52475
F74	**.68349**	.00536	.20909	.51091
F82	**.64177**	−.04646	−.11885	.42815
F77	**.61169**	.09415	.20042	.42320
F81	**.58648**	.28037	.10654	.43391
F87	**.43313**	.35647	.25449	.37944
F83	−.07261	**.73888**	−.07654	.55707
F84	.19344	**.73282**	.11377	.58739
F86	−.10834	**.54634**	.24086	.36824
F80	.31299	**.45423**	.38478	.45234
F85	.29526	**.40143**	.14482	.26930
F78	.20184	.14350	**.83687**	.76168
F79	.11274	.13419	**.83304**	.72468
고유치	3.75147	1.58195	1.08763	
변량 백분율	28.9	12.2	8.4	
누가 백분율	28.9	41.0	49.4	

* F는 자원관리전략의 문항 번호임.

(2) 타당도 추정결과

탐색적 타당도 추정과정을 거쳐 최종적으로 분석에 사용된 문항은 다음과 같다. 측정변인은 요인부하량이 높은 세 개 문항을 선정하는 것을 원칙으로 하였다. 그러나 학습전략의 노력관리의 경우 문항선정 과정에서 문항 수가 축소되어 두 개 문항이 선정되었고, 상위인지의 조절과 학습전략의 시연, 정교화, 조직화, 시간과 공부관리, 노력관리 의 경우는 타당도 추정과정에서 확인된 요인과 문헌 탐색과정에서 확 인된 요인을 중심으로 일치되는 문항을 선정하였다. 상위인지의 조절 중 D38번 문항(나는 책에서 읽은 내용을 공부할 때 활용하려고 노력 한다.)과 학습전략의 정교화 중 E67번(나는 어떤 주제를 공부할 때, 모든 것이 맞아 들어가게 하려고 노력한다.) 문항의 경우는 한 문항의 변량이 두 차원 이상으로 분산되었지만 내용타당도의 검토를 통해 최 종 선정문항에 포함하였다.

이와 같은 과정을 거쳐 각 가설적 차원은 단일 차원에 높은 부하량 을 나타내고 있으므로 단일차원으로서의 독립성을 지니고 있다고 가 정할 수 있다. 또한 각 이론변인에 포함된 문항의 단일 차원성을 확인 한 후, 선별된 문항에 대해 문항의 내적 일치도를 측정하기 위하여 Cronbach의 α계수를 변인별로 산출하였는데, 자기조절학습 구성요인 의 최종 확인 신뢰도 계수의 추정범위는 .4842~.7675로 나타나 학습 전략의 정교화를 제외하고는 각 하위 구성요인은 비교적 신뢰로운 것 으로 추론된다. 자기조절학습의 구성요인별 문항 수와 Cronbach의 α 계수는 〈표 1-7〉과 같다.

〈표 1-7〉에서 알 수 있듯이 자기조절학습의 구성요인은 동기, 상위 인지, 학습전략이며, 동기의 하위요인에는 자기효능감, 내재적 가치,

시험불안이, 상위인지의 하위요인에는 계획, 점검, 조절이 포함되어 있다. 그리고 학습전략의 하위요인은 다시 인지전략과 자원관리전략으로 나뉘는데, 인지전략에는 시연, 정교화, 조직화가 포함되고 자원관리전략에는 시간과 공부관리, 공부환경관리, 노력관리가 포함되어 있다.

<표 1-7> 자기조절학습의 구성요인별 문항 수 및 Cronbach의 α계수

요인		하위 구성요인	문항 수	문항 번호	Cronbach α계수
동기		자기효능감	3	3, 6, 8	.7412
		내재적 가치	3	12, 16, 17	.7397
		시험불안	3	19, 20, 21	.7509
상위 인지		계 획	3	31, 32, 33	.7675
		조 절	3	37, 38, 40	.5578
		점 검	3	46, 49, 55	.5901
학습 전략	인지 전략	시 연	3	57, 58, 59	.6277
		정교화	3	65, 66, 67	.4842
		조직화	3	69, 70, 71	.6172
	자원 관리 전략	시간과 공부관리	3	74, 76, 77	.6488
		공부환경관리	2	78, 79	.7403
		노력관리	3	84, 85, 86	.5265

2. 자기조절학습의 학년별·학업성취 수준별 차이

이 절에서는 자기조절학습의 발달 경향성을 탐구하기 위해 먼저 학년별 자기조절학습의 차이를 분석하고, 다음으로 학업성취 수준별 자기조절학습의 차이를 역시 학년에 따라 분석했다.

1) 자기조절학습의 학년별 차이

학년에 따라 자기조절학습 수준과 자기조절학습의 구성요인인 동기, 상위인지, 학습전략 수준은 어떠하며, 어떤 발달 경향을 나타내는지 분석한 결과는 〈표 1-8〉과 같다.

〈표 1-8〉 자기조절학습 및 하위 구성요인의 학년 간 수준 비교

요인		초등학교5학년 (N=593) M(SD)	중학교 2학년 (N=662) M(SD)	고등학교2학년 (N=610) M(SD)	F
자기조절학습		**114.35(19.68)**	**108.13(17.90)**	**111.91(13.28)**	**18.37*****
동기		**28.87(5.70)**	**26.65(5.32)**	**26.66(4.40)**	**35.52*****
	자기효능감	9.45(2.32)	8.51(2.53)	9.00(2.24)	23.96***
	내재적 가치	11.19(2.47)	9.64(2.43)	8.67(2.25)	167.85***
	시험불안	8.17(3.13)	8.54(3.05)	8.92(2.73)	9.58***
상위인지		**31.36(6.56)**	**30.26(5.96)**	**31.48(4.50)**	**8.65*****
	계획	11.04(2.65)	10.84(2.58)	11.28(2.16)	4.97**
	조절	9.77(2.55)	8.77(2.37)	8.78(2.12)	35.43***
	점검	10.54(2.72)	10.65(2.44)	11.41(1.82)	24.43***
학습전략		**53.66(10.71)**	**51.23(9.97)**	**53.61(8.04)**	**12.65*****
인지	시연	9.31(2.71)	9.35(2.58)	10.16(2.48)	15.77***
전략	정교화	9.72(2.47)	9.71(2.33)	10.16(2.09)	7.40***
	조직화	8.82(2.52)	7.96(2.30)	8.33(2.29)	20.01***
자원	시간과 공부관리	9.54(2.42)	7.87(2.28)	7.23(1.94)	169.55***
관리	공부환경관리	6.26(2.31)	5.91(2.24)	6.32(2.26)	6.07**
전략	노력관리	10.01(2.40)	10.43(2.28)	11.43(1.78)	66.94***

※ 자기조절학습은 동기, 상위인지, 학습전략의 전체 총점임.
　 * p 〈.05　 ** p 〈.01　 *** p 〈.001

〈표 1-8〉에서 알 수 있듯이 자기조절학습 수준(F=18.37, p 〈.001)은 초등학교 5학년이 M=114.35, 중학교 2학년이 M=108.13 그리고

고등학교 2학년은 M=111.91로서 학년 간에 통계적으로 유의한 차이를 보이고 있고, 자기조절학습의 구성요인인 동기(F=35.52, p <.001), 상위인지(F=8.65, p <.001), 학습전략(F=12.65, p <.001) 수준 또한 학년에 따라 통계적으로 유의한 차이가 나타났다. 그 내용을 살펴보면 동기의 경우 초등학교 5학년이 M=28.87로 중학교 2학년(M=26.65)이나 고등학교 2학년(M=26.66)보다 높았고, 상위인지의 경우 고등학교 2학년이 M=31.48로 초등학교 5학년(M=31.36)과는 거의 유사하고 중학교 2학년(M=30.26)보다 약간 높았다. 또한 학습전략의 경우 초등학교 5학년이 M=53.66으로 고등학교 2학년(M=53.61)과 거의 유사하고, 중학교 2학년(M=51.23)보다는 높았다.

동기에서 자기효능감(F=23.96, p <.001)은 중학교 2학년에 다소 감소하다가 고등학교 2학년에 가서 다시 증가하였다. 내재적 가치(F=167.85, p <.001)는 학년에 따라 감소하였으며, 시험불안(F=9.58, p <.001)은 반대로 학년에 따라 증가하였다.

상위인지에서 계획(F=4.97, p <.01)과 조절(F=35.43, p <.001)은 중학교 2학년에는 다소 감소하다가 고등학교 2학년에 가서 다시 증가하는 것으로 나타났으며, 점검(F=24.43, p <.001)은 학년에 따라 증가하는 경향이 나타났다.

또한 학습전략에서 시연(F=15.77, p <.001)과 노력관리(F=66.94, p <.001)는 학년에 따라 증가하였고, 반대로 시간과 공부관리(F=169.55, p <.001)는 학년에 따라 감소하는 것으로 나타났다. 그리고 정교화(F=7.40, p <.001), 조직화(F=20.01, p <.001), 공부환경관리(F=6.07, p <.01)는 중학교 2학년에는 감소하다가 고등학교 2학년에 가서 다시 증가하는 경향을 보여주었다.

이상과 같은 차이가 어느 학년 간에서 유의한 차이를 나타내는지 알아보기 위해 Scheffé 검증을 하였으며 그 결과는 다음 〈표 1-9〉와 같다.

<표 1-9> 자기조절학습 및 하위 구성요인의 학년 간 Scheffé 검증

요 인 \ 학 년	초등학교 5학년 - 중학교 2학년	초등학교 5학년 - 고등학교 2학년	중학교 2학년 - 고등학교 2학년
자기조절학습	6.22*	2.43	-3.78*
동기	2.21*	2.21*	0.00
자기효능감	0.94*	0.44*	-0.49*
내재적 가치	1.54*	2.51*	0.96*
시험불안	-0.36	-0.75*	-0.38
상위인지	1.10*	-0.12	-1.22*
계획	0.20	0.23	-0.44*
조절	1.00*	0.99*	-0.01
점검	-0.10	-0.86*	-0.76*
학습전략	2.42*	0.04	-2.38*
인지 시연	-0.04	-0.74*	-0.70*
전략 정교화	0.00	-0.43*	-0.44*
조직화	0.85*	0.49*	-0.36*
자원 시간과 공부관리	1.67*	2.30*	0.63*
관리 공부환경관리	0.34*	-0.06	-0.41*
전략 노력관리	-0.41*	-1.41*	-0.99*

※ 자기조절학습은 동기, 상위인지, 학습전략의 전체 총점임.
  * $p < .05$

〈표 1-9〉에서 알 수 있듯이 초등학교 5학년과 중학교 2학년 간에는 자기조절학습과 구성요인인 동기, 상위인지, 학습전략에서 유의한 차이가 나타났으나 동기 하위 구성요인 중 시험불안, 상위인지 하위 구성요인 중 계획, 점검 그리고 학습전략 하위 구성요인 중 시연, 정교화에서는 유의한 차이가 나타나지 않았다. 초등학교 5학년과 고등학교 2학년 간에는 동기에서 유의한 차이가 나타났으나, 자기조절학습,

상위인지, 학습전략에서는 유의한 차이가 나타나지 않았다. 또한 상위인지의 계획과 학습전략의 공부환경관리에서 유의한 차이가 나타나지 않았으며, 그 외의 모든 차원에서 유의한 차이를 나타냈다. 중학교 2학년과 고등학교 2학년 간에는 자기조절학습과 구성요인 중 상위인지, 학습전략에서 유의한 차이를 나타냈으나, 동기에서는 유의한 차이가 나타나지 않았으며, 동기의 하위 구성요인 중 시험불안과 상위인지 하위요인 중 조절에서 유의한 차이가 나타나지 않았다.

이상을 종합해 보면 동기, 상위인지, 학습전략의 전체총점인 자기조절학습의 경우 초등학교 5학년(M=114.35)이 중학생(M=108.13)이나 고등학생(M=111.91)들보다 높았다. 이는 자기조절학습을 '자기 스스로 학습을 선택하고 실행하는 것'이라고 포괄적으로 정의한다면, 중·고등학교로 갈수록 대학입시 위주로 학교계획 아래 학습이 이루어지므로 자발적인 참여의 중요성은 묵살되어 버리고 학교 학습의 중요성에 대한 자각 없이도 계획된 학교 지시에 의해 타율적으로 학습을 하게 되는 한국의 교육 여건을 반영해 주는 것이라고 볼 수 있다. 특히 초등학생(M=9.45)들은 중학생(M=8.51)이나 고등학생들(M=9.00)보다 자신의 능력에 대해 더 자신감이 있는 것으로 나타났다. 이러한 결과에 대해 Paris와 Newman(1990)은 초등학생들이 자신의 능력에 대해 객관적으로 자기평가를 할 능력이 없고, 주위 사람들로부터 격려를 받기 때문에 자신의 능력을 과대평가한다고 해석하고 있다.

2) 자기조절학습의 학업성취 수준별 차이

국어, 수학 학업성취 점수를 합하여 이를 기준으로 중위 50%를 학업성취 중간집단, 상위 15%를 학업성취 상위집단, 하위 15%를 학업성취 하위집단으로 구분하고, 이 능력집단 간에 자기조절학습 및 하위 구성요인에서 차이가 있는지를 검토하기 위하여 학년별로 일원변량 분석을 실시하였다.

(1) 초등학교 5학년 학업성취 수준별 자기조절학습의 차이

초등학교 5학년 아동들의 성취 수준별 자기조절학습 및 하위 구성 요인들의 차이 검증 결과가 〈표 1-10〉에 제시되어 있다.

<표 1-10> 초등학교 5학년의 성취 수준별 자기조절학습 및 하위 구성요인의 차이 검증

초등학교 5학년 요 인	높은 성취 (N=34) M(SD)	중간 성취 (N=120) M(SD)	낮은 성취 (N=36) M(SD)	F
자기조절학습	**180.16(30.70)**	**165.70(28.11)**	**137.95(6.74)**	12.87***
동기	**63.15(10.28)**	**56.38(9.98)**	**47.50(10.00)**	18.20***
자기효능감	34.09(5.94)	29.28(6.11)	22.70(6.74)	26.43***
내재적 가치	19.23(3.56)	19.10(3.51)	16.80(3.74)	6.09**
시험불안	9.85(3.38)	7.92(3.11)	7.91(3.41)	5.00**
상위인지	**42.30(7.44)**	**38.12(7.83)**	**31.83(9.31)**	13.53***
계획	19.30(3.81)	17.28(3.98)	14.61(4.49)	10.82***
조절	7.44(1.92)	6.57(1.87)	5.68(1.85)	7.49***
점검	15.67(3.30)	14.23(3.37)	11.61(3.73)	13.03***
학습전략	**75.43(14.81)**	**70.80(13.21)**	**60.93(15.14)**	8.78***
인지 시연	13.47(3.24)	12.47(3.27)	11.25(3.75)	3.83*
전략 정교화	10.51(2.26)	9.53(2.21)	8.33(2.84)	7.46***
조직화	12.97(3.58)	11.83(3.43)	10.79(3.74)	3.25*
자원 시간과 공부관리	13.48(3.24)	13.02(2.93)	11.34(2.99)	4.95**
관리 공부환경관리	6.56(2.68)	6.24(2.28)	5.34(2.10)	2.51
전략 노력관리	18.51(3.96)	17.57(3.24)	14.39(4.20)	13.06***

※ 높은 성취집단과 낮은 성취집단의 피험자의 수가 같지 않은 것은 동점자 때문임.
※ 자기조절학습은 동기, 상위인지, 학습전략의 전체 총점임.
 * $p<.05$ ** $p<.01$ *** $p<.001$

〈표 1-10〉에서 알 수 있듯이 초등학교 5학년 학생들의 자기조절학습 및 하위 구성요인들의 점수는 학업성취 상위집단이 중간집단, 하위집단보다 높게 나타났고, 세 집단 간에 통계적으로 유의한 차이를 보이고 있다. 그 내용을 살펴보면, 초등학교 5학년의 높은 성취집단은 다른 두 집단보다 의의 있게 더 높은 자기조절학습 수준($F=12.87$, $p < .001$)을 보여주었고 자기조절학습의 구성요인인 동기($F=18.20$, $p < .001$), 상위인지($F=13.53$, $p < .001$), 학습전략($F=8.78$, $p < .01$)에서도 학업성취 상위집단이 중간집단이나 하위집단보다도 의의 있게 더 높은 것으로 나타났다.

동기의 하위 구성요인들 중 자기효능감($F=26.43$, $p < .001$), 내재적 가치($F=6.09$, $p < .01$), 그리고 시험불안($F=5.00$, $p < .01$)에서 학업성취 상위집단이 중간집단이나 하위집단보다 높게 나타났으며, 통계적으로도 유의한 차이를 보였다. 이와 같은 결과는 학업성취 수준이 높은 아동일수록 자기효능감, 내재적 가치와 같은 동기 수준이 높고, 시험에 대한 걱정과 부담 역시 크다는 것을 의미한다.

상위인지의 하위 구성요인들인 계획($F=10.82$, $p < .001$), 조절($F=7.49$, $p < .001$), 그리고 점검($F=13.03$, $p < .001$) 모두 학업성취 상·중·하 집단 순으로 높게 나타났으며 통계적으로도 유의한 차이를 보였다. 이는 상위인지 수준이 높은 아동일수록 학업성취가 높다는 것을 보여주는 결과라고 하겠다.

학습전략의 하위 구성요인들 중 시연($F=3.83$, $p < .05$), 정교화($F=7.46$, $p < .001$), 조직화($F=3.25$, $p < .05$), 시간과 공부관리($F=4.95$, $p < .01$), 그리고 노력관리($F=13.06$, $p < .001$)는 학업성취 상위집단, 중간집단, 하위집단 순으로 높게 나타났으며 통계적으로도 유의한 차이를 보이고 있다. 공부환경관리($F=2.51$) 또한 학업성취 상위집단이 가장 높게 나타

났지만 통계적으로는 유의한 차이를 보이지 못했다. 이는 시연, 정교화, 조직화와 같은 인지전략을 많이 사용하고, 시간과 공부관리, 공부환경관리, 노력관리와 같은 자원관리전략을 잘 활용하는 아동일수록 학업성취가 높다는 것을 보여주는 것이라고 하겠다.

이상과 같은 초등학교 5학년 학생들의 성취 수준별 자기조절학습 및 하위 구성요인들의 차이가 어느 집단 간에서 유의한 차이를 나타내는지 알아보기 위해 Scheffé 검증을 하였으며 그 결과는 〈표 1-11〉과 같다.

<표 1-11> 초등학교 5학년의 성취 수준별 자기조절학습 및 하위 구성요인의 Scheffé 검증

초등학교 5학년 / 요 인	높은 성취 - 중간 성취	높은 성취 - 낮은 성취	중간 성취 - 낮은 성취
자기조절학습	**14.46**	**42.21***	**27.75***
동기	**6.77***	**15.65***	**8.88***
자기효능감	4.81*	11.39*	6.58*
내재적 가치	0.13	2.43*	2.30*
시험불안	1.92*	1.93*	0.01
상위인지	**4.17***	**10.47***	**6.29***
계획	2.01*	4.69*	2.67*
조절	0.86	1.75*	0.89
점검	1.43	4.06*	2.62*
학습전략	**4.63**	**14.50***	**9.87***
인지 시연	0.99	2.22*	1.22
전략 정교화	0.97	2.18*	1.20*
조직화	1.13	2.17*	1.04
자원 시간과 공부관리	0.45	2.14*	1.68*
관리 공부환경관리	0.31	1.21	0.89
전략 노력관리	0.94	4.12*	3.18*

※ 자기조절학습은 동기, 상위인지, 학습전략의 전체 총점임.
  * p <.05

〈표 1-11〉에서 알 수 있듯이 자기조절학습의 구성요인인 동기, 상위인지, 학습전략에서 학업성취 상위집단과 중간집단, 상위집단과 하위집단, 그리고 중간집단과 하위집단 간에 통계적으로 유의한 차이가 있었으며, 두 집단 간의 차이는 학업성취 상위집단과 중간집단보다 상위집단과 하위집단 간에서 더욱 두드러지게 나타났다.

동기의 하위 구성요인들 중 자기효능감과 상위인지의 하위 구성요인들 중 계획이 학업성취 상위집단과 중간집단, 상위집단과 하위집단, 그리고 중간집단과 하위집단 간에 통계적으로 유의한 차이가 있었으며, 상위집단과 하위집단 간의 차이가 가장 크게 나타났다.

학습전략의 하위 구성요인들 역시 학업성취 상위집단과 하위집단 간의 차이가 다른 집단 간의 차이보다 크게 나타났으며 통계적으로도 유의한 차이를 나타냈다.

이상에서 살펴본 성취 수준별 자기조절학습 및 하위 구성요인들의 Scheffé 검증 결과를 종합해 보면 초등학교 5학년 아동들의 경우 학업성취 수준이 높을수록 자신의 능력에 대한 기대가 크고, 학습활동 시작 전에 목표를 설정하고 질문을 만들며 문제를 분석하는 등의 계획 전략을 많이 사용하며, 과제를 완성한 후에도 선택된 활동의 효율성 유무를 계속적으로 조절한다는 것을 알 수 있다. 그러나 학업성취 수준이 낮은 아동들의 경우 자기 스스로 학습을 선택하고 실행하는 능력이 낮거나 능력이 있다고 해도 효과적으로 사용하지 못함을 알 수 있다. 그러므로 학업성취 극대화를 위해서 자기조절학습을 필수적인 학습방법으로 채택하여 학생들에게 반드시 함양시켜야 할 필요가 있음을 시사하고 있다.

(2) 중학교 2학년 학업성취 수준별 자기조절학습의 차이

중학교 2학년 학생들의 성취 수준별 자기조절학습 및 하위 구성요인들의 차이 검증 결과가 〈표 1-12〉에 제시되어 있다.

〈표 1-12〉 중학교 2학년의 성취 수준별 자기조절학습 및
하위 구성요인의 차이 검증

중학교 2학년 요 인	높은 성취 (N=103) M(SD)	중간 성취 (N=330) M(SD)	낮은 성취 (N=117) M(SD)	F
자기조절학습	**173.75(23.80)**	**156.77(21.87)**	**130.28(25.38)**	**88.62****
동기	**58.47(8.98)**	**52.52(8.28)**	**44.59(9.19)**	**70.29****
자기효능감	31.14(5.66)	27.03(5.45)	20.93(6.17)	90.22***
내재적 가치	17.72(3.19)	17.22(3.40)	15.58(4.16)	12.05***
시험불안	9.60(3.14)	8.33(2.98)	8.25(3.07)	7.53***
상위인지	**40.48(6.86)**	**37.64(6.85)**	**31.57(8.49)**	**44.09****
계획	18.44(3.73)	16.94(3.45)	14.47(4.30)	32.27***
조절	6.90(1.66)	6.35(1.82)	5.24(1.69)	26.20***
점검	15.10(2.88)	14.32(3.22)	11.85(3.81)	31.70***
학습전략	**74.22(11.84)**	**66.99(11.26)**	**54.96(12.78)**	**72.84****
인지 시연	13.85(3.05)	13.26(2.96)	10.87(3.36)	31.82***
전략 정교화	10.24(2.17)	9.38(2.10)	7.65(2.61)	39.88***
조직화	11.76(3.09)	10.70(2.83)	9.23(2.98)	21.10***
자원 시간과 공부관리	12.25(2.86)	11.00(2.74)	9.58(2.58)	25.61***
관리 공부환경관리	6.81(2.12)	5.98(2.14)	4.74(2.11)	26.46***
전략 노력관리	18.94(2.95)	16.80(3.28)	13.70(3.82)	66.94***

※ 높은 성취집단과 낮은 성취집단의 피험자의 수가 같지 않은 것은 동점자 때문임.
※ 자기조절학습은 동기, 상위인지, 학습전략의 전체 총점임.
  * p 〈.05 ** p 〈.01 *** p 〈.001

〈표 1-12〉에서 알 수 있듯이 중학교 2학년 학생들의 자기조절학습 및 하위 구성요인들의 점수는 학업성취 상·중·하 집단 순으로 높게 나타났고, 세 집단 간에 통계적으로 유의한 차이를 보이고 있다. 그 내용을 살펴보면, 중학교 2학년의 높은 성취집단은 중간집단이나 하위 집단보다 의의 있게 더 높은 자기조절학습(F=88.62, p 〈.001) 수준을 보여주었고, 자기조절학습의 구성요인인 동기(F=70.29, p 〈.001), 상

위인지(F=44.09, p 〈.001), 학습전략(F=72.84, p 〈.001)에서도 학업성취 상위집단이 다른 두 집단보다도 유의하게 더 높은 것으로 나타났다.

동기의 하위 구성요인들인 자기효능감(F=90.22, p 〈.001), 내재적 가치(F=12.05, p 〈.001), 그리고 시험불안(F=7.53, p 〈.001)에서 학업성취 상위집단이 중간집단이나 하위집단보다 높게 나타났으며, 통계적으로도 유의한 차이를 보였다. 이는 자신의 능력에 대한 기대나 학습과제에 대한 흥미가 클수록 학업성취 수준이 높지만, 그만큼 시험에 대한 걱정과 불안 역시 크다는 것을 의미하는 결과이다.

상위인지의 하위 구성요인들인 계획(F=32.27, p 〈.001), 조절(F=26.20, p 〈.001), 그리고 점검(F=31.70, p 〈.001) 모두 학업성취 상·중·하 집단 순으로 높게 나타났으며 통계적으로도 유의한 차이를 보였다. 이는 학습자가 자신의 사고과정이나 문제해결 과정을 계획, 점검, 조절하는 상위인지를 잘 사용할수록 학업성취가 높다는 것을 보여주는 결과라고 하겠다.

또한 학습전략의 하위 구성요인들인 시연(F=31.82, p 〈.001), 정교화(F=39.88, p 〈.001), 조직화(F=21.10, p 〈.001), 시간과 공부관리(F=25.61, p 〈.001), 공부환경관리(F=26.46, p 〈.001), 그리고 노력관리(F=66.94, p 〈.001) 모두 학업성취 상위집단, 중간집단, 하위집단 순으로 높게 나타났으며 통계적으로도 유의한 차이를 보이고 있다. 따라서 시연, 정교화, 조직화와 같은 학습전략을 효율적으로 사용하고, 학습을 방해하는 많은 주의 산만 요인을 적절히 통제하면서 시간과 공부관리를 잘하는 학습자가 학업성취가 높다는 것을 제시하는 결과라고 하겠다.

이상과 같은 중학교 2학년 학생들의 성취 수준별 자기조절학습 및 하위 구성요인들의 차이가 어느 집단 간에서 유의한 차이를 나타내는지 알아보기 위해 Scheffé 검증을 하였으며 결과는 〈표 1-13〉에 제시되어 있다.

<표 1-13> 중학교 2학년의 성취 수준별 자기조절학습 및 하위 구성요인의 Scheffé 검증

요 인	중학교 2학년	높은 성취 - 중간 성취	높은 성취 - 낮은 성취	중간 성취 - 낮은 성취
자기조절학습		**16.97***	**43.46***	**26.49***
동기		**5.94***	**13.87***	**7.93***
	자기효능감	4.10*	10.20*	6.10*
	내재적 가치	0.50	2.14*	1.64*
	시험불안	1.26*	1.34*	0.08
상위인지		**2.83***	**8.90***	**6.06***
	계획	1.49*	3.96*	2.46*
	조절	0.55*	1.65*	1.10*
	점검	0.78	3.25*	2.46*
학습전략		**7.23***	**19.26***	**12.02***
인지	시연	0.59	2.97*	2.38*
전략	정교화	0.86*	2.59*	1.73*
	조직화	1.05*	2.53*	1.47*
자원	시간과 공부관리	1.24*	2.67*	1.42*
관리	공부환경관리	0.82*	2.07*	1.24*
전략	노력관리	2.13*	5.23*	3.09*

※ 자기조절학습은 동기, 상위인지, 학습전략의 전체 총점임.
  * $p < .05$

〈표 1-13〉에서 알 수 있듯이 자기조절학습과 하위 구성요인인 동기, 상위인지, 학습전략에서 학업성취 상위집단과 중간집단, 상위집단과 하위집단, 그리고 중간집단과 하위집단 간에 통계적으로 유의한 차이가 있었으며, 두 집단 간의 차이는 학업성취 상위집단과 중간집단보다 상위집단과 하위집단 간에서 더욱 두드러지게 나타났다.

그러나 학업성취 상위집단과 중간집단 간에는 동기의 하위 구성요인들 중 내재적 가치, 상위인지의 점검, 그리고 학습전략의 하위 구성요인들 중 시연, 정교화에서 유의한 차이가 나타나지 않았고, 학업성취 중간집단과 하위집단 간에는 동기의 하위 구성요인들 중 시험불안에서 유의한 차이가 나타나지 않았다.

이상에서 살펴본 성취 수준별 자기조절학습 및 하위 구성요인들의 Scheffé 검증 결과를 요약해 보면 중학교 2학년 학생들의 경우 학업성취 수준이 높을수록 동기, 상위인지 수준이 높고 인지전략을 효과적으로 사용하며 학습을 방해하는 많은 주의 산만 요인을 잘 통제하면서 노력하고 공부환경관리를 잘하는 경향이 있다는 것을 알 수 있다. 그리고 이와 같은 특성이 학업성취 상위집단과 하위집단 간의 비교에서 가장 두드러지게 나타나고 있음을 볼 때, 학교교육에서 목표로 하고 있는 학업성취 극대화를 위해서는 자기조절학습을 필수적인 학습방법으로 선택해서 교육하고 훈련시킬 필요가 있음이 강조되었다고 볼 수 있다.

(3) 고등학교 2학년 학업성취 수준별 자기조절학습의 차이

고등학교 2학년 학생들의 학업성취 수준별 자기조절학습 및 하위 구성요인 간의 차이 검증 결과가 〈표 1-14〉에 제시되어 있다.

〈표 1-14〉에서 알 수 있듯이 고등학교 2학년 학생들의 자기조절학습 및 하위 구성요인들의 점수는 학업성취 상위집단이 중간집단이나 하위집단보다 높게 나타났고, 세 집단 간에 통계적으로 유의한 차이를 보이고 있다. 그 내용을 살펴보면, 고등학교 2학년의 높은 성취집단은 중간집단이나 하위집단보다 의의 있게 더 높은 자기조절학습($F=29.58$, p $<.001$) 수준을 보여주었고, 자기조절학습의 구성요인인 동기($F=36.47$, p $<.001$), 상위인지($F=4.36$, p $<.05$), 학습전략($F=23.72$, p $<.001$) 수준 또한 학업성취 상위집단이 중간집단이나 하위집단보다도 의의 있게 더 높은 것으로 나타났다.

동기의 하위 구성요인들 중 자기효능감($F=52.30$, p $<.001$)과 내재

적 가치(F=3.83, p 〈.05)는 학업성취 상위집단이 가장 높게 나타났으며 통계적으로도 유의한 차이를 보였지만, 시험불안(F=.92, p 〈.05)의 경우 학업성취 중간집단이 M=9.07으로 상위집단(M=8.82)이나 하위집단(M=8.65)보다 높았다. 이는 자신의 능력에 대한 기대가 크고, 과제에 대한 흥미가 많은 학생일수록 학업성취 수준이 높지만, 시험에 대한 걱정과 불안은 대학입시에서 유리한 위치에 있는 상위집단보다 중간집단이 크다는 것을 의미한다.

<표 1-14> 고등학교 2학년의 성취 수준별 자기조절학습 및 하위 구성요인의 차이 검증

고등학교 2학년 / 요 인	높은 성취 (N=94) M(SD)	중간 성취 (N=304) M(SD)	낮은 성취 (N=84) M(SD)	F
자기조절학습	**171.60(18.65)**	**159.18(18.98)**	**148.49(21.83)**	**29.58*****
동기	**56.73(7.20)**	**52.26(7.46)**	**47.09(7.18)**	**36.47*****
자기효능감	31.68(5.27)	27.87(4.77)	23.90(5.32)	52.30***
내재적 가치	16.02(3.42)	15.29(3.60)	14.56(3.15)	3.83*
시험불안	8.82(2.31)	9.07(2.69)	8.65(3.15)	0.92*
상위인지	**40.09(5.35)**	**38.52(6.03)**	**37.43(6.93)**	**4.36***
계획	18.11(3.05)	17.03(3.40)	16.73(3.70)	4.58*
조절	6.27(1.46)	6.10(1.48)	5.56(1.83)	5.34**
점검	15.70(2.41)	15.35(2.74)	14.95(2.86)	1.70
학습전략	**74.67(10.73)**	**68.15(10.19)**	**63.68(12.03)**	**23.72*****
인지 시연	13.87(3.14)	13.90(2.86)	13.29(3.40)	1.38
전략 정교화	10.62(1.55)	9.83(2.10)	8.69(2.47)	19.06***
조직화	12.10(2.71)	10.77(2.87)	10.12(2.70)	12.04***
자원 시간과 공부관리	11.65(2.81)	9.86(2.42)	9.24(2.48)	23.88***
관리 공부환경관리	6.93(2.34)	6.33(2.18)	6.06(2.24)	3.80*
전략 노력관리	19.37(2.92)	17.40(3.07)	15.85(3.17)	29.46***

※ 높은 성취집단과 낮은 성취집단의 피험자의 수가 같지 않은 것은 동점자 때문임.
※ 자기조절학습은 동기, 상위인지, 학습전략의 전체 총점임.
 * p 〈.05 ** p 〈.01 *** p 〈.001

상위인지의 하위 구성요인들 중 계획($F=4.58$, $p < .05$)과 조절($F=5.34$, $p < .01$)은 학업성취 상·중·하 집단 순으로 높게 나타났으며 통계적으로도 유의한 차이를 보였지만, 점검($F=1.70$, $p > .05$)은 통계적으로 유의한 차이를 나타내지 않았다. 이는 선택된 활동이 효과적이었는지를 계속적으로 체크하는 등의 상위인지 수준이 높은 아동일수록 학업성취가 높다는 것을 보여주는 결과라고 하겠다.

또한 학습전략의 하위 구성요인들 중 정교화($F=19.06$, $p < .001$), 조직화($F=12.04$, $p < .001$), 시간과 공부관리($F=23.88$, $p < .001$), 공부환경관리($F=3.80$, $p < .05$) 그리고 노력관리($F=29.46$, $p < .001$)는 학업성취 상·중·하 집단 순으로 높게 나타났으며 통계적으로도 유의한 차이를 보이고 있다. 그러나 시연($F=1.38$, $p > .05$)은 학업성취 중간집단이 상위집단보다 높게 나타났지만 통계적으로는 유의한 차이를 보이지 못했다. 이는 정교화, 조직화와 같은 인지전략을 많이 사용하고, 시간과 공부관리, 공부환경관리, 노력관리와 같은 자원관리전략을 효율적으로 사용하는 학습자일수록 성취 수준이 높다는 것을 보여주는 것이라고 하겠다.

이상과 같은 고등학교 2학년 학생들의 성취 수준별 자기조절학습 및 하위 구성요인들의 차이가 어느 집단 간에서 유의하게 나타나는지 알아보기 위해 Scheffé 검증을 하였으며 그 결과는 〈표 1-15〉에 제시되어 있다.

〈표 1-15〉에서 알 수 있듯이 학업성취 상위집단과 중간집단, 중간집단과 하위집단 간에는 자기조절학습과 구성요인 중 동기, 학습전략에서 유의한 차이가 나타났으나, 구성요인 중 상위인지에서는 유의한 차이가 나타나지 않았다. 학업성취 상위집단과 하위집단 간에는 자기조절학습과 구성요인인 동기, 상위인지, 학습전략에서 통계적으로 유의한 차이가 나타났다. 특히 동기의 하위 구성요인들 중 시험불안과 상위인지 하위 구성요인들 중 점검, 그리고 학습전략의 하위 구성요인들 중 시

연에서는 어떤 집단 간의 비교에서도 유의한 차이가 나타나지 않았다.

상기의 성취 수준별 자기조절학습 및 하위 구성요인들의 Scheffé 검증 결과를 요약해 보면 고등학교 2학년 학생들의 경우 학업성취 수준이 높을수록 동기, 상위인지 수준이 높고 인지전략을 효과적으로 사용하며 학습을 방해하는 많은 주의 산만 요인을 잘 통제하면서 노력하고 공부환경관리를 잘하는 경향이 있는 것으로 나타났다. 그리고 이와 같은 특성은 학업성취 상위집단과 하위집단 간의 비교에서 가장 두드러지게 나타났다.

<표 1-15> 고등학교 2학년의 성취 수준별 자기조절학습 및 하위 구성요인의 Scheffé 검증

요 인	중학교 2학년	높은 성취 - 중간 성취	높은 성취 - 낮은 성취	중간 성취 - 낮은 성취
자기조절학습		12.42*	23.11*	10.69*
동기		4.46*	9.63*	5.16*
	자기효능감	3.81*	7.78*	3.92*
	내재적 가치	0.73	1.45*	0.72
	시험불안	−0.24	0.17	0.42
상위인지		1.57	2.65*	1.08
	계획	1.08*	1.37*	0.29
	조절	0.16	0.71*	0.54*
	점검	0.34	0.75	0.40
학습전략		6.52*	10.99*	4.46*
인지	시연	−0.03	0.57	0.60
전략	정교화	0.79*	1.93*	1.14*
	조직화	1.33*	1.98*	0.65
자원	시간과 공부관리	1.78*	2.41*	0.62
관리	공부환경관리	0.59	0.87*	0.27
전략	노력관리	1.96*	3.52*	1.55*

※ 자기조절학습은 동기, 상위인지, 학습전략의 전체 총점임.
* p < .05

이상에서 살펴본 학업성취 수준별 자기조절학습 및 하위 구성요인들의 차이 분석을 종합해 보면, 학년에 관계없이 연구대상들은 학업성취 상위집단의 학생들이 중간집단이나 하위집단의 학생들보다 자신의 능력에 대한 신념과 학습과제에 대한 흥미가 크고, 자신의 사고 과정이나 문제해결 과정을 계획, 점검, 조절하는 상위인지 전략과 학습전략을 효율적으로 사용하고 있음이 공통적으로 나타났다. 특히 이와 같은 특성은 학년별 사후검증 결과 학업성취 상위집단과 하위집단 간의 비교에서 가장 두드러지게 나타났다. 이는 자기조절학습과 학업성취 간의 강한 관련성을 의미할 뿐만 아니라, 학업성취가 낮은 학습자들의 경우 자기조절학습을 사용해서 학업성취를 향상시킬 수 있도록 도와줄 필요가 있음을 시사하고 있다.

그러나 본 연구의 초등학교 5학년 학생들은 공부환경관리에서 학업성취 수준별 차이를 보이지 않았으며, 고등학교 2학년 학생들은 시연에서 능력집단별 차이가 나타나지 않았다. 이와 같은 이유는 초등학생들의 경우 상급학교 진학 위주보다는 기초 생활에의 적응이 강조되고 있기 때문이며, 고등학생들의 경우는 대학입시 위주의 주입식 교육이 강조되고 있기 때문에 교재를 암기하거나 복습하는 등의 시연전략을 사용하는 것에 있어서 차이를 보이지 않는다고 볼 수 있다. 이것은 자기조절학습이 학교 학습의 형태에 따라서 많은 영향을 받고 있음을 보여주는 의의 있는 결과이다.

3. 자기조절학습의 학년별 적합모형

본 절에서는 학년별로 자기조절학습의 구성요인과 학업성취의 관계에 관한 구조모형을 검증하여 이들 요인들이 학업성취에 미치는 상대적 영향 정도를 알아보고자 한다.

1) 초등학교 5학년 인과모형의 적합도 검증

본 연구의 제안모형에서 사용된 19개 측정변인들에 대한 상관행렬과 기술통계치가 〈표 1-16〉에 제시되어 있다. 이들 19개 측정변인에 대한 예비평가로서 빈도분포, 즉 편포도, 첨도를 살펴보는 것이 유용하다. 정상분포는 가설적 모형의 계수 산출방법으로 사용한 최대우도법(ML)의 기본 가정이다. Muthen과 Kaplan(1984)이 제기한 바와 같이 일반적으로 최대우도법을 사용한 LISREL 모형에서는 편포도와 첨도의 절대값이 1 이하이면 정상분포의 가정을 만족시키고, 절대값이 1보다 크고 2보다 적을 때는 편파될 가능성이 있으며, 2보다 클 경우 LISREL 미지수 추정(parameter estimates)에 위협이 된다(이종목, 1990, 재인용).

본 연구에서 사용한 측정변인들의 첨도는 $-.97\sim.02$이고, 편포도는 $-.80\sim.50$으로 이 가정을 충족시키고 있다. 또한 전반적인 상관관계의 크기는 $-.096\sim.594$로서, 변수들 간의 다중공선성이 존재할 가능성은 낮다. 다중공선성은 독립변수들 간의 높은 상호관련성으로 인해 종속변수에 미치는 각각의 영향을 구분하기 어려운 상황을 의미하는 것으로 대체로 $r=.90$ 이하는 다중공선성의 문제를 제기하지 않는다(조선배, 1996).

<표 1-16> 초등학교 5학년의 측정변인의 기술통계치(N=294)

	자기효능감1	자기효능감2	자기효능감3	내재적 가치1	내재적 가치2	내재적 가치3	시험불안1	시험불안2	시험불안3	상위인지1	상위인지2	상위인지3	인지전략1	인지전략2	인지전략3	자원관리전략1	자원관리전략2	자원관리전략3	학업상취
자기효능감1	1.000																		
자기효능감2	.456	1.000																	
자기효능감3	.429	.436	1.000																
내재적 가치1	.189	.320	.274	1.000															
내재적 가치2	.216	.279	.248	.346	1.000														
내재적 가치3	.232	.300	.279	.474	.362	1.000													
시험불안1	.145	.114	.086	.112	-.019	.142	1.000												
시험불안2	.138	.185	.075	.128	.065	.117	.460	1.000											
시험불안3	.088	.118	.031	.089	.043	.039	.364	.594	1.000										
상위인지1	.406	.355	.303	.136	.257	.170	.039	.100	.042	1.000									
상위인지2	.333	.354	.308	.232	.345	.314	.108	.148	.088	.464	1.000								
상위인지3	.395	.419	.338	.226	.316	.344	.038	.108	.094	.490	.543	1.000							
인지전략1	.334	.318	.274	.179	.237	.249	.013	-.022	-.015	.469	.551	.475	1.000						
인지전략2	.279	.207	.167	.146	.237	.311	.035	.067	-.010	.359	.442	.415	.403	1.000					
인지전략3	.253	.286	.275	.190	.239	.236	.071	.086	.051	.364	.553	.417	.551	.417	1.000				
자원관리전략1	.341	.346	.375	.291	.298	.357	.173	.167	.066	.335	.429	.460	.457	.388	.473	1.000			
자원관리전략2	.244	.270	.235	.154	.178	.214	.037	.026	-.012	.219	.331	.317	.326	.297	.393	.359	1.000		
자원관리전략3	.298	.373	.291	.160	.342	.283	-.012	.002	-.096	.412	.466	.410	.473	.353	.446	.463	.411	1.000	
학업성취	.429	.283	.382	.189	.340	.254	.128	.243	.255	.369	.252	.291	.138	.113	.127	.161	.177	.324	1.000
평균	3.047	3.375	3.186	3.682	3.939	3.696	3.172	2.576	2.451	3.729	3.307	3.551	3.136	3.258	2.950	3.168	3.150	3.408	50.882
표준편차	.971	.897	.955	1.042	1.036	1.093	1.249	1.299	1.358	.860	.825	.885	.913	.817	.850	.811	1.113	.773	9.655
첨도	-.11	-.02	.02	-.22	-.24	-.20	-.97	-.97	-.87	-.18	-.09	-.33	-.24	-.09	-.13	.02	-.81	.02	-.17
편포도	-.18	-.29	-.02	-.54	-.65	-.55	-.07	.42	.50	-.48	-.22	-.34	-.20	-.23	-.11	-.03	-.07	-.27	-.80

(1) 적합도 분석

모형이 전반적으로 주어진 경험자료에 잘 맞는지를 나타내주는 전반적 적합도 지수(overall fit measures)와 현재의 모형보다 더 나은 모형을 탐색하고자 할 경우 어떤 특징수를 고정 또는 제약시킬 것인지를 결정해 주는 세부적 적합도 지수(detailed fit measures)를 사용하여 적합도 분석을 실시하였다(이순묵, 1990).

① 전반적 적합도 지수

개념모형이 경험자료에 잘 합치되는지를 평가하는 데 정보를 제공해 주는 전반적 적합도 지수는 다양하지만, 카이자승치(x^2), 표준카이자승치(x^2/df), 적합도 지수(Goodness of Fit Index: GFI), 수정적합도 지수(Adjusted Goodness of Fit Index: AGFI), 원소 간 평균차이(Root Mean Square Residual: RMSR), 비표준 적합도 지수(Non Normed Fit Index: NNFI)를 이용하여 모형들을 비교·분석하였다.

〈표 1-17〉과 〈표 1-18〉은 이론모형 표집과 교차타당화 표집에 의해 본 연구에서 사용한 측정자료가 구조모형에 잘 합치되는지를 보여주는 가설적 모형의 전반적 적합도 지수이다.

〈표 1-17〉 초등학교 5학년의 이론모형 표집에서 모형의 적합도 비교

| 모형 | 이론모형 표집 | | | | | | |
	x^2	df	x^2/df	GFI	AGFI	RMSR	NNFI
모형 I	87.64	134	.6540	.93	.90	.04	1.09
모형 II	88.60	136	.6514	.93	.91	.04	1.09
모형 III	87.64	134	.6540	.93	.90	.04	1.09

<표 1-18> 초등학교 5학년의 교차타당화 표집에서 모형의 적합도 비교

모형	x^2	df	x^2/df	GFI	AGFI	RMSR	NNFI
			교차타당화 표집				
모형 I	96.95	134	.7235	.93	.89	.04	1.07
모형 II	97.00	136	.7132	.93	.90	.04	1.07
모형 III	96.95	134	.7235	.93	.89	.04	1.07

모형평가의 첫 번째 기준은 x^2이다. x^2분석결과 제안된 모형 모두 통계적인 유의도 수준(p>.05)에서 영가설을 긍정하였으므로 주어진 모형들이 자료에 잘 맞는다는 결론을 얻었다. 이 모형검증 결과의 신뢰성을 높이기 위하여 표집2를 대상으로 교차타당도 분석을 한 결과도 제안된 모형 모두 통계적인 유의도 수준(p>.05)에서 영가설을 긍정하였다.

그런데 x^2값은 표본크기의 함수로 표시되기 때문에 표본이 매우 크면 모형이 현실을 잘 설명하고 있어도 모형과 현실 간의 근소한 차이에 대해서도 민감하게 영가설 기각(significant poor fit)이라는 통계적 결정을 내리는 단점이 있으므로 x^2값과 자유도 간의 비율을 이용한 표준카이자승치(x^2/df)가 더 선호되고 있는데, 이 비율이 5 이하이면 비교적 잘 맞는 적합도를 나타낸다고 간주한다.(Song, 1982; 조선배, 1996) 본 연구의 x^2/df는 제안된 모형들이 .6514~.6540으로 나타났고, 교차타당화 표집에서도 .7132~.7235로 나타나서 이 자료에서도 역시 주어진 모형들이 자료에 잘 맞는다는 것을 알 수 있다.

그러나 카이자승치나 표준카이자승치가 모형의 적합도를 검증하는 결정적인 적합도 지수는 아니기 때문에 또 다른 전반적 적합도 지수를 살펴볼 필요가 있다.

적합모형의 두 번째 판단 기준은 적합도 지수(GFI)와 수정 적합도 지수(AGFI)이다. 즉 GFI는 가정된 모형에 의해서 설명되는 변량과 공변량의 상대적 양을 나타내는 것으로서 0에서 1.0까지의 범위를 가진다. AGFI는 적합도 지수를 자유도에 따라 수정한 것으로 적합도 지수보다 작은 값을 갖게 되지만 적합도 지수와 동일하게 값이 클수록 가정된 모형이 잘 맞는다는 것을 의미한다. 본 연구의 GFI는 가설적 모형 모두 .93이고, AGFI는 모형Ⅰ과 모형Ⅲ이 .90이고 모형Ⅱ가 .91로 나타났으며, 교차타당도 분석에서도 1에 가까운 값을 나타내고 있다.

모형평가의 세 번째 기준은 원소 간 평균차이(RMSR)이다. 자료가 표준화되었을 때 RMSR이 0.05 이하이면 잘 맞는 모형으로 간주한다(Song, 1982; 이순묵, 1990). 본 연구결과 RMSR은 이론모형 표집과 교차타당화 표집에서 세 개 모형 모두 .04로서 모형들이 이상적이라고 볼 수 있다.

그런데 이 적합도 지수들은 표집의 크기에 따라 영향을 받는다고 보고되었기 때문에 표집크기의 효과를 고려하기 위하여, 모형평가의 네 번째 기준으로 Bentler와 Bonett(1980)가 제시한 비표준 적합도 지수(NNFI)를 계산하였다. NNFI는 두 모형의 자유도를 고려한 표준 적합도 지수로서, 보통 0과 1 사이에 있으며 보통 0.9이상이면 가정된 모형은 자료에 잘 합치되는 모형이라고 해석한다(이순묵, 1990; 한덕웅 외, 1993). 본 연구결과 NNFI는 이론모형 표집에서는 1.09이고, 교차타당화 표집에서는 1.07로서 비교적 잘 합치되는 모형임이 검증되었다.

〈표 1-17〉과 〈표 1-18〉에서 알 수 있듯이 제안된 가설적 모형들끼리의 적합도는 모두 이상적이므로 모형들 간의 차이 검증을 통해 적합모형을 찾기 위해 x^2차이 검증을 하였다. x^2차이 검증은 적합도의 증가가 간명함을 희생시키는 것을 정당화할 만큼 큰 것인지 여부를 통계적으로 검증하는 방법으로 이론모형 표집과 교차타당화 표집을

대상으로 연구모형을 분석한 결과는 〈표 1-19〉와 같다.

<표 1-19> 초등학교 5학년의 이론모형 표집과 교차타당화 표집에서
모형들 간의 χ^2차이 검증

비교 모형	이론모형 표집			교차타당화 표집		
	$\triangle df$	$\triangle\chi^2$	.05수준	$\triangle df$	$\triangle\chi^2$	.05수준
모형1과 모형2	2	.96	영가설 긍정	2	.05	영가설 긍정
모형2와 모형3	2	.96	영가설 긍정	2	.05	영가설 긍정

모형들 간의 χ^2차이 검증 결과 이론모형 표집과 교차타당화 표집에서 모형I과 모형III은 간명도의 희생에 비해 큰 적합도의 증가를 가져오지 못했으므로 .05수준에서 영가설은 긍정되었다.

따라서 초등학교 5학년 아동을 분석대상으로 하여 자기조절학습의 구성요인과 학업성취 간의 관계를 설명하는 데 있어서는 내재적 가치를 독립 외생변인으로 구조화하는 모형II가 현실자료와 잘 합치된다는 결론을 내릴 수 있다. 이는 상위인지나 학습전략에 대한 지식만으로는 학업성취를 촉진시킬 수 없고, 상위인지나 학습전략이 학업성취에 영향을 미치기 위해서는 먼저 학습자들이 동기 지워야 한다고 볼 수 있다. 이와 같은 점에서 본 연구의 경험적 결과는 내재적 가치가 행동을 시작하는 과정으로 학습전략사용, 능력 평가, 성공기대에 영향을 미치는 외생변인이라고 보고 있는 Garcia와 Pintrich(1991)의 이론과 교과 공부가 흥미롭고 중요하다고 생각하는 학습자들이 그 자료를 학습하고 이해하고자 보다 더 적극적으로 참여하며 보다 자기조절적이고 학습에 더 오랫동안 지속한다고 보고하고 있는 Meece, Wigfield와 Eccles(1988), Pintrich와 De Groot(1990) 등의 이론과 맥을 같이 한다고 볼 수 있다.

② 측정모형의 요인계수와 다중상관자승치

χ^2차이 검증을 통해 초등학교 5학년 아동들의 자기조절학습과 학업 성취 간의 관계를 설명하는 모형으로서 내재적 가치를 외생변인으로 하는 모형Ⅱ를 채택했고, 교차타당도 분석을 통해서도 이와 같은 결과 가 지지되었으므로 모형Ⅱ를 중심으로 측정모형의 요인계수와 다중상 관자승치를 살펴보면 〈표 1-20〉과 같다.

〈표 1-20〉 초등학교 5학년의 내생·외생 측정변인의 요인부하량과 SMC

내생변인 측정변인(SMC)	자기효능감	시험불안	상위인지	자원관리	인지전략	학업성취
자기효능감1 (.46)	0.68					
자기효능감2 (.44)	0.67					
자기효능감3 (.41)	0.64					
시험불안 1 (.28)		0.53				
시험불안 2 (.72)		0.85				
시험불안 3 (.50)		0.70				
상위인지 1 (.42)			0.65			
상위인지 2 (.57)			0.76			
상위인지 3 (.51)			0.72			
자원관리 1 (.43)				0.66		
자원관리 2 (.25)				0.50		
자원관리 3 (.43)				0.65		
인지전략 1 (.55)					0.74	
인지전략 2 (.35)					0.59	
인지전략 3 (.51)					0.72	
학업성취 (1.0)						1.00

외생변인 측정변인(SMC)	내재적 가치
내재적 가치1 (.37)	0.61
내재적 가치2 (.35)	0.59
내재적 가치3 (.48)	0.69

〈표 1-20〉에서 알 수 있듯이 측정변수를 가지고 실시한 요인분석 결과 각각 .50 이상의 높은 요인부하량을 나타내고 있다. 또한 일반적으로 허용되는 SMC의 범위는 .20~.99인데(Fassinger, 1987), 본 연구의 내생변인의 SMC는 .25~.72이고 외생변인의 SMC는 .35~.48로 이 조건을 충족시킬 뿐만 아니라 측정변수들이 관련개념을 잘 설명하고 있다는 것을 나타내고 있다.

③ 구조모형의 인과관계 경로 추정

초등학교 5학년 피험자 집단을 대상으로 분석한 구조모형의 경로계수는 상대적 비교가 가능한 표준화된 회귀계수를 사용하였고, 변인들 간의 영향은 t값으로 가설된 경로들의 통계적인 유의성에 대한 결정을 하였다.

가설적 인과모형 II에 의해 가정된 17개의 이론적 경로 중 5개는 외생변인에서 내생변인으로 가는 경로(γ 매트릭스)이고, 나머지 12개는 내생변인 간 경로(β 매트릭스)이다. 본 연구결과 외생변인에서 내생변인으로 가는 경로계수 5개 중 1개와 내생변인들 간의 경로계수 12개 중 4개가 t≥ |±1.96 | 수준에서 통계적으로 유의하게 나타났다. 이에 대한 구체적인 내용을 살펴보면 〈표 1-21〉과 같다.

외생변인이 내생변인에 미치는 직접적인 영향을 살펴보면, 내재적 가치는 자기효능감에 .61의 유의한 직접효과가 있고, 인지전략과 상위인지에 각각 -.22, .20의 직접효과가 있는 것으로 나타났다. 또한 시험불안(.07)과 자원관리전략(.18)에는 별 영향을 미치지 못하는 것으로 나타났다. 이것은 학습과제에 가치를 두는 학습자들이 자신의 수행에 대해 높은 기대를 가지고 있다고 생각할 수 있다. 이와 같은 분석 결과는 학업성취 과정에서 동기변인이 왜 중요하며, 어떠한 관점에서 교수·학습이 이루어져야 할 것인가에 대해 많은 시사를 준다는 점에서 의미 있는 발견이다. 즉 동기 지워진 학생들이 수행을 더 잘한다는 것을 암시한다.

<표 1-21> 초등학교 5학년의 가설적 모형의 직접효과, 간접효과, 전체효과, 고정지수

( )는 t값

구조경로	직접효과	간접효과	전체효과
내재적 가치→자기효능감	61(3.85***)		.61(3.85***)
→시험불안	.07	.12	.18
→상위인지	.20	.38(2.81**)	.58(3.78***)
→자원관리	.18	.50(3.24***)	.69(4.13***)
→인지전략	-.22	.41(2.99**)	.51(3.60***)
→학업성취			.41(3.49***)
자기효능감→시험불안	.19		.19
→상위인지	.62(3.42***)	.00	.63(3.47***)
→자원관리	.09	.48(2.56*)	.57(3.18***)
→인지전략	-.33	.77(2.52*)	.45(2.66**)
→학업성취		.48(3.22***)	.48(3.22***)
시험불안 →상위인지	.02		.02
→자원관리	-.10	.02	-.08
→인지전략	-.01	-.11	-.12
→학업성취		.16	.16
상위인지 →자원관리	.80(3.71***)		.80(3.71***)
→인지전략		1.08(4.48***)	1.08(4.48***)
→학업성취	1.22	-1.23	-.01
자원관리 →인지전략	1.36(4.41***)		1.36(4.41***)
→학업성취	0.92	-2.46(-2.94**)	-1.54
인지전략 →학업성취	-1.81(-2.57**		-1.81(-2.57**)

* p <.05 ** p <.01 *** p <.001

내생변인 간의 관계를 살펴보면, 자기효능감은 상위인지(.62)에, 상위인지는 자원관리전략(.80)에, 자원관리전략은 인지전략(1.36)에, 인지전략은 학업성취(-1.81)에 통계적으로 유의한 영향을 미치고 있음을 보여주고 있다. 이는 자신의 능력에 대한 신념이 강할수록 효과적으로 상위인지를 사용하고, 이 상위인지는 학습전략의 사용에 상당한 영향을 미친다는 것을 의미한다.

가설적 모형의 검증결과를 종합하면, 초등학교 5학년의 학업성취에 영향을 미치는 자기조절학습 구성요인들의 효과는 내재적 가치→자기효능감→상위인자→자원관리전략→인지전략으로 유의하게 나타나고 있음을 보여주고 있다. 이것은 학업성취가 어떠한 경로와 매개변인을 통해 결정되는가를 말해 줄 뿐 아니라, 이들 이론변인들의 통합에 의해 결정되는 '자기조절학습'이라는 단일 구인의 존재 가능성과 학업성취에 대한 영향력(ψ_6=.49, 51%)이 경험적으로 확인되었다고 볼 수 있다.

그러나 인지전략의 사용이 학업성취의 향상에 기여하지 못한다는 기대 밖의 결과가 나타났다. 이는 LISREL의 계산방법으로 사용한 ML법은 모형 내의 방정식을 하나하나 순차적으로 검토하여 계산하지 않고 모든 방정식에 대한 정보를 한데 묶어서 동시에 계산하는 방식을 사용하기 때문에(이순묵, 1990) 상위인지, 자원관리전략, 인지전략 간의 상관이 높게 나타난 본 연구결과에 의하면 인지전략과 학업성취 간의 설명변량이 과잉 추정되었을 가능성을 생각해 볼 수 있다.

④ 세부적 적합도 지수

현재의 모형보다 더 나은 모형을 탐색하는 데 정보를 제공해 주는 검증방법으로 고정지수(T-value)를 사용하여 최적모형의 탐색을 진행하였다.

고정지수란 모형에 표시된 자유특징수가 과연 그대로 유지할 만큼 중요한 것인지에 대한 대략적인 통계적 정보를 제공하는 지수로서 값이 적으면 고정시켜도 적합도가 거의 나빠지지 않으며 좀 더 간명한 모형을 형성하게 된다.

본 연구는 복수모형 비교 방식에 의해 자유도가 136이고 χ^2이 88.60(p>.05)인 모형Ⅱ의 결과를 얻었다. 모형Ⅱ는 적합도는 충분한데 간명도가 낮기 때문에 t값이 적어서 고정시켜도 적합도의 손상 없이 간명한 모형으로 축소할 수 있는 고정지수를 사용하여 최적모형의 탐색을 진행하였다.

즉 자원관리전략→학업성취(β_{64})의 고정지수(t=.92), 인지전략→학업성취(β_{65})의 고정지수(t=-2.57), 시험불안→인지전략(β_{52})의 고정지수(t=-.06), 내재적 가치→인지전략(β_{51})의 고정지수(t=-.23), 자기효능감→인지전략(γ_{51})의 고정지수(t=-1.35), 자기효능감→자원관리전략(β_{41})의 고정지수(t=-.34), 내재적 가치→자원관리전략(γ_{41})의 고정지수(t=.16), 시험불안→자원관리전략(β_{42})의 고정지수(t=-1.00), 시험불안→상위인지(β_{32})의 고정지수(t=.02), 내재적 가치→상위인지(γ_{31})의 고정지수(t=.17), 내재적 가치→시험불안(γ_{21})의 고정지수(t=.38), 상위인지→학업성취(β_{63})의 고정지수(t=1.28)에 대응하는 자유특징수를 단계적으로 고정시키고 χ^2차이 검증을 통해 큰 모형과 작은 모형 사이에 적합도의 차이를 비교한 결과 큰 모형과 작은 모형 사이에 적합도의 차이가 유의하지 않으므로 적합도의 손상 없이 간명한 모형으로 축소할 수 있었다.

그런데 모형Ⅱ-1과 모형Ⅱ-2의 적합도의 차이($\triangle\chi^2$=21.97)는 통계적으로 유의했지만 인지전략→학업성취(β_{65})의 경로를 삭제한 모형Ⅱ-2가 이론적으로 더 타당하다(인지전략은 학업성취에 정적인 효과가 있음.)는 Corno와 Mandinach(1983)의 이론에 의해 이 경로를 삭제했다. 또한 자기효능감과 학업성취의 수정지수에 대응하는 고정특징수를 자유특징수로 바꾼 것이 모형Ⅱ-12인데, 모형Ⅱ-12는 상실된 간명도에 비해 큰 적합도의 증가($\triangle \chi^2 = 14.14$)를 가져왔기 때문에 이 경로를 첨가했다. 초등학교 5학년의 기초모형과 경쟁모형들 간의 적합도 평가는 〈표 1-22〉와 같다.

<표 1-22> 초등학교 5학년의 기초모형과 경쟁모형의 적합도 지수

모 형	χ^2	df	χ^2/df	GFI	AGFI
기초모형(모형Ⅱ)	88.60	136	.65	.93	.91
모형Ⅱ-1 (β_{64}삭제)	89.06	137	.65	.93	.91
모형Ⅱ-2 (β_{65}삭제)	111.02	138	.80	.92	.89
모형Ⅱ-3 (β_{51}삭제)	111.11	139	.79	.92	.89
모형Ⅱ-4 (β_{51}삭제)	112.23	140	.79	.92	.89
모형Ⅱ-5 (γ_{51}삭제)	115.02	141	.81	.92	.89
모형Ⅱ-6 (β_{41}삭제)	115.24	142	.81	.92	.89
모형Ⅱ-7 (γ_{41}삭제)	115.53	143	.80	.92	.89
모형Ⅱ-8 (β_{42}삭제)	117.73	144	.81	.92	.89
모형Ⅱ-9 (β_{32}삭제)	117.78	145	.81	.92	.89
모형Ⅱ-10(γ_{31}삭제)	120.07	146	.82	.91	.89
모형Ⅱ-11(γ_{21}삭제)	120.16	147	.81	.91	.89
모형Ⅱ-12(β_{61}첨가)	106.02	146	.72	.92	.90
모형Ⅱ-13(β_{63}삭제)	107.44	147	.73	.92	.90

〈표 1-22〉에서 알 수 있듯이 초등학교 5학년 아동에게 가장 적합한 자기조절학습 모형은 모형Ⅱ-13으로 GFI와 AGFI가 .90 이상이고, χ^2/df가 .73으로 적합도의 손상 없이 간명하고 설명력이 강한 모형을 찾을 수가 있었다. 이 모형Ⅱ-13의 구조경로는 〈표 1-22〉와 같

고, 이를 그림으로 나타내면 다음 [그림 1-5]와 같다.

〈표 1-23〉에서 변인들 간의 영향은 t값으로 가설된 경로들의 통계적인 유의성에 대한 결정을 하였다.

<표 1-23> 초등학교 5학년의 검증모형의 직접효과, 간접효과, 전체효과, 고정지수

( )는 t값

구조경로	직접효과	간접효과	전체효과
내재적 가치→자기효능감	.68(4.23***)		.68(4.23***)
→시험불안		.18(2.02*)	.18(2.02**)
→상위인지		.52(3.90***)	.52(3.90***)
→자원관리		.47(3.86***)	.47(3.86***)
→인지전략		.45(3.94**)	.45(3.94***)
→학업성취		.37(3.88***)	.37(3.88***)
자기효능감→시험불안	.26(2.15*)		.26(2.15*)
→상위인지	.76(5.09***)		.76(5.09***)
→자원관리		.69(5.01***)	.69(5.01***)
→인지전략		.67(5.19***)	.67(5.19***)
→학업성취	.55(5.10***)		.55(5.10***)
상위인지 →자원관리	.91(5.82***)		.91(5.82***)
→인지전략		.88(6.10***)	.88(6.10***)
자원관리 →인지전략	.96(6.66***)		.96(6.66***)

* p 〈.05 ** p 〈.01 *** p 〈.001

가설적 인과모형에 의해 가정된 17개의 이론적 경로 중 5개는 외생변인에서 내생변인으로 가는 경로(γ 매트릭스)이고, 나머지 15개는 내생변인 간 경로(β 매트릭스)이다. 검증모형의 외생변인에서 내생변인으로 가는 경로계수 6개 중 1개와 내생변인들의 경로계수 12개 중 5개가 t≥ ∣±1.96∣ 수준에서 통계적인 의의가 있었다.

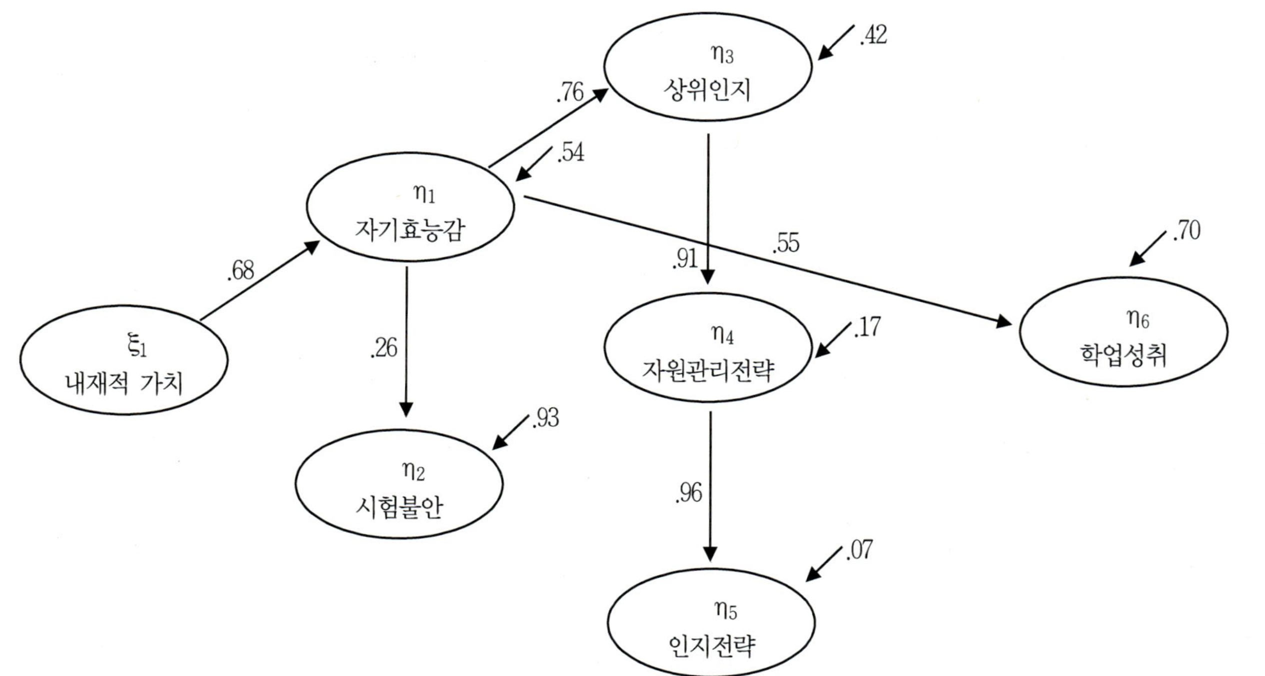

[그림 1-5] 초등학교 5학년의 자기조절학습의 구성요인과 학업성취의 관계에 관한 검증모형

[그림 1-5]의 초등학교 5학년의 자기조절학습 검증모형을 중심으로 각 변인들 사이의 관계를 정리하면 다음과 같다.

외생변인이 내생변인에 미치는 직접적인 영향을 살펴보면, 내재적 가치는 자기효능감에 .68의 직접효과가 있는 것으로 나타났다. 이는 학습과제에 흥미를 지니고 더 가치 있게 판단하는 학습자들이 자신의 수행에 대해 높은 기대를 가지고 있다고 생각할 수 있다.

내생변인 간의 관계를 살펴보면, 자기효능감은 시험불안, 상위인지, 그리고 학업성취에 각각 .26, .76, .55의 직접효과가 있는 것으로 나타났다. 또한 상위인지는 자원관리전략에 .91, 자원관리전략은 인지전략에 .96의 직접효과를 보이고 있다. 이는 자신의 능력에 대한 신념이 강할수록 학업성취 능력이 높고 효과적으로 상위인지와 학습전략을 사용하는 반면에 시험에 대한 걱정과 근심도 많다는 것을 의미한다.

이상을 종합하여 학업성취에 영향을 미치는 자기조절학습 구성요인들의 효과를 정리하면 다음과 같다.

첫째, 초등학교 5학년의 학업성취에 영향을 미치는 인과경로는 내재적 가치→자기효능감→학업성취로 통계적으로 유의하게 나타나고 있음을 보여주고 있다. 이것은 초등학교 5학년의 학업성취가 어떠한 경로와 매개변인을 통해 결정되는가를 의미하는 것으로서, 학습을 하기 위해 동기 지워진 학생들의 성취 능력이 높다는 것을 의미하는 것이다. 즉 효과적인 학습을 위해서는 교과의 중요성과 가치에 대한 학습자들의 이해가 선행되어야 함을 암시하는 결과이다.

둘째, 내재적 가치→자기효능감→상위인지→자원관리전략→인지전략의 경로가 나타나고 있지만, 이 영향 경로는 학업성취에 유의한 영향을 미치지 못하고 있음을 알 수 있다. 이는 초등학생들의 경우 학습전략을 통제·조절할 수 있는 능력이 부족하기 때문에 적절한 학습전략의 사용에 관한 교사의 지도가 초기에 필수적으로 이루어져야 함을 의미하는 것으로 박경숙(1989) 등의 연구결과와 일치하는 것이다.

셋째, 학업성취의 30%(ψ_6=.70)가 전체 모형에 의해 설명되고 있고, 학업성취에 가장 큰 영향을 미치는 것은 자기효능감(.55)으로 나타났다. 이와 같은 결과로 보아 초등학생들의 경우 학업성취의 많은 변량을 자기조절학습이 설명해 주고 있으며, 그중에서 가장 유의한 자기조절학습 변인은 자기효능감임을 말해 주는 것이다. 이런 점에서 볼 때 개인의 자기효능감이 자신의 능력이나 학습전략보다 학업성취를 더 잘 예언하고, 다른 어떤 동기보다도 강력한 학습동기임을 보여주는 본 연구결과는 Pajares(1996), Schunk(1984), Zimmerman과 Martinez-Pons(1988) 등이 제시하고 있는 경험적 증거들과 일치하는 것이다.

2) 중학교 2학년 인과모형의 적합도 검증

중학교 2학년 피험자 집단을 대상으로 이루어진 자기조절학습과 학업성취와의 관계에 관한 분석은 본 연구의 제안모형들에서 사용된 19개 측정변인들에 대한 상관행렬을 토대로 이루어졌으며, 예비평가로서 기술통계치를 사용하였다. 〈표 1-24〉에 제시된 첨도, 편포도는 가설적 모형의 계수산출 방법으로 사용한 최대우도법의 기본가정인데 ± 1~2 이하이면 정상분포의 가정을 만족시킨다고 한다. 본 연구에서 사용한 측정변인들의 첨도는 -1.09~.42이며, 편포도는 -.48~.44로 이 가정을 만족시키고 있다. 또한 전반적인 상관관계 크기는 -.087~.627 로서 다중공선성의 문제를 제기하지 않는다.

<표 Ⅰ-24> 중학교 2학년의 측정변인의 기술통계치(N=305)

	자기효능감1	자기효능감2	자기효능감3	내재적 가치1	내재적 가치2	내재적 가치3	시험불안1	시험불안2	시험불안3	상위인지1	상위인지2	상위인지3	인지전략1	인지전략2	인지전략3	자원관리전략1	자원관리전략2	자원관리전략3	학업성취
자기효능감1	1.000																		
자기효능감2	.614	1.000																	
자기효능감3	.419	.444	1.000																
내재적 가치1	.297	.275	.427	1.000															
내재적 가치2	.249	.253	.295	.379	1.000														
내재적 가치3	.265	.293	.383	.603	.384	1.000													
시험불안1	.170	.138	.122	.037	.128	.126	1.000												
시험불안2	.116	.082	.106	.013	-.087	.057	.508	1.000											
시험불안3	.039	.033	.110	.015	-.073	.038	.393	.627	1.000										
상위인지1	.275	.301	.247	.136	.295	.150	.124	-.002	-.051	1.000									
상위인지2	.257	.301	.259	.183	.159	.175	-.039	-.011	-.061	.401	1.000								
상위인지3	.358	.364	.264	.224	.296	.159	.151	.069	.014	.485	.490	1.000							
인지전략1	.272	.272	.283	.243	.222	.216	-.040	-.043	-.133	.244	.401	.403	1.000						
인지전략2	.336	.360	.346	.225	.344	.258	.030	-.042	-.104	.466	.386	.412	.387	1.000					
인지전략3	.247	.233	.328	.286	.164	.312	.070	-.072	-.040	.314	.522	.396	.308	.324	1.000				
자원관리전략1	.322	.337	.364	.414	.306	.401	.048	-.042	-.066	.301	.388	.368	.369	.379	.505	1.000			
자원관리전략2	.251	.291	.261	.240	.225	.204	.111	.011	-.033	.252	.314	.286	.332	.379	.325	.447	1.000		
자원관리전략3	.356	.387	.256	.265	.348	.178	.090	-.073	-.103	.379	.415	.471	.373	.502	.304	.397	.387	1.000	
학업성취	.376	.488	.292	.130	.215	.146	.258	.106	.034	.296	.218	.351	.292	.301	.164	.241	.290	.364	1.000
평균	2.938	3.088	2.618	3.019	3.606	3.059	3.150	2.953	2.516	3.622	2.961	3.565	3.134	3.241	2.628	2.626	2.998	3.467	49.708
표준편차	1.098	1.009	.905	1.023	1.045	1.035	1.201	1.279	1.240	.876	.788	.806	.884	.766	.728	.778	1.072	.768	10.005
첨도	-.63	-.39	.18	-.22	-.19	-.13	-.97	-1.04	-.86	.05	-.08	.13	-.18	.34	.03	.25	-.81	.42	-1.09
편포도	.05	-.13	.12	-.07	-.48	-.06	-.09	.10	.44	-.44	-.01	-.47	-.06	-.39	.16	.12	-.01	-.43	-.28

(1) 적합도 분석

모형이 주어진 경험자료에 잘 맞는지를 확인하는 검증방법으로 전반적 적합도 지수와 세부적 적합도 지수를 사용하여 적합도 분석을 하였다. 모형찾기는 간명하면서도 주어진 현실을 잘 설명하는 모형을 구하는 데 목적이 있으므로 전반적 적합도 지수를 사용하여 제안된 모형들 중에서 적합모형을 찾고, 적합모형을 중심으로 세부적 적합도 지수를 사용하여 최적모형을 탐색하였다. 또한 우연적 이론개발의 가능성을 제거하고 연구결과의 일반성을 증진시키기 위한 방법으로 중학교 2학년 표집2를 대상으로 교차타당도 분석을 실시하였다.

① 전반적 적합도 지수

개념모형이 경험자료에 잘 합치되는지를 의미하는 전반적 적합도 지수(x^2, x^2/df, GFI, AGFI, RMSR, NNFI)를 이용하여 모형들을 평가하였다. 중학교 2학년의 이론모형 표집과 교차타당화 표집에서 가설적 모형의 전반적 적합도 지수는 각각 〈표 1-25〉, 〈표 1-26〉과 같다.

〈표 1-25〉 중학교 2학년의 이론모형 표집에서 모형의 적합도 비교

모형	이론모형 표집						
	x^2	df	x^2/df	GFI	AGFI	RMSR	NNFI
모형 I	287.70	134	2.14	.91	.87	.05	.90
모형 II	290.56	136	2.13	.90	.87	.05	.90
모형 III	287.70	134	2.14	.91	.87	.05	.90

<표 1-26> 중학교 2학년의 교차타당화 표집에서 모형의 적합도 비교

모형	χ^2	df	χ^2/df	GFI	AGFI	RMSR	NNFI
			교차타당화 표집				
모형 I	254.47	134	1.89	.93	.89	.05	.93
모형 II	260.05	136	1.91	.92	.89	.05	.93
모형 III	254.47	134	1.89	.93	.89	.05	.93

중학교 2학년 피험자 집단을 분석한 경우 모형평가의 첫 번째 기준인 χ^2는 287.70~290.56(p=.00), df=134, 136으로 .05수준에서 영가설이 기각되었다. 이 모형검증 결과의 신뢰성을 높이기 위하여 표집2를 대상으로 교차타당도 분석을 실시한 결과도 제안된 모형 모두 통계적인 유의도 수준(p <.05)에서 영가설이 기각되었다.

그러나 통계적 유의성이 과학적 유의성과 반드시 일치하는 것은 아니고, χ^2값은 표본 수에 민감하여 자료가 클 경우에는 기각될 가능성이 높기 때문에 카이자승치와 자유도 간의 비율을 이용한 χ^2/df를 구하였다. 이 비율이 5 이하이면 비교적 잘 맞는 적합도를 나타낸다고 간주하는데(Song, 1982; 조선배, 1996), 본 연구의 χ^2/df는 모형 I과 모형 III이 2.14이고 모형 II가 2.13으로 나타났고, 교차타당화 표집에서도 모형 I과 모형 III이 1.89이고 모형 II가 1.91로 나타나서 잘 맞는 모형임을 보여주고 있다.

모형평가의 두 번째 기준인 GFI와 AGFI는 표본크기의 변화나 정상분포의 위반에 별 영향을 받지 않고 모형이 자료에 잘 맞는지를 나타내 준다. 본 연구의 GFI는 모형 I과 모형 III이 .91이고 모형 II가 .90이며, AGFI는 모두 .87로 비교적 현실자료를 잘 설명하는 모형임을 나타내고 있다. 교차타당화 표집에 의한 분석에서도 1에 가까운 값을 나타내서 이론모형 표집의 결과를 지지해 주고 있다.

모형평가의 세 번째 기준인 RMSR은 이론모형 표집과 교차타당화 표집 둘 다 모든 모형에서 .05로 나타나서 적합한 수준이라고 할 수 있다.

모형평가의 네 번째 기준인 NNFI는 이론모형 표집에서 모두 .90이고, 교차타당화 표집에서 모두 .93으로 비교적 잘 맞는 모형임을 알 수 있다.

이상의 여러 가지 적합도 지수를 종합하여 보면, 중학교 2학년 피험자 집단을 분석한 경우에도 본 연구에서 설정한 가설적 모형들이 자료와 잘 맞는 것을 알 수 있으며, 이와 같은 결과는 교차타당도 분석에 의해서도 지지되었다. 따라서 모형들 간의 차이 검증을 통해 적합 모형을 찾기 위해 χ^2차이 검증을 하였다. 이론모형 표집과 교차타당화 표집을 대상으로 연구모형을 분석한 결과는 〈표 1-27〉과 같다.

<표 1-27> 중학교 2학년의 이론모형 표집과 교차타당화 표집에서
모형들 간의 χ^2차이 검증

비교모형	이론모형 표집			교차타당화 표집		
	$\triangle df$	$\triangle\chi^2$	.05수준	$\triangle df$	$\triangle\chi^2$	.05수준
모형Ⅰ과 모형Ⅱ	2	2.86	영가설 긍정	2	5.58	영가설 긍정
모형Ⅰ과 모형Ⅱ	2	2.86	영가설 긍정	2	5.58	영가설 긍정

모형들 간의 χ^2차이 검증 결과 이론모형 표집과 교차타당화 표집에서 모형Ⅰ과 모형Ⅲ은 간명도의 희생에 비해 큰 적합도의 증가를 가져오지 못했으므로 .05수준에서 영가설은 긍정되었다.

따라서 중학교 2학년 피험자 집단을 대상으로 분석한 경우에도 초등학교 5학년 아동들의 검증결과와 마찬가지로 자기조절학습의 구성요인과 학업성취와의 관계를 잘 설명하는 데 있어서 내재적 가치를 독립 외생변인으로 구조화하는 모형Ⅱ가 현실자료와 잘 맞는다는 결론을 내릴 수 있다. 이와 같은 결과는 교과 공부가 흥미롭고 중요하다고 생각하는 내재적 가치가 높은 학습자들이 그 자료를 학습하고 이해하고자 보다 더 적극적으로 참여하며 보다 자기조절적이고 학습에 더 오랫동안 지속한다고 보고하고 있는 Garcia와 Pintrich(1991), Meece, Wigfield와 Eccles(1988), Pintrich와 De Groot(1990) 등의 이론과 맥을 같이하는 경험적 결과라고 할 수 있다.

② 측정모형의 요인계수와 다중상관자승치

χ^2차이 검증을 통해 중학교 2학년 학생들의 현실 자료를 잘 설명하는 모형으로서 내재적 가치를 외생변인으로 하는 모형Ⅱ를 채택했고, 교차타당도 분석을 통해서도 이와 같은 결과가 지지되었다. 따라서 모형Ⅱ를 중심으로 측정변인의 요인계수와 다중상관자승치를 살펴보면 〈표 1-28〉과 같다.

<표 1-28> 중학교 2학년의 내생·외생 측정변인의 요인부하량과 SMC

내생변인 측정변인(SMC)	자기효능감	시험불안	상위인지	자원관리	인지전략	학업성취
자기효능감1 (.53)	0.73					
자기효능감2 (.63)	0.79					
자기효능감3 (.37)	0.61					
시험불안 1 (.33)		0.57				
시험불안 2 (.79)		0.89				
시험불안 3 (.50)		0.70				
상위인지 1 (.38)			0.62			
상위인지 2 (.47)			0.68			
상위인지 3 (.53)			0.73			
자원관리 1 (.45)				0.67		
자원관리 2 (.29)				0.54		

내생변인 측정변인(SMC)	자기효능감	시험불안	상위인지	자원관리	인지전략	학업성취
자원관리 3 (.43)				0.65		
인지전략 1 (.34)					0.58	
인지전략 2 (.44)					0.66	
인지전략 3 (.36)					0.60	
학업성취 (1.0)						1.00
외생변인 측정변인(SMC)	내재적 가치					
내재적 가치1 (.61)	0.78					
내재적 가치2 (.27)	0.52					
내재적 가치3 (.57)	0.76					

여기서 요인계수 값은 표준화된 자료를 사용하였는데 요인부하량은 각각 .52 이상의 높은 요인부하량을 나타내고 있다. 또한 본 연구의 내생변인의 SMC는 .29~.79이고, 외생변인의 SMC는 .27~.61로 일반적으로 허용되는 SMC의 범위를 충족시킬 뿐만 아니라 측정변인들이 관련개념을 잘 설명하고 있다는 것을 나타내주고 있다.

③ 구조모형의 인과관계 경로 추정

중학교 2학년 피험자 집단을 대상으로 분석한 구조모형의 경로계수는 상대적 비교가 가능한 표준화된 회귀계수를 이용하였고, 변인들 간의 영향은 t≥ |±1.96 | 수준에서 가설된 경로들의 통계적인 유의성에 대한 결정을 하였다.

가설적 인과모형Ⅱ에 의해 가정된 18개의 이론적 경로 중 6개는 외생변인에서 내생변인으로 가는 경로(γ 매트릭스)이고, 나머지 12개는 내생변인 간 경로(β 매트릭스)이다. 본 연구결과 외생변인에서 내생변인으로 가는 경로계수 6개 중 2개, 내생변인들의 경로계수 12개 중

6개가 통계적으로 유의한 결과를 보여주었다. 이에 대한 구체적인 내용을 살펴보면 〈표 1-29〉와 같다.

외생변인이 내생변인에 미치는 직접적인 영향을 살펴보면, 내재적 가치는 자기효능감과 자원관리전략에 각각 .56, .32의 직접효과가 있는 것으로 나타났지만, 시험불안(-.08), 상위인지(.05), 인지전략(-.14)에는 별 영향을 미치지 않는 것으로 나타났다. 이는 학습과제에 대한 중요성, 가치, 흥미를 갖고 있는 학습자들이 자신의 수행에 대해 높은 기대를 형성하고 학습자원을 잘 관리한다고 볼 수 있다.

<표 1-29> 중학교 2학년의 가설적 모형의 직접효과, 간접효과,
전체효과, 고정지수

( )는 t값

구조경로	직접효과	간접효과	전체효과
내재적 가치→자기효능감	.56(7.01***)		.56(7.01***)
→시험불안	-.08	.12(2.09*)	.04
→상위인지	.05	.33(4.50**)	.37(4.60***)
→자원관리	.32(4.06***)	.33(4.59***)	.65(7.50***)
→인지전략	-.14	.69(5.53**)	.56(6.16***)
→학업성취		.21(3.35***)	.21(3.35***)
자기효능감→시험불안	.21(2.18*)		.21(2.18*)
→상위인지	.58(5.41***)	-.01	.57(5.42***)
→자원관리	.15	.36(4.08*)	.51(5.40***)
→인지전략	-.10	.59(4.34*)	.49(4.77**)
→학업성취	.65(3.16***)	-.01	.64(7.54***)
시험불안 →상위인지	-.06		-.06
→자원관리	-.14(-2.77**)	-.04	-.18(-3.08***)
→인지전략	.03	-.21(-2.90**)	-.18(-2.68***)
→학업성취		.02	.02

구조경로	직접효과	간접효과	전체효과
상위인지 →자원관리	.68(6.49***)		.68(6.49***)
→인지전략		.78(6.36***)	.78(6.36***)
→학업성취	.18	−.02	.16
자원관리 →인지전략	1.14(6.75***)		1.14(6.75***)
→학업성취	−1.24	1.21	−.03
인지전략 →학업성취	1.06		1.06

* p ﹤.05   ** p ﹤.01   *** p ﹤.001

내생변인 간의 관계를 살펴보면, 자기효능감은 시험불안, 상위인지, 그리고 학업성취에 각각 .21, .58, .65의 직접효과가 있는 것으로 나타났다. 이것은 자신의 능력에 대한 기대가 크면 클수록 학습을 계획, 점검, 조절하는 상위인지를 많이 사용하고, 학업성취 수준도 높은 반면 시험에 대한 불안 역시 크다는 것을 의미한다.

또한 시험불안은 자원관리전략(−.14)에, 상위인지는 자원관리전략(.68)에, 자원관리전략은 인지전략(1.14)에 통계적으로 유의한 영향을 미치고 있음을 알 수 있다. 이는 인지를 통제하고 조정하는 상위인지는 학습자가 환경과 가용한 자원을 관리토록 도와주는 자원관리전략과 시연, 정교화, 조직화와 같은 인지전략 사용을 예언해 주지만, 높은 시험불안은 학습자원을 효과적으로 관리하는 데 방해적 역할을 한다고 볼 수 있다.

가설적 모형의 검증결과를 종합하여 학업성취에 영향을 미치는 자기조절학습 구성요인들의 효과를 정리하면 다음과 같다.

첫째, 학업성취의 37%(Ψ=.63)가 전체 모형에 의해 설명되고 있으며, 중학교 2학년에 있어서 학업성취를 결정하는 가장 유의한 자기조절학습 구성요인은 자기효능감(.68)이라는 것이 확인되었다.

둘째, 외생변인인 내재적 가치가 자기효능감→상위인지→자원관리전략→인지전략의 매개변인을 통하여 학업성취에 영향을 미치는 인과경로가 나타나 이들 이론변인들의 통합에 의해 결정되는 '자기조절학습'이라는 단일 구인의 존재 가능성이 경험적으로 증명되었고, 학업성취에 대한 영향력도 확인되었다.

④ 세부적 적합도 지수

적합도의 손상 없이 좀 더 간명하고 설명력이 강한 최적모형을 찾고자 이론변인의 자유특징수를 고정시키는 방법인 고정지수를 사용하여 최적모형을 탐색했다.

본 연구는 복수모형 비교 방식에 의해 자유도가 136이고 x^2이 290.56이며 의의도가 .00인 모형Ⅱ의 결과를 얻었다. 모형Ⅱ는 적합도는 충분한데 간명도가 낮기 때문에 t값이 적어서 고정시켜도 적합도의 손상 없이 간명한 모형으로 축소할 수 있는 고정지수를 사용하여 최적모형의 탐색을 진행하였다.

즉 인지전략→학업성취(β_{65})의 고정지수($t=.91$), 자원관리전략→학업성취(β_{64})의 고정지수($t=-1.12$), 시험불안→인지전략(β_{52})의 고정지수($t=.02$), 자기효능감→인지전략(β_{51})의 고정지수($t=-.06$), 내재적 가치→인지전략 (γ_{51})의 고정지수($t=-.06$), 자기효능감→자원관리전략(β_{41})의 고정지수($t=-.34$), 내재적 가치→상위인지(γ_{31})의 고정지수($t=.03$), 시험불안→상위인지(β_{32})의 고정지수($t=-.05$), 내재적 가치→시험불안(γ_{21})의 고정지수($t=-.07$)에 대응하는 자유특징수를 단계적으로 고정시키고 x^2차이 검증을 통해 큰 모형과 작은 모형 간의 적합도의 차이를 비교했다. 그 결과 큰 모형과 작은 모형 사이에 적합도의 차이가 유의하지 않으므로 적합도의 손상 없이 간명한 모형을 구할 수 있었다.

그런데 모형Ⅱ-1과 모형Ⅱ-2의 적합도의 차이($\triangle\chi^2=4.05$)는 통계적으로 유의했지만 자원관리전략→학업성취(β_{64})의 경로를 삭제한 모형Ⅱ-2가 이론적으로 더 타당하다(자원관리전략은 학업성취에 정적인 효과가 있음.)는 Corno와 Mandinach(1983)의 이론에 의해 이 경로를 삭제했다. 중학교 2학년의 기초모형과 경쟁모형들 간의 적합도 평가는 〈표 1-30〉과 같다.

<표 1-30> 중학교 2학년의 기초모형과 경쟁모형의 적합도 지수

모형	χ^2	df	χ^2/df	GFI	AGFI
기초모형(모형Ⅱ)	290.56	136	2.13	.91	.87
모형Ⅱ-1 (β_{65}삭제)	291.04	137	2.12	.91	.87
모형Ⅱ-2 (β_{64}삭제)	295.09	138	2.13	.91	.87
모형Ⅱ-3 (β_{52}삭제)	295.12	139	2.12	.91	.87
모형Ⅱ-4 (β_{51}삭제)	295.48	140	2.11	.90	.87
모형Ⅱ-5 (γ_{51}삭제)	297.73	141	2.11	.90	.87
모형Ⅱ-6 (β_{41}삭제)	299.15	142	2.10	.90	.87
모형Ⅱ-7 (γ_{31}삭제)	299.24	143	2.09	.90	.87
모형Ⅱ-8 (β_{32}삭제)	300.16	144	2.08	.90	.87
모형Ⅱ-9 (β_{21}삭제)	300.7	145	2.07	.90	.87

〈표 1-30〉에 나타난 바와 같이 중학교 2학년 학생들에게 가장 적합한 자기조절학습 모형은 GFI가 .90이고 AGFI가 .87이며 χ^2/df가 2.07인 모형Ⅱ-9로서 적합도의 손상 없이 최적모형을 찾을 수가 있었다. 이 모형Ⅱ-9의 구조경로는 〈표 1-31〉과 같고, 이를 그림으로 나타내면 다음 [그림 1-6]과 같다.

〈표 1-31〉에서 변인들 간의 영향은 t≥ ∣±1.96∣ 수준에서 가설된

경로들의 통계적인 유의성에 대한 결정을 하였다.

가설적 인과모형에 의해 가정된 18개의 이론적 경로 중 5개는 외생변인에서 내생변인으로 가는 경로(γ 매트릭스)이고, 나머지 13개는 내생변인 간 경로(β 매트릭스)이다. 검증모형의 외생변인에서 내생변인으로 가는 경로계수 5개 중 2개가 통계적으로 유의한 결과를 보여주었고, 내생변인들 간의 경로계수 13개 중 7개가 통계적인 의의가 있었다.

<표 1-31> 중학교 2학년의 검증모형의 직접효과, 간접효과, 전체효과, 고정지수

( )는 t값

구조경로	직접효과	간접효과	전체효과
내재적 가치→자기효능감	.55(6.99***)		.55(6.99***)
→시험불안		.08(2.09*)	.08(2.09*)
→상위인지		.34(5.63***)	.34(5.63***)
→자원관리	.34(5.49***)	.26(5.49***)	.60(7.71***)
→인지전략		.60(7.09***)	.60(7.09***)
→학업성취		.30(6.13***)	.30(6.13***)
자기효능감→시험불안	.15(2.16*)		.15(2.16*)
→상위인지	.63(7.23***)		.63(7.23***)
→자원관리		.48(6.67***)	.48(6.67***)
→인지전략		.47(6.25***)	.47(6.25**)
→학업성취	.43(5.19***)	.11	.55(8.54***)
시험불안 →상위인지	-.15(-3.11***)		-.15(-3.11***)
→자원관리		-.15(-3.06***)	-.15(-3.06***)
상위인지 →자원관리	.80(8.20***)		.80(8.20***)
→인지전략		.79(7.46***)	.79(7.46***)
→학업성취	.18(2.30*)		.18(2.30*)
자원관리 →인지전략	.99(8.81***)		.99(8.81***)

* p 〈.05 ** p 〈.01 *** p 〈.001

[그림 1-6]의 중학교 2학년의 자기조절학습 검증모형을 중심으로 각 변인들 사이의 효과를 정리하면 다음과 같다.

외생변인이 내생변인에 미치는 직접적인 영향을 살펴보면, 내재적 가치는 자기효능감과 자원관리전략에 각각 .55, .15의 직접효과가 있는 것으로 나타났다. 이는 학습과제에 흥미를 지니고 가치를 두는 학습자들이 자신의 수행에 대해 높은 기대를 지니며 효율적으로 학습 자원을 관리한다고 생각할 수 있다.

내생변인 간의 관계를 살펴보면, 자기효능감은 시험불안, 상위인지, 그리고 학업성취에 각각 .15, .63, .43, 시험불안은 자원관리전략에 −.15, 상위인지는 자원관리전략과 학업성취에 각각 .80, .18, 자원관리전략은 인지전략에 .99의 통계적으로 유의한 직접효과가 있는 것으로 나타났다. 이는 자신의 능력에 대한 신념이 강할수록 학업성취 수준이 높고 효과적으로 상위인지를 사용하는 반면에 시험에 대한 걱정과 불안도 크다는 것을 의미한다. 또한 이와 같은 시험불안은 효과적으로 학습 자원을 관리하는 데 방해적 역할을 한다고 볼 수 있다. 인지를 계획, 점검, 조절하는 상위인지는 자원관리전략과 학업성취에 영향을 미치고 있으며, 자원관리전략을 효율적으로 사용하는 학습자일수록 인지전략 사용이 증가한다고 볼 수 있다.

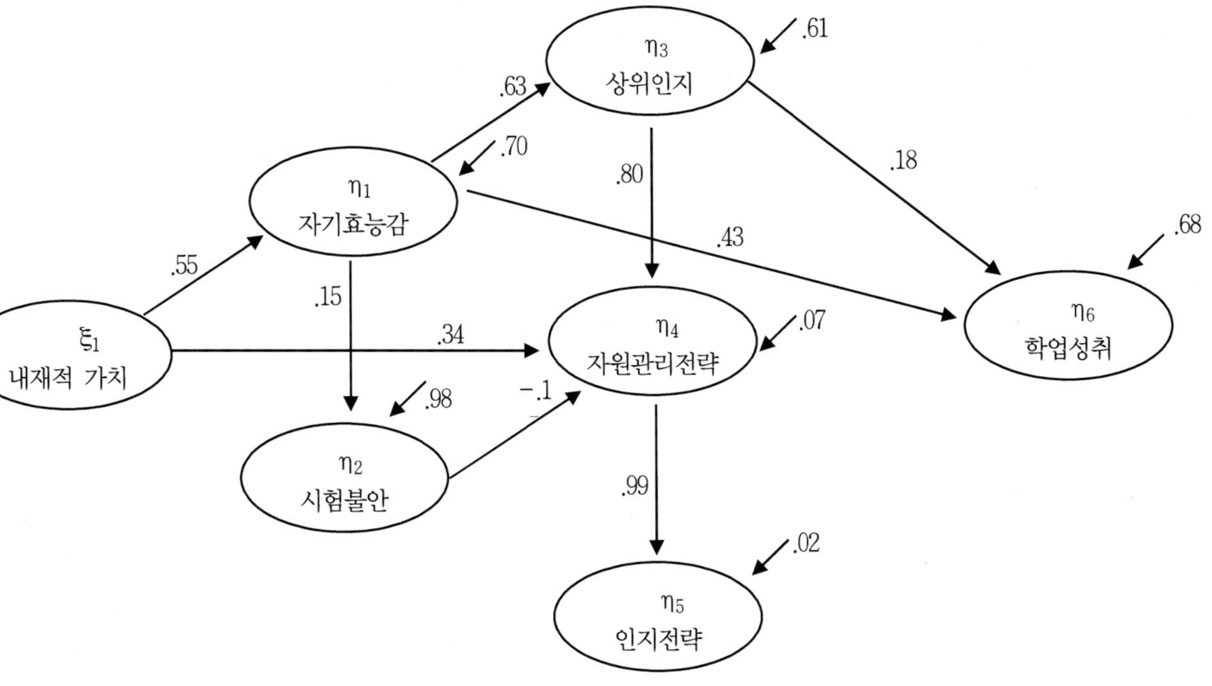

[그림 1-6] 중학교 2학년의 자기조절학습의 구성요인과 학업성취의 관계에 관한 검증모형

이상을 종합하여 학업성취에 영향을 미치는 자기조절학습 구성요인들의 효과를 정리하면 다음과 같다.

첫째, 중학교 2학년의 학업성취에 영향을 주는 인과경로는 내재적 가치→자기효능감→학업성취와 내재적 가치→자기효능감→상위인지→학업성취로 통계적으로 유의한 결과를 보여주고 있다. 이것은 중학교 2학년의 경우 자기 자신에 대한 신념이 강하고, 인지를 조절, 점검, 계획하는 상위인지를 효과적으로 사용할수록 학업성취 수준이 높다는 것을 의미한다. 또한 교과에 대해 흥미와 가치를 지니고 있을 때 자신의 능력에 대한 신념이 강할 뿐 아니라, 이와 같은 자신의 능력에 대한 강한 신념은 학업성취에 큰 영향을 미치고 있음을 나타내주고 있다. 이런 점에서 볼 때 중학생의 자기조절학습 검증모형은 초등학생의 자기조절학습 검증모형보다 자기조절학습의 분화 정도가 높음을 알 수 있는데, Armstrong(1989), Paris와 Newman(1990) 등이 자기조절학습 발달의 결정적 시기가 중학생이라고 보고한 것과 일치하는 것이다.

둘째, 내재적 가치→자기효능감→시험불안→자원관리전략→인지전략과 내재적 가치→자기효능감→상위인지→자원관리전략→인지전략에 이르는 인과경로가 확인되었다. 그러나 이 경로는 학업성취에 유의한 영향을 주지 못하고 있다. 이것은 초등학생들과 마찬가지로 중학생들 역시 적절한 학습전략의 사용에 관한 교사의 지도가 필수적임을 경험적으로 보여주는 의미 있는 결과이다.

셋째, 학업성취의 32%(ψ_6=.68)가 전체 모형에 의해 설명되고 있으며, 학업성취에 가장 큰 영향을 미치는 자기조절학습 구성요인은 자기효능감(.43)이라는 것을 알 수 있다. 이는 자신의 능력에 대한 신념이 어떻게 형성되느냐에 따라 학업성취가 결정된다는 사실을 보여주는 것이다.

3) 고등학교 2학년 인과모형의 적합도 검증

고등학교 2학년 피험자 집단을 대상으로 자기조절학습과 학업성취와의 관계분석은 본 연구의 제안모형들에서 사용된 19개 측정변인들에 대한 상관행렬을 중심으로 이루어졌고, 예비평가로서 기술통계치를 분석하였다. 〈표 1-32〉에 제시된 첨도, 편포도는 가설적 모형의 계수 산출 방법으로 사용한 최대우도법의 기본 가정인데 ±1~2 이하이면 정상분포의 가정을 만족시킨다고 할 수 있다. 본 측정변인들의 첨도는 −.88~.69이며, 편포도는 −.47~.31로서 이 가정을 충족시키고 있다. 또한 전반적인 상관관계 크기는 −.256~.627로서 독립변수들 간의 높은 상호 관련성으로 인해 종속변수에 미치는 각각의 영향을 구분하기가 어려운 다중공선성의 문제를 제기하지 않는다.

<표 1-32> 고등학교 2학년의 측정변인의 기술통계치(N=285)

	자기 효능감1	자기 효능감2	자기 효능감3	내재적 가치1	내재적 가치2	내재적 가치3	시험 불안1	시험 불안2	시험 불안3	상위 인지1	상위 인지2	상위 인지3	인지 전략1	인지 전략2	인지 전략3	자원 관리 전략1	자원 관리 전략2	자원 관리 전략3	학업 성취
자기효능감1	1.000																		
자기효능감2	.647	1.000																	
자기효능감3	.345	.335	1.000																
내재적 가치1	.179	.177	.166	1.000															
내재적 가치2	.149	.186	.148	.366	1.000														
내재적 가치3	.194	.228	.297	.667	.445	1.000													
시험불안1	.004	.054	-.037	-.150	-.015	-.112	1.000												
시험불안2	.018	.005	-.081	-.101	-.146	-.080	.564	1.000											
시험불안3	-.090	-.069	-.053	-.233	-.131	-.193	.432	.642	1.000										
상위인지1	.185	.193	.023	.082	.128	.110	.019	.072	-.048	1.000									
상위인지2	.264	.210	.202	.283	.251	.310	-.191	-.066	-.132	.392	1.000								
상위인지3	.172	.205	.110	.047	.112	.187	-.037	-.082	-.117	.253	.218	1.000							
인지전략1	.103	.143	.181	.238	.217	.261	-.115	-.103	-.160	.220	.296	.267	1.000						
인지전략2	.251	.240	.239	.126	.165	.162	.015	.032	.001	.287	.355	.271	.341	1.000					
인지전략3	.270	.250	.244	.192	.173	.325	.022	-.027	-.084	.323	.417	.296	.284	.373	1.000				
자원관리전략1	.130	.151	.234	.238	.158	.302	.032	-.066	-.118	.205	.226	.143	.160	.216	.392	1.000			
자원관리전략2	.160	.208	.191	.155	.186	.118	-.077	-.203	-.256	.195	.252	.203	.304	.156	.207	.233	1.000		
자원관리전략3	.258	.326	.182	.184	.170	.170	.016	-.028	-.176	.280	.284	.325	.328	.316	.333	.260	.322	1.000	
학업성취	.318	.351	.176	.077	.093	.168	.037	.010	.000	.032	.078	.108	.074	.221	.206	.144	.099	.289	1.000
평균	3.240	3.239	2.615	2.551	3.541	2.642	3.384	3.010	2.601	3.795	2.953	3.809	3.336	3.408	2.807	2.431	3.140	3.842	50.176
표준편차	1.057	.874	.810	.914	.933	.871	1.025	1.091	1.073	.675	.717	.569	.798	.678	.731	.637	1.137	.598	10.084
첨도	-.46	-.12	.01	-.46	.12	-.20	-.64	-.78	-.67	.61	.07	.69	-.24	.35	-.12	.46	-.88	.07	-.55
편포도	-.20	-.24	-.11	.01	-.40	.04	-.31	.10	.31	-.47	-.04	-.46	-.19	-.35	.12	.28	-.23	-.36	-.17

(1) 적합도 분석

모형찾기는 간명하고 자료에 잘 합치되는 모형을 구하는 데 목적이 있으므로 전반적 적합도 지수를 사용하여 제안된 모형들 중에서 적합모형을 찾고, 이 적합모형을 중심으로 세부적 적합도 지수를 사용하여 최적모형을 탐색하였다. 또한 연구결과의 일반성을 증진시키고, 우연적 이론개발의 가능성을 제거하기 위해 고등학교 2학년 표집2를 대상으로 해서 교차타당도 분석을 실시하였다.

① 전반적 적합도 지수

개념모형이 경험자료에 잘 맞는지를 의미하는 전반적 적합도 지수(x^2, x^2/df, GFI, AGFI, RMSR, NNFI)를 이용하여 모형을 비교·검증하였다. 고등학교 2학년의 이론모형 표집과 교차타당화 표집에서 가설적 모형의 전반적 적합도 지수는 각각 〈표 1-33〉, 〈표 1-34〉와 같다.

〈표 1-33〉 고등학교 2학년의 이론모형 표집에서 모형의 적합도 비교

모형	x^2	df	x^2/df	GFI	AGFI	RMSR	NNFI
			이론모형 표집				
모형Ⅰ	233.75	134	1.74	.92	.89	.05	.90
모형Ⅱ	236.43	137	1.72	.92	.89	.05	.90
모형Ⅲ	233.75	134	1.74	.92	.89	.05	.90

〈표 1-34〉 고등학교 2학년의 교차타당화 표집에서 모형의 적합도 비교

모형	x^2	df	x^2/df	GFI	AGFI	RMSR	NNFI
			교차타당화 표집				
모형Ⅰ	234.86	134	1.75	.93	.89	.05	.91
모형Ⅱ	241.11	137	1.75	.92	.89	.05	.91
모형Ⅲ	234.86	134	1.75	.93	.89	.05	.91

고등학교 2학년 피험자 집단을 분석한 경우 모형 I과 모형 III의 자유도는 134이고 x^2는 233.75(p=.00)이다. 모형 II의 자유도는 137이고 x^2는 236.43(p=.00)으로 .05수준에서 영가설이 모두 기각되었다. 교차타당화 표집에 의한 분석결과도 영가설이 모두 기각되었다. 그러나 x^2값은 표본 수에 민감하여 자료가 클 경우 기각될 가능성이 높기 때문에 x^2/df를 계산하였다. 본 연구의 x^2/df는 모형 I과 모형 III이 1.74이고 모형 II가 1.72이며, 교차타당화 표집에 의한 분석결과 x^2/df는 1.75로서 첫 번째 평가 조건을 충족한다고 볼 수 있다.

모형평가의 두 번째 기준인 GFI는 이론모형 표집에서 .92, AGFI는 .89이고, 교차타당화 표집에서 GFI는 모형 I과 모형 III이 .93이고 모형 II가 .92이며, AGFI는 모두 .89로서 비교적 잘 맞는 모형임을 나타내고 있다.

모형평가의 세 번째 기준인 RMSR은 표집1과 표집2 모두 .05로서 적합한 수준이라고 할 수 있다.

모형평가의 네 번째 기준인 NNFI는 이론모형 표집과 교차타당화 표집 둘 다 모든 모형이 .91로서 비교적 잘 합치되는 모형임을 알 수 있다.

이상의 여러 가지 적합도 지수를 종합하여 보면, 고등학교 2학년 피험자 집단을 분석한 경우 본 연구에서 설정한 가설적 모형들이 자료와 잘 합치된다는 것을 알 수 있으며, 이와 같은 결과는 교차타당도 분석에 의해서도 지지되었다. 따라서 모형들 간의 차이 검증을 통해 적합모형을 찾기 위해 x^2차이 검증을 하였고, 분석결과는 〈표 1-35〉와 같다.

<표 1-35> 고등학교 2학년의 이론모형 표집과 교차타당화 표집에서
모형들 간의 χ^2차이 검증

비교모형	이론모형 표집			교차타당화 표집		
	$\triangle df$	$\triangle\chi^2$	.05수준	$\triangle df$	$\triangle\chi^2$	.05수준
모형Ⅰ과 모형Ⅱ	3	2.68	영가설 긍정	3	6.25	영가설 긍정
모형Ⅰ과 모형Ⅲ	3	2.68	영가설 긍정	3	6.25	영가설 긍정

모형들 간의 χ^2차이 검증 결과 모형Ⅰ과 모형Ⅲ은 간명도의 희생에 비해 큰 적합도의 증가를 가져오지 못했으므로 .05수준에서 영가설은 긍정되었다.

따라서 고등학교 2학년 피험자 집단의 경우에도 초등학교 5학년이나 중학교 2학년 피험자 집단 검증결과와 동일하게 자기조절학습의 구성요인과 학업성취와의 관계를 설명하는 데 있어서 내재적 가치를 독립 외생변인으로 구조화하는 것이 타당하다는 결론을 내릴 수 있다. 이와 같은 결과는 교과 공부가 흥미롭고 중요하다고 생각하는 학습자들이 그 자료를 학습하고 이해하고자 보다 더 적극적으로 참여하며 보다 자기조절적이고 학습에 더 오랫동안 지속한다고 보고하고 있는 Meece, Wigfield와 Eccles(1988), Pintrich와 De Groot(1990), Garcia와 Pintrich(1991), Pokay와 Blumenfeld(1990) 등의 이론과 맥을 같이 한다고 볼 수 있다.

② 측정모형의 요인계수와 다중상관자승치

χ^2차이 검증을 통해 고등학교 2학년 학생들의 현실자료를 설명하는 모형으로서 내재적 가치를 외생변인으로 하는 모형Ⅱ를 채택했고, 교차타당도 분석을 통해서도 이와 같은 결과가 지지되었다. 따라서 모형Ⅱ를 중심으로 측정변인의 요인계수와 다중상관자승치를 살펴보면

〈표 1-36〉과 같다.

여기서 요인계수 값은 표준화된 자료를 사용하였는데 요인부하량은 각각 .43 이상의 높은 요인부하량을 나타내고 있다. 본 연구의 내생변인의 SMC는 .18~.79이고 외생변인의 SMC는 .26~.78로서 일반적으로 허용되는 SMC의 범위를 약간 벗어났지만 측정변수들이 관련개념을 설명하는 데 있어서는 별문제가 없다고 생각된다.

〈표 1-36〉 고등학교 2학년의 내생·외생 측정변인의 요인부하량과 SMC

내생변인 측정변인(SMC)	자기효능감	시험불안	상위인지	자원관리	인지전략	학업성취
자기효능감1 (.62)	0.79					
자기효능감2 (.66)	0.81					
자기효능감3 (.20)	0.44					
시험불안 1 (.39)		0.63				
시험불안 2 (.79)		0.89				
시험불안 3 (.52)		0.72				
상위인지 1 (.25)			0.50			
상위인지 2 (.37)			0.61			
상위인지 3 (.21)			0.46			
자원관리 1 (.21)				0.45		
자원관리 2 (.18)				0.43		
자원관리 3 (.34)				0.58		
인지전략 1 (.26)					0.51	
인지전략 2 (.32)					0.57	
인지전략 3 (.43)					0.66	
학업성취 (1.0)						1.00

외생변인 측정변인(SMC)	내재적 가치
내재적 가치1 (.56)	0.75
내재적 가치2 (.26)	0.51
내재적 가치3 (.78)	0.88

③ 구조모형의 인과관계 경로추정

고등학교 2학년 피험자 집단을 대상으로 분석한 구조모형의 경로계수는 상대적 비교가 가능한 표준화된 회귀계수를 사용하였고, 변인들 간의 영향은 t≥ |±1.96 | 수준에서 가설된 경로들의 통계적인 유의성에 대한 결정을 하였다.

가설적 인과모형Ⅱ에 의해 가정된 17개의 이론적 경로 중 5개는 외생변인에서 내생변인으로 가는 경로(ɤ 매트릭스)이고, 나머지 12개는 내생변인 간 경로(β 매트릭스)이다. 본 연구결과 외생변인에서 내생변인으로 가는 경로계수 5개 중 3개가 의의 있는 결과를 보여주었고, 내생변인들 간의 경로계수 12개 중 3개가 통계적으로 의의가 있었다. 이에 대한 구체적인 내용을 살펴보면 다음 〈표 Ⅰ-37〉과 같다.

외생변인이 내생변인에 미치는 직접적인 영향을 살펴보면, 내재적 가치는 자기효능감, 시험불안, 그리고 상위인지에 각각 .33, -.20, .31의 직접효과가 있는 것으로 나타났다. 그러나 자원관리전략(.00)과 인지전략(.07)은 별 영향을 주지 않는 것으로 나타났다. 이것은 학습에 대한 흥미와 열의가 있고 학습과제를 좀 더 가치 있게 판단하는 학습자일수록 자신의 수행에 대해 높은 기대를 가지고 있을 뿐 아니라, 인지적 계획, 점검, 조절과 같은 상위인지를 더 많이 사용하고 시험에 대한 걱정과 불안 성향도 낮다는 것을 의미한다.

내생변인 간의 관계를 살펴보면, 자기효능감은 상위인지(.35)에, 상위인지는 자원관리전략(.85)에, 그리고 자원관리전략은 인지전략(1.06)에 통계적으로 유의한 영향을 미치고 있음을 알 수 있다. 이는 자신의 수행에 대해 높은 기대를 가지고 있는 학습자들이 효과적으로 상위인지와 학습전략을 사용한다고 볼 수 있다.

<표 1-37> 고등학교 2학년의 가설적 모형의 직접효과, 간접효과,
전체효과, 고정지수

( )는 t값

구조경로	직접효과	간접효과	전체효과
내재적 가치→자기효능감	.33(4.43***)		.33(4.43***)
→시험불안	-.20(-2.57**)	.01	-.19(-2.58**)
→상위인지	.31(3.65***)	.14(3.07**)	.45(5.04***)
→자원관리	.00	.46(4.70***)	.46(4.56***)
→인지전략	.07	.41(3.79**)	.48(5.05***)
→학업성취		.17(2.61**)	.17(2.61***)
자기효능감→시험불안	.04		.04
→상위인지	.35(3.68***)	.00	.35(3.64***)
→자원관리	.21	.29(2.96**)	.50(4.46***)
→인지전략	-.16	.54(3.86***)	.37(3.98**)
→학업성취		.41(5.73***)	.41(5.73***)
시험불안 →상위인지	-.10		-.10
→자원관리	-.05	-.09	-.14
→인지전략	.16	-.15	.01
→학업성취		.02	.02
상위인지 →자원관리	.85(4.75***)		.85(4.75***)
→인지전략		.91(5.22***)	.91(5.22***)
→학업성취	-2.67	2.56	-.11
자원관리 →인지전략	1.06(4.90***)		1.06(4.90***)
→학업성취	1.88	1.11	2.99
인지전략 →학업성취	1.05		1.05

* p <.05   ** p <.01   *** p <.001

가설적 모형의 검증결과를 종합하여 학업성취의 영향 요인으로서
자기조절학습 구성요인들의 효과를 정리하면 다음과 같다.

고등학교 2학년의 인과모형 검증결과 역시 초등학교 5학년 인과모

형 검증결과와 마찬가지로 외생변인인 내재적 가치가 자기효능감→상위인지→자원관리전략→인지전략의 매개변인을 통하여 학업성취에 영향을 미치는 경로가 나타났다. 이는 학업성취에 중요한 결정변수가 되는 '자기조절학습'이라는 다면적인 구인의 존재 가능성을 경험적으로 확인($\psi_6 = .34$, 66%)하는 것이고, 동기와 인지 변인이 각각 학업성취를 예언하는 것보다 이들 변인의 통합에 의한 학업성취 설명력이 더 크다는 Corno와 Mandinach(1983), Paris Newman(1990), Pintrich(1989) 등의 이론을 지지하는 것이다.

④ 세부적 적합도 지수

적합도의 손상 없이 좀 더 간명하고 설명력이 강한 최적모형을 찾고자 몇몇 이론변인의 자유특징수를 고정시키는 방법인 고정지수를 사용하여 최적모형을 탐색하였다.

본 연구는 복수모형 비교 방식에 의해 자유도가 137이고 χ^2이 236.43이며 의의도가 .00인 모형Ⅱ의 결과를 얻었다. 고등학교 2학년을 대상으로 검증한 모형Ⅱ는 적합도는 충분한데 간명도가 낮기 때문에 t값이 적어서 고정시켜도 무리가 없는 고정지수를 사용하여 최적모형의 탐색을 진행하였다.

즉 자원관리전략→학업성취(β_{64})의 고정지수(t=1.38), 상위인지→학업성취(β_{63})의 고정지수(t=-1.44), 내재적 가치→인지전략(γ_{51})의 고정지수(t=.73), 자기효능감→인지전략(β_{51})의 고정지수(t=-1.30), 시험불안→인지전략(β_{52})의 고정지수(t=1.70), 내재적 가치→자원관리전략(γ_{41})의 고정지수(t=-.02), 자기효능감→자원관리전략(β_{41})의 고정지수(t=1.85), 시험불안→자원관리전략(β_{42})의 고정지수(t=-.73), 시험불안→상위인지(β_{32})의 고정지수(t=-1.31), 자기효능감→시험불안(β

21)의 고정지수(t=.56)에 대응하는 자유특징수를 단계적으로 고정시키고 χ^2차이 검증을 통해 큰 모형과 작은 모형 사이에 적합도의 차이를 비교한 결과 큰 모형과 작은 모형 사이에 적합도의 차이가 유의하지 않았으므로 적합도의 손상 없이 최적모형을 찾을 수 있었다.

<표 1-38> 고등학교 2학년의 기초모형과 경쟁모형의 적합도 지수

모형	χ^2	df	χ^2/df	GFI	AGFI
기초모형(모형Ⅱ)	236.43	137	1.72	.93	.91
모형Ⅱ-1 (β_{64}삭제)	239.52	138	1.73	.93	.91
모형Ⅱ-2 (β_{63}삭제)	266.54	139	1.91	.92	.89
모형Ⅱ-3 (β_{61}삭제)	243.27	138	1.76	.92	.89
모형Ⅱ-4 (β_{51}삭제)	243.68	139	1.75	.92	.89
모형Ⅱ-5 (γ_{51}삭제)	245.26	140	1.75	.92	.89
모형Ⅱ-6 (β_{52}삭제)	248.82	141	1.76	.92	.89
모형Ⅱ-7 (γ_{41}삭제)	249.26	142	1.75	.92	.89
모형Ⅱ-8 (β_{41}삭제)	250.77	143	1.75	.92	.89
모형Ⅱ-9 (β_{42}삭제)	250.81	144	1.74	.92	.89
모형Ⅱ-10(γ_{32}삭제)	251.93	145	1.73	.91	.89
모형Ⅱ-11(γ_{21}삭제)	252.25	146	1.72	.91	.89

그런데 모형Ⅱ-1과 모형Ⅱ-2의 적합도의 차이($\triangle\chi^2$=27.02)는 통계적으로 유의했지만, 상위인지→학업성취(β_{63})의 경로를 삭제한 모형Ⅱ-2가 이론적으로 더 타당하다(상위인지는 학업성취에 정적인 효과가 있음.)는 이달석(1989)과 김홍원(1993) 등의 이론에 의해 이 경로를 삭제했다. 또한 자기효능감과 학업성취의 수정지수에 대응하는 고정특징수를 자유특징수로 바꾼 결과 모형Ⅱ-3은 상실된 간명도에 비해 큰 적합도 증가($\triangle\chi^2$=23.27)를 가져왔기 때문에 이 경로를 첨가했다. 고등학교 2학년의 기초모형과 경쟁모형들 간의 적합도 평가는 〈표 Ⅰ-38〉과 같다.

〈표 1-38〉에 나타난 바와 같이 고등학교 2학년 학생들에게 있어서

최적의 자기조절학습 모형은 GFI가 .92이고 AGFI가 .89인 모형Ⅱ-11로서 적합도의 손상 없이 간명하고 설명력이 강한 모형을 찾을 수가 있었다. 이 모형Ⅱ-11의 구조경로는 〈표 1-39〉와 같고, 이를 그림으로 나타내면 다음 [그림 1-7]과 같다.

〈표 1-39〉에서 변인들 간의 영향은 t값으로 가설된 경로들의 통계적인 유의성에 대한 결정을 하였다. 검증결과 t≥ ㅣ±1.96 ㅣ 수준에서 유의한 경로는 모두 8개로 나타났다.

가설적 인과모형에 의해 가정된 17개의 이론적 경로 중 5개는 외생변인에서 내생변인으로 가는 경로(γ 매트릭스)이고, 나머지 12개는 내생변인 간 경로(β 매트릭스)이다. 검증모형의 외생변인에서 내생변인으로 가는 경로계수 5개 중 3개가 통계적으로 유의한 결과를 보여주었고, 내생변인들 간의 경로계수 12개 중 5개가 통계적인 의의가 있었다.

<표 1-39> 고등학교 2학년 검증모형의 직접효과, 간접효과,
전체효과, 고정지수

(   )는 t값

구조경로	직접효과	간접효과	전체효과
내재적 가치→자기효능감	.33(4.44***)		.33(4.44***)
→시험불안	-.18(-2.56**)		-.18(-2.56**)
→상위인지	.35(4.17***)	.13(3.33***)	.48(5.18***)
→자원관리		.47(5.01***)	.47(4.98***)
→인지전략		.47(5.29***)	.47(5.29***)
→학업성취		.16(4.00***)	.16(4.00***)
자기효능감→상위인지	.40(4.54***)		.40(4.54***)
→자원관리		.40(4.43**)	.40(4.43***)
→인지전략		.39(4.62***)	.39(4.62***)
→학업성취	.37(4.69***)	.03(1.08***)	.41(6.02***)

구조경로	직접효과	간접효과	전체효과
상위인지 →자원관리	.99(5.37***)		.99(5.37***)
→인지전략		.98(5.71***)	.98(5.71***)
→학업성취		.08(1.07)	.08(1.07)
자원관리 →인지전략	.98(5.70***)		.98(5.70***)
→학업성취		.08(1.07)	.08(1.07)
인지전략 →학업성취	.08(1.08)		.08(1.08)

* p ＜.05   ** p ＜.01   *** p ＜.001

[그림 1-7]의 고등학교 2학년의 자기조절학습 검증모형을 중심으로 각 변인들 사이의 효과를 정리하면 다음과 같다.

외생변인이 내생변인에 미치는 직접적인 영향을 살펴보면, 내재적 가치가 자기효능감, 시험불안, 그리고 상위인지에 각각 .33, −.18, .35의 직접효과가 있는 것으로 나타났다. 이는 교과공부에 대해 가치를 두는 학습자들이 자신의 수행에 대해 높은 기대를 지니고 효율적으로 상위인지를 사용하며 시험불안도 적다고 할 수 있다.

내생변인 간의 관계를 살펴보면, 자기효능감은 상위인지와 학업성취에 각각 .40, .37, 상위인지는 자원관리전략에 .99, 자원관리전략은 인지전략에 .98의 통계적으로 유의한 영향을 미치고 있고, 인지전략은 학업성취에 .08의 통계적으로 유의하지는 않아도 의미 있는 영향을 주고 있다. 이는 자신의 능력에 대한 신념이 강할수록 학업성취 수행 능력이 높고 효과적으로 상위인지를 사용한다는 것을 의미한다. 또한 인지를 계획, 점검, 조절하는 상위인지는 자원관리전략에 영향을 미치고, 학습 자원을 효율적으로 관리할수록 인지전략 사용이 증가하며, 이와 같은 과정은 학업성취 향상에 기여한다고 볼 수 있다.

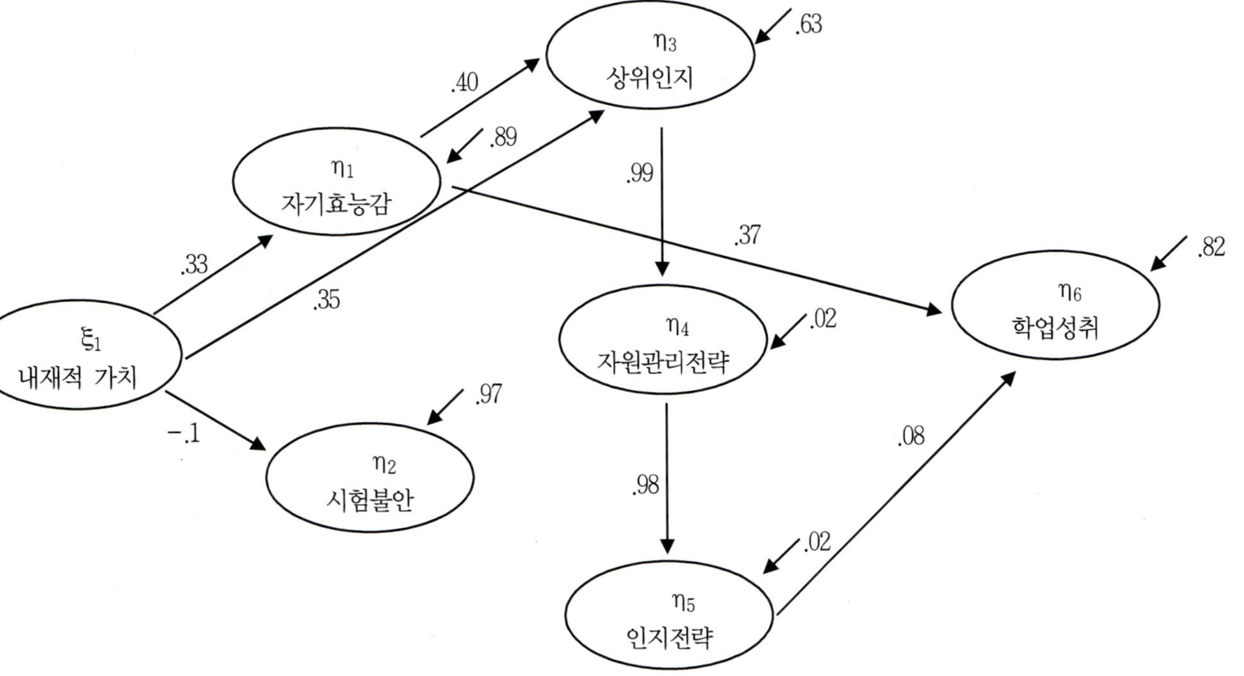

[그림 1-7] 고등학교 2학년의 자기조절학습의 구성요인과 학업성취의 관계에 관한 검증모형

이상을 종합적으로 정리하면 다음과 같다.

첫째, 고등학교 2학년의 학업성취에 영향을 미치는 인과경로는 내재적 가치→자기효능감→상위인지→자원관리전략→인지전략→학업성취로 통계적으로 유의하게 나타나고 있다. 이와 같은 결과는 고등학교 2학년의 학업성취가 어떠한 매개 변인을 통해 어떤 경로로 결정되는가를 보여주는 것으로서, 동기와 인지 변인이 통합되어 나타나는 자기조절학습의 시너지 효과를 확인할 수 있는 증거자료이다.

둘째, 내재적 가치→상위인지(.35), 내재적 가치→시험불안($-.18$), 자기효능감→학업성취(.37), 인지전략→학업성취(.08)에 직접효과가 나타났다. 이는 자기 자신에 대한 신념이 강할수록, 인지를 조절, 점검, 계획하는 상위인지를 효율적으로 사용하며 학업성취 수준이 우수함을 의미하는 결과라고 해석할 수 있다. 또한 교과에 대해 흥미와 가치를 지니고 있을 때 자신의 능력에 대한 확신을 가지고 효과적으로 상위인지와 학습전략을 사용하며, 이와 같은 자기조절학습의 사용은 학업성취의 향상에 기여할 수 있음을 의미한다.

셋째, 학업성취의 18%(ψ_6=.82)가 전체 모형에 의해 설명되고 있고, 학업성취에 가장 큰 영향을 미치는 것은 자기효능감(.37)으로 나타났다. 이와 같은 결과로 보아 고등학생의 경우 학업성취의 많은 변량을 자기조절학습이 설명해 주고 있으며, 그중에서 가장 강력한 자기조절학습 변인은 자기효능감임을 의미하고 있다. 이는 초·중·고 검증모형이 모두 일치하는 것으로서, 삶의 중요한 측면을 통제할 수 있다는 자신의 능력에 대한 신념을 강조하는 자기효능감이 다른 어떤 자기조절학습 변인보다도 강력한 학습동기임을 보여주는 결과이다. 또한 Pajares(1996), Schunk(1984), Zimmerman과 Martinez-Pons(1988) 등이 학업성취 예언변인 중에 자기효능감이 가장 강력한 직접효과를 지닌다는 결론과 일치하는 것이다.

1) 학년별 자기조절학습 검증모형의 차이에 대한 비교

학년별 자기조절학습 모형 검증결과와 연구결과의 일반성을 증진시키기 위해 각 학년별로 표집2를 대상으로 교차타당도 분석을 실시한 결과에서 내재적 가치를 외생변인으로 하는 모형Ⅱ가 적합모형임이 증명되었다. 이는 교과 공부가 흥미롭고 중요하다고 생각하는 내재적 가치가 높은 학습자들이 그 자료를 학습하고 이해하고자 보다 더 적극적으로 참여하며 보다 자기조절적이고 학습에 더 오랫동안 지속한다고 보고하고 있는 Garcia와 Pintrich(1991) Meece, Wigfield와 Eccles(1988), Pintrich와 De Groot(1990) 등의 이론과 맥을 같이하는 경험적 결과라고 할 수 있다.

그런데 각 학년별로 설정된 인과모형의 적합도는 충분하지만 간명도가 낮다. 과학적 간명함이야말로 이론개발을 할 때 중요한 지침이 되기 때문에 세부적 적합도 지수인 고정지수를 사용하여 최적모형을 탐색하였다.

그 결과 확인된 학년별 검증 모형은 자기조절학습과 학업성취의 강한 관련성을 경험적으로 제시할 뿐 아니라, 자기조절학습 모형의 발달과 분화 정도를 보여주고 있다.

첫째, 각 학년별로 학업성취에 가장 큰 영향을 미치는 자기조절학습의 하위 구성요인은 자기효능감으로 나타났다. 자기효능감의 학업성취에 대한 직접효과는 초등학교 5학년이 .55이고, 중학교 2학년이 .43이며, 고등학교 2학년이 .37로 나타나서 자기효능감이 학업성취에 미치는 영향력이 매우 강하지만, 연령 증가와 더불어 직접효과가 점차 감소하고 있음을 볼 수 있다. 이는 초등학생들이 중학생이나 고등학생들보다 자신의 능력에 대한 자신감이 크고, 이러한 자신에 대한 평가는 학업성취에 많은 영향을 미치고 있다는 것을 단적으로 보여주는 결과로서 초등학생들을 지도할 때 이와 같은 동기적 요인을 증진시킬 필요가 있음을 시사하고 있다. 이러한 결과에 대해 Paris와 Newman(1990)은 초등학생들은 자신의 능력에 대해 객관적으로 평가할 능력이 없기 때문에 자신의 능력을 과대평가하게 된다고 해석하고 있다.

둘째, 내재적 가치→자기효능감→상위인지→자원관리전략→인지전략에 이르는 경로가 각 학년별로 공통적으로 나타났는데, 초등학교 5학년의 경우는 이 경로가 학업성취에 이어지지 않았고, 중학교 2학년의 경우는 상위인지가 학업성취에 .18의 직접효과가 있는 것으로 나타났으며, 고등학생들의 경우는 인지전략이 학업성취에 .08의 직접효과가 나타났다. 이는 Pressley(1990) 등이 제시한 바와 같이 학습전략이 형성되어 있다 해도 특정 전략을 언제, 어디서, 어떤 방법으로 사용해야 하는지 등 학습전략의 유용성에 관한 정보를 소유하지 못한 학습자는 전략의 폭넓은 활용가능성을 제한받기 쉽다는 것과 맥을 같이한다. 따라서 초등학생들의 경우는 학습전략을 통제·조절할 수 있는 능력이 부족하기 때문에 적절한 학습전략의 사용에 관한 정보를 갖고 학업성취 향상에 기여할 수 있도록 교사의 지도가 초기에 필수적으로 이루어져야 함을 시사하고 있다.

셋째, 초등학교 5학년은 학업성취의 30%, 중학교 2학년은 학업성취의 32%, 그리고 고등학교 2학년은 학업성취의 18%가 전체 모형에 의해 설명되고 있다. 여기서 중학교 2학년의 자기조절학습 모형이 다른 학년의 모형보다 학업성취 설명량이 크고, 분화 정도가 높다는 것을 알 수 있다.

그러나 이와 같은 분화는 연령 증가에 따라 일정하게 발달이 이루어지지 않고 있다. 이는 자기조절학습이 연령 증가에 따라 비례하여 증가하지 않고, 학교 학습형태와 과제제시 및 학습환경에 따라 영향받고 있음을 보여주는 결과로서, Bandura(1977)의 사회인지 관점과 그 맥을 같이하고 있다. 또한 자기조절학습 발달의 결정적 시기가 중학생 시기라는 선행연구 결과(Armstrong, 1989; Paris & Newman, 1990; Zimmerman & Martinez-Pons, 1990)들을 지지하고 있다.

제 5 장
통합 및 결론

1. 통 합

본 장에서는 이상에서 밝혀진 연구결과를 바탕으로 탐구하고자 했던 연구문제와 관련하여 결론을 도출하고 그것이 갖는 함의와 쟁점을 선행연구와 비교하고자 한다.

1) 자기조절학습의 구성요인

본 연구의 결과 학생의 학습과 학업성취 예언변인으로서 자기조절학습이라는 단일 구인은 존재한다는 결론을 도출해 냈다. 본 연구에서는 이론적 근거를 바탕으로 자기조절학습의 구성요인을 개인의 내적 동기, 상위인지적 실행통제 과정, 그리고 학습전략으로 구분하고, 이들 요인에 대한 문항 동질성을 확인하기 위해 Cronbach의 α계수를 통한 신뢰도 분석을 실시하였다. 그 결과 자기조절학습의 구성요인의 확인적 α계수는 .8618~.9085의 범위로서 만족할 만한 정도의 신뢰도로 단일 차원성을 나타냈다.

또한 자기조절학습의 구성요인이 갖는 구인적 해석에 타당성을 제시하기 위해 요인분석을 통해 각 요인의 구인타당도가 검토되었다. 이와 같은 과정을 거쳐 각 가설적 차원은 단일 차원에 높은 요인 부하량을 나타내고 있으므로 단일 차원으로서의 독립성을 지니고 있다고 가정할 수 있다.

이상의 연구결과는 동기와 인지 사이의 상호작용 효과가 그들의 개별 효과보다 크기 때문에 학습과정을 완전히 이해하기 위해서는 학습의 동기적 요인뿐 아니라 인지적 요인을 통합하는 것이 중요하다는 선행연구들(Corno & Mandinach, 1983; Paris & Newman, 1990; Pintrich, 1989; Schunk, 1984)의 입장을 지지하며, 이들 구인의 통합에 의해 학업성취 현상을 설명하고 있는 자기조절학습 구인이 경험적으로 확인되었다고 볼 수 있다.

특히 Linder와 Harris(1992)는 남녀 대학생을 대상으로 질문지를 통하여 조사한 연구에서 자기조절학습을 구성하는 개개요인(상위인지, 인지전략, 자기효능감, 상황적 민감성, 환경의 이용과 통제)보다 이들 요인을 합한 요인으로서 자기조절학습과 성적과의 상관이 높았음을 보고하고 있다($r=.54$). 또한 요인분석 결과, 71개 검사 문항 중 51개 문항이 한 가지 요인, 즉 자기조절학습인 것으로 나타났다고 보고하고 있어서 본 연구 결과와 일치한다고 할 수 있다.

이와 같은 논의를 바탕으로 한다면, 본 연구에서 개념화한 자기조절학습은 동기, 상위인지, 학습전략의 구성요인들이 통합되어 시너지 효과를 갖게 되는 구인으로서 교육적 관점에서 훈련 가능하고 조작 가능한 학업성취 예언변인일 뿐만 아니라 오늘날 학교교육에서 강조하고 있는 학습자 중심 학습 활동이나 더 나아가서 학교교육이 모든 것을 가르쳐 줄 수 없는 다변화되고 정보화되며 평생학습이 요구되는

사회에 효과적으로 적응하기 위해 학습자들에게 반드시 함양시켜야
하는 필수적인 학습방법이라고 볼 수 있다.

2) 자기조절학습의 학년별·학업성취 수준별 차이

(1) 자기조절학습의 학년별 차이

자기조절학습은 학생들의 학년 수준과 관련이 있을 것이라는 연구
문제는 예상했던 것보다 학년 간 학교 환경의 영향을 크게 받는다는
것이 연구결과 증명되었다. 즉 동기, 상위인지, 학습전략의 전체 총점
인 자기조절학습의 학년 간 차이는 초등학교 5학년이 중학교 2학년과
고등학교 2학년보다 높았다. 이와 같이 초등학생이 중·고등학생보다
자기조절학습 수준이 높은 것은 초등학교 교육 목적이 기초적 생활에
서의 적응 능력과 자발적인 학습 습관을 강조하는 데 있다고 할 수
있다.

이와 같은 결과는 학년에 따른 자기조절학습의 발달 차와 발달 수
준을 밝히고자 한 Zimmerman과 Martinez-Pons(1990)의 연구결과와
대체로 일치하고 있다. 즉 Zimmerman과 Martinez-Pons(1990)의 연
구에서도 언어적 효능감과 수학적 효능감과 같은 영역-특수적 자기
효능감은 학년에 따라 유의하게 증가했지만 자기조절학습전략의 사용
은 대체적으로 학년에 따라 감소하는 경향이 있음을 제시하고 있다.
이는 자기조절학습의 구성요인이 학교 학습의 형태에 따라 다르게 영
향받고 있음을 보여주는 결과이다. 이러한 현상은 자기조절학습 사용
의 문화적 비교 연구를 수행한 Purdie(1995), Purdie와 Hattie(1996)
의 연구결과를 통해서도 확인할 수 있다. 그들은 호주(n=248)와 일
본(n=215)의 고등학생들을 대상으로 양국의 학생 간에 전략 사용빈

도에 있어서 차이가 나는 것은 양국의 학교 문화에 따른 영향이 크게 미쳤을 것으로 주장하였다. 또한 손종식(1993)은 초·중·고등학생의 자기조절학습의 차이를 연구해서 초등학교 5, 6학년이 중학교 2, 3학년보다 자기조절학습이 더 높았음을 발견하고 그 이유로서 중·고등학교로 갈수록 입시위주의 타율적인 주입식 교육이 강조되는 반면, 초등학교에서는 그래도 자율성이 가장 잘 보장되는 현실과 관련이 있다고 보고하고 있는데 이 역시 본 연구결과와 유사하다.

자기조절학습의 첫 번째 동기변인인 자기효능감은 초등학교 5학년이 중학교 2학년과 고등학교 2학년보다 유의하게 높았는데, 이는 Benenson과 Dweck(1986), Nichols(1978), Stipek(1981) 등의 연구결과에서 학년이 증가할수록 자기 자신의 평가 수준이 낮아진다는 결과를 뒷받침해 주는 것이다(Zimmerman & Martinez-Pons, 1990, 재인용). Paris와 Newman(1990)도 아동은 그들의 수행에 대해 깊이 숙고해 보지 않고 열심히 노력하면 성공이 충분히 보장된다고 믿지만, 청년기에 접어들게 되면 그들의 학업지각은 점점 정확해져서 노력만으로는 성공을 보장받을 수 없다는 것을 깨닫게 된다고 밝히고 있어서 본 연구결과를 지지해 주고 있다.

또한 자기효능감의 측정에 있어서 영역 특수적 자기효능감보다는 일반적 자기효능감을 측정하여 동기와 학업성취를 예언하고자 하였는데, Pajares(1996), Pintrich와 De Groot(1990) 역시 영역 특수적 자기효능감에서 벗어나 자기효능감의 일반성 측정에 대한 경향을 반영하고 있어서 본 연구와 맥을 같이한다. 개인의 일반적 자기효능감은 어떤 특정 과제나 상황에 대한 수행의 예측뿐 아니라 보다 광범위한 행동에 있어서의 예측이 가능하기 때문에 개인에 대한 정보를 알 수 없는 상황에서 유용하다고 할 수 있다.

내재적 가치는 학년에 따라 감소하는 것으로 나타났는데, 권정아 (1992), 손종식(1993)의 연구결과와 일치하고 있다. 내재적 가치는 학교 공부에 대한 흥미와 중요성에 대한 신념을 포함하는 것으로서 중·고등학교의 경우 상급학교 진학 위주의 교육으로 학생들 스스로 학교 공부의 중요성에 대한 자각 없이 타율적으로 학습이 진행되고 있다고 생각해 볼 수 있다. 그러므로 본 연구에서 초등학생의 내재적 가치가 중·고등학생들보다 높은 것은 한국의 교육현실을 반영한 것이라 할 수 있다.

시험불안은 학년에 따라 증가하고 있는데, 초등학교 5학년과 고등학교 2학년 간의 차이가 통계적으로 유의한 것으로 나타났다. 이는 최진승(1988)이 중학생의 불안 유형에 따른 학업성취 분석과 시험의 인지적 방해 감소방안 연구에서 학업불안 수준은 중학교 2학년이 중학교 1, 3학년보다 높다고 한 결과와 부분적으로 일치하고 있다. 시험불안은 시험에 대한 걱정과 불안으로서 교육과정의 개정에 따라 정규 학교 평가가 폐지된 초등학생보다는 지속적으로 정규 시험을 치르면서 평가를 받고 있는 중·고등학생들이 높은 시험불안을 보이고 있는 것은 당연한 결과이며, 특히 대학입시라는 부담을 갖고 있는 인문계 고등학생들이 높은 시험불안을 나타내는 것 역시 한국의 교육여건을 반영해 주는 결과라고 생각해 볼 수 있다.

자기조절학습의 두 번째 구성요인인 상위인지의 계획과 조절은 초등학교 5학년에서 중학교 2학년 사이에 감소했다가 다시 고등학교 2학년 사이에 증가하는 것으로 나타났으며, 점검은 학년에 따라 증가하는 것으로 나타났다. 이는 Deshler와 Schmaker(1986), Schneider(1986) 등이 일반적으로 상위인지는 연령이 증가할수록 예언 및 평가 능력, 전략의 활용 면에서 더 우수한 수행을 나타낸다는 연구와 차이를 보이고 있다.

이러한 두 연구 결과의 차이는 다음과 같은 두 가지 점에서 논의가 가능하다. 하나는 상위인지 발달에 관한 연구들은 발달적 경향보다 단지 보다 성숙한 자와 미성숙자 간의 상위인지 차를 밝히는 데 머물고 있으며, 이러한 연령에 따른 상위인지의 차는 개인의 배경지식 정도와 관련 있는 과제 유형에 따라 차이가 있을 수 있다. 다른 하나는 상위인지의 개념적 성격 때문에 나타난 현상일 수도 있다. 예를 들어 이달석(1989)은 교과 특정 상위인지와 범교과 상위인지를 구분하였으며, 김옥기(1988) 역시 비슷하게 일반적 상위인지와 과제특정 상위인지를 구분하였다. 그러나 본 연구에서는 이러한 두 가지 측면의 상위인지 성격을 고려하지 않아서 이러한 차이가 나타났다고 생각할 수 있다.

자기조절학습의 세 번째 구성요인인 학습전략에서 시연과 노력관리는 학년에 따라 증가하였고, 시간과 공부관리는 반대로 학년에 따라 감소하는 것으로 나타났다. 그리고 정교화, 조직화, 공부환경관리는 중학교 2학년 때는 감소하다가 고등학교 2학년에 가서 다시 증가하는 경향을 보여주고 있다. 이와 같이 초등학생이 중·고등학생보다 조직화와 시간과 공부관리를 더 빈번히 사용하는 것은 학교의 학습형태에 따른 영향으로 해석할 수 있다. 학교 현장교육을 보면 초등학교의 경우 학습자의 자율성을 보장하는 열린 교육이 실시되고 있는 반면, 상급학교로 갈수록 대학입시에 대한 준비교육을 실시하고 있기 때문에 교과 성적을 높이기 위한 전략만을 집중적으로 이용하게 된다고 볼 수 있다. 본 연구에서 학습전략의 하위 구성요인 중 시연과 노력관리가 학년에 따라 증가하고 있는 것으로 볼 때 이와 같은 해석은 타당성이 있다고 볼 수 있다.

이와 같은 결과는 Zimmerman과 Martinez-Pons(1990) 등이 자기

조절학습전략의 사용은 대체로 감소하는 경향이 있다고 보고한 것을 뒷받침해 주고 있으며, 자기조절학습에 있어서 학습전략 활용의 문화적 비교를 한 Purdie(1995), Purdie와 Hattie(1996)의 연구결과 한국과 학제가 매우 유사한 일본 학생들 역시 학업성적을 높이기 위해 교과서 복습이나 암기전략을 많이 사용한다는 사실과 비교해 볼 때 본 연구 결과가 주는 의미는 크다고 생각된다. 즉 한국에서도 입시의 부담을 갖고 있는 중·고등학생들이 초등학생들보다 학업성취에 직접 관계가 있다고 생각되는 시연이나 노력관리 전략을 상대적으로 많이 사용하고 있다는 것을 볼 때 학교교육에서 학습활동 및 과제해결 과정을 다양화할 수 있는 분위기를 마련해 주고, 학생들이 자기조절학습을 효과적으로 사용할 수 있는 방법을 습득할 수 있도록 발달 단계에 맞는 자기조절학습 모형을 제시할 필요성이 제기된다.

(2) 자기조절학습의 학업성취 수준별 차이

자기조절학습의 학업성취 수준별 차이 분석에 의하면 자기조절학습은 학업성취와 분명히 관계가 있다고 결론지을 수 있다.

학년에 관계없이 연구대상들은 학업성취 상위집단이 중간집단이나 하위집단보다 상위인지와 동기 수준이 높고, 효율적인 인지전략과 자원관리전략을 사용하는 것으로 나타났다. 즉 학업성취 수준이 높을수록 자신의 능력에 대한 신념이 강하고 학습에 대한 흥미가 많다고 볼 수 있으며 상위인지 수준이 높고 시연, 조직화, 정교화와 같은 인지적 학습전략을 효율적으로 사용하며 학습을 방해하는 많은 주의 산만 요인을 잘 통제하면서 자신의 본래 학습 의도를 지속적으로 유지하여 학습목적을 달성하고자 노력하며, 자신의 시간과 공부관리를 잘하는 경향이 있음을 나타내주고 있다. 그리고 이와 같은 특성은 학년별로 학업성취 상위집단과 하위집단 간의 비교에서 가장 두드러지게 나타났다. 그러나 동기의 하위 구성요인 중 시험불안은 고등학교 2학년의 경우 학업성취 중간집단($M=9.07$)이 상위집단($M=9.82$)이나 하위집단($M=8.65$)보다 높게 나타났다. 이는 고등학생의 경우 초등학생이나 중학생보다 상대적으로 대학입시에 대한 부담이 크고, 이와 같은 시험에 대한 걱정과 불안은 대학의 합격이 어느 정도 보장된 학업성취 상위집단이나 대학입시를 대체로 포기하고 있는 학업성취 하위집단에 비해 학업성취 중간집단이 크다는 것을 의미하는 결과이다.

인지와 동기 요인이 통합된 다면적인 구인으로 자기조절학습을 개념화하고 있는 선행 연구들은 자기조절학습이 학습과제 유형과 관계없이 학생들의 학업성취에 중요한 측면이고 중요한 예언치라고 밝히고 있다(Bandura, 1986; Corno & Mandinach, 1983; Pintrich & De Groot, 1990; Schunk, 1984). 또한 상위인지와 동기 수준이 높은 아동의 학업성취가 높고(Bandura & Schunk, 1981; McCombs, 1986; Pintrich, 1989; Zimmerman & Matinez-Pons, 1990), 시연, 조직화, 정교화와 같은 인지적 학습전략과 시간과 공부관리, 공부환경관리, 노력관리를 사용하여 학습자료를 기억, 조직, 변형함으로써 학습하려고 애쓰는 학생들은 이런 전략을 사용하지 않는 학생들보다 학업성취가 높다는 선행연구 결과들(김영채, 1990; 김영상, 1992, 정정옥, 1995; Corno & Mandinach, 1983; Weinstein & Mayer, 1986)을 지지하는 결과라고 하겠다. 이는 학업성적이 부진한 학생들의 동기를 강화하고 상위인지와 인지전략을 효율적으로 사용하며 적절히 자기조절을 이루어 나갈 수 있도록 돕기 위한 자기조절학습 훈련 프로그램이 제공된다면 학업성취를 향상시킬 수 있음을 시사하고 있다.

이상의 논의를 통해서 볼 때 자기조절학습이란 지속적인 학습활동과 학업성취를 신장시키는 데 있어서 가장 필요하고 기본이 되는 학습요소임을 입증해 준 결과라고 할 수 있다. 또한 종합적이고 역동적인 구인이라고 할 수 있는 자기조절학습은 고차적 사고 능력과 창의적 사고 능력을 육성·활성화하는 데에도 반드시 함양시켜야 하는 필수적인 학습방법이라고 할 수 있다.

3) 자기조절학습의 학년별 적합모형

본 연구는 자기조절학습과 학업성취와의 관계에 대한 지금까지의 이론을 기초로 대안적 인과모형을 세 개 설정하고 이 모형들 중 실제의 현실적 자료를 잘 설명하는 최적모형을 학년별로 찾는 횡단적 구조모형 검증 연구이다. 여기서 설정한 자기조절학습 모형들은 학생들이 어떻게 학문적 목표를 선택하고, 문제해결 전략을 선택하며, 그들의 성공에 따라서 계획과 노력을 적응시키는지를 밝혀내기 위해 동기적인 그리고 인지적인 연구 업적의 바탕 위에서 세워졌다고 할 수 있다.

검증결과 각 학년별로 설정모형들은 자료에 의해 상당히 만족할 정도로 지지를 받는 것으로 나타났지만, 그중에서 내재적 가치를 외생변인으로 하는 모형Ⅱ가 적합모형임이 증명되었다. 또한 우연적 이론 개발의 가능성을 제거하고 연구결과의 신뢰성과 일반성을 증진시키기 위해 각 연령별로 표집2를 대상으로 교차타당도 분석을 실시한 결과에서도 마찬가지로 모형Ⅱ가 적합모형으로 나타나서 이 자료에서도 주어진 모형이 자료에 잘 맞는다는 것을 지지해 주고 있다.

그런데 각 학년별로 설정된 인과모형의 적합도는 충분한데 간명도가 낮았다. 과학의 목적이 복잡한 자료 뒤에 숨어 있는 구조를 간단히 설명해 주는 데 있다고 한다면, 과학적 간명함이야말로 이론개발을 할 때 중요한 지침이 된다. 따라서 t값이 적어서 고정시켜도 적합도의 손상 없이 간명한 모형으로 축소할 수 있는 고정지수를 사용하여 최적모형을 탐색하였다. 최적 모형 탐색과정에서 이론모형에서는 가정하지 않았지만 자기효능감이 학업성취에 미치는 직접효과가 크다는 이론적, 경험적 결과에 기초하여 자기효능감에서 학업성취에 이르는 경로를 가정했고, 상실된 간명도에 비해 유의한 적합도 증가를 가져오게 되었다.

학년별 가설적 모형과 검증모형에서 유의한 효과를 나타내고 있는 경로를 살펴보면 다음과 같다.

초등학교 5학년 피험자 집단을 대상으로 분석한 인과모형에서 가정한 17개의 경로 중 가설적 모형에서는 5개의 경로가 통계적으로 유의했다. 그와 같은 경로들을 내용적으로 살펴보면, 내재적 가치→자기효능감(.61), 자기효능감→상위인지(.62), 상위인지→자원관리전략(.80), 자원관리전략→인지전략(1.36), 인지전략→학업성취(−1.81)의 경로가 각각 긍정되었다. 또한 검증모형에서 긍정된 구조경로는 내재적 가치→자기효능감(.68), 자기효능감→시험불안(.26), 자기효능감→상위인지(.76), 자기효능감→학업성취(.55), 상위인지→자원관리전략(.91), 자원관리전략→인지전략(.96)의 6개 경로였다.

중학교 2학년 피험자 집단을 대상으로 분석한 인과모형에서 가정한 18개의 경로 중 가설적 모형에서는 8개의 경로가 통계적으로 유의했으며, 그와 같은 경로들을 내용적으로 살펴보면 내재적 가치→자기효능감(.56), 내재적 가치→자원관리전략(.32), 자기효능감→시험불안(.21), 자기효능감→상위인지(.58), 자기효능감→학업성취(.65), 시험불안→자원관리전략(−.14), 상위인지→자원관리전략(.68), 자원관리전략→인지전략(1.14)의 경로이다. 또한 검증모형에서 긍정된 구조경로는 내재적 가치

→자기효능감(.55), 내재적 가치→자원관리전략(.34), 자기효능감→시험불안(.15), 자기효능감→상위인지(.63), 자기효능감→학업성취(.43), 시험불안→자원관리전략(-.15), 상위인지→자원관리전략(.80), 상위인지→학업성취(.18), 자원관리전략→인지전략(.99)의 9개 구조경로였다.

고등학교 2학년 피험자 집단을 대상으로 분석한 인과모형에서 가정한 17개의 경로 중 가설적 모형에서는 6개의 경로가 통계적으로 유의했다. 구체적으로 그 내용을 살펴보면 내재적 가치→자기효능감(.33), 내재적 가치→시험불안(-.20), 내재적 가치→상위인지(.31), 자기효능감→상위인지(.35), 상위인지→자원관리전략(.85), 자원관리전략→인지전략(1.06)의 경로가 각각 긍정되었다. 또한 검증모형에서 긍정된 구조경로는 내재적 가치→자기효능감(.33), 내재적 가치→시험불안(-.18), 내재적 가치→상위인지(.35), 자기효능감→상위인지(.40), 자기효능감→학업성취(.37), 상위인지→자원관리전략(.99), 자원관리전략→인지전략(.98), 인지전략→학업성취(.08)의 8개 구조경로였다.

이와 같은 결과가 나타나게 된 과정을 차례대로 하나씩 논의해 보면 다음과 같다.

첫째, 이론모형 분석 과정이나 검증모형 분석 과정에서 모두 긍정된 경로에 대해 논의하기로 하겠다.

초·중·고 모형 분석 과정에서 공통적으로 긍정된 경로는 내재적 가치에서 자기효능감으로 가는 경로(+)가 확인되었다. 이는 Garcia와 Pintrich(1991) 등이 내재적 가치와 자기효능감의 동기 변인과 자기조절학습전략(점검, 정교화, 노력관리) 간의 관계를 구조분석한 연구에서 내재적 가치는 행동을 시작하는 과정으로서 학습전략 사용과 능력평가·성공기대에 각각 .36, .33의 직접효과가 있으며, 자기효능감은 학습전략에 .38의 직접효과가 있다는 연구결과와 맥을 같이한다고 볼 수 있다.

또한 자기효능감에서 상위인지로 가는 경로(+)가 초·중·고 모형에서 검증되었는데, 이는 박승호(1995)가 학업성취 예언을 위해 경로분석을 사용한 연구에서 자기효능감은 상위인지($\beta=.18$) 사용과 의의 있는 정적 관계가 있다는 연구결과와 일치하는 것이다.

상위인지에서 자원관리전략으로 가는 경로(+)가 초·중·고 모형에서 검증되었는데, 이는 상위인지가 학습전략의 지속과 일반화를 예언해 준다고 가정한 Borkowski, Peck, Reidd와 Kurtz(1983)의 연구결과와 일치한다.

자원관리전략에서 인지전략으로 가는 경로(+) 역시 초·중·고 모형에서 확인되었는데, 이는 정택희(1987)가 수업 외 학습시간 투입의 동기요인과 효과분석 연구에서 계속동기는 어떤 교과에 대해 수업 외 시간을 이용하여 인지적 노력을 투입하거나 시간을 투입하는 데 영향을 준다는 연구결과와 이성흠(1988)의 학습전략과 학업성취와의 관계 분석 연구에서 주전략이 보조전략보다 학업성취와 더 밀접한 관련이 있다는 연구결과와 일치한다. 특히 보조전략은 주전략을 통해서 학업성취에 영향을 준다는 Dansereau(1978, 1985)의 연구에 의해서도 뒷받침되고 있는데, 여기서 이들이 말하고 있는 보조전략은 본 연구의 자원관리전략과 유사하고 주전략은 인지전략과 유사하다.

중학교 2학년 모형 검증 과정에서 확인된 경로는 내재적 가치에서 자원관리전략으로 가는 경로(+), 자기효능감에서 시험불안으로 가는 경로(+), 자기효능감에서 학업성취로 가는 경로(+), 시험불안에서 자원관리전략으로 가는 경로(−)이다. 그러나 Meece, Wigfield와 Eccles(1990) 등은 과거 수학성적과, 수학능력지각, 성취기대, 가치지각, 수학불안과의 구조모형 검증 연구에서 기대와 중요성은 수학불안에 강한 부적 효

과를 갖는다는 연구결과를 제시하였는데, 본 연구의 검증결과 자기효
능감이 시험불안에 정적 영향을 미치는 것으로 밝혀져서 차이를 보이
고 있다.

고등학교 2학년 모형 검증 과정에서 확인된 경로는 내재적 가치에
서 시험불안(−)으로 가는 경로, 내재적 가치에서 상위인지(+)로 가
는 경로이다. 이는 Pintrich와 De Groot(1988)가 내재적 가치는 학습
전략 사용의 중요한 예언자이지만, 학업성취에 직접 영향을 미치지 못
한다는 연구결과와 Pokay와 Blumenfeld(1990)가 동기와 학습전략의
활용과의 관계를 경로분석한 연구에서 교과공부가 흥미롭고 중요하다
고 생각하는 학생들이 그 자료를 학습하고 이해하고자 보다 더 적극
적으로 참여하고 상위인지전략을 효과적으로 사용하며 학습에 더 오
랫동안 지속한다고 보고한 결과를 지지하고 있다.

둘째, 이론모형에서는 부정되었던 경로가 경쟁모형 검증과정에서 반
대로 긍정된 경로에 대한 문제를 논의하면 다음과 같다.

초등학교 5학년 검증모형에서 자기효능감에서 시험불안에 이르는
경로(+)와 중학교 2학년 검증모형에서 상위인지에서 학업성취(+)에
이르는 경로는 이론모형에서도 고정지수 값으로 보았을 때 거의 긍정
적인 값을 갖고 있었으나 수정을 통하여 통계적으로 유의하게 긍정되
었다.

셋째, 이론모형에서 긍정되었던 경로가 검증모형 분석과정에서는 오
히려 부정된 경로에 대한 해석의 문제를 논의하면 다음과 같다.

초등학교 5학년 검증모형에서 인지전략과 학업성취와의 관계에 대
한 경로 해석의 문제이다. 인지전략이 학업성취의 향상에 기여하지 못
한다는 기대 밖의 결과가 나타났는데, 이는 본 연구에서 LISREL 프
로그램의 계산방법으로서 사용한 ML법은 모형 내의 방정식을 하나하

나 순차적으로 검토하여 계산하지 않고 모든 방정식에 대한 정보를 한데 묶어서 동시에 계산하는 방식을 사용하기 때문에 상위인지, 인지 전략, 자원관리전략 간의 상관이 높은 본 연구에서 인지전략과 학업성취 간의 설명변량을 과잉 추정했을 가능성을 배제할 수 없다. 따라서 추후 연구에서 이 변인들 간의 관계를 세밀하게 검토할 필요가 있다고 본다.

넷째, 학년별로 모형Ⅱ에서 가정하지 않았던 새로운 경로, 즉 자기효능감에서 학업성취에 이르는 경로(+)가 추가된 결과에 대해 논의하면 다음과 같다.

본 연구는 복수모형 비교 방식에 의해 동기 변인이 인지를 거쳐 학업성취에 영향을 미친다고 가정한 모형Ⅱ가 적합모형으로 선정되었다. 그러나 모형Ⅱ는 적합도는 충분한데 간명도가 낮기 때문에 t값이 적어서 고정시켜도 적합도의 손상 없이 간명한 모형으로 축소할 수 있는 고정지수를 사용하여 경쟁모형을 구성하였다. 이와 같은 과정에 의해 모형Ⅱ에서 가정하지 않았지만 동기변인 중 자기효능감은 학업성취에 대한 강한 직접효과가 있다는 것이 이론적으로나 경험적으로 확인되었기 때문에 이들 간의 경로를 가정하였다. 이는 Schunk(1984)가 수업처치, 자기효능감, 인내력, 산수기능 사이의 관계 규명을 위해 경로분석한 후 자기효능감이 학습자의 산수기능에 미치는 직접효과는 .46이라고 보고한 연구결과와 Pajares(1996)가 학습장면에 있어서 자기효능감에 관한 최근 연구들을 종합적으로 검토·분석한 후 자기효능감과 학업성취와의 상관계수가 .49∼.70이며, 경로분석에 의한 직접효과는 .34∼.54 정도라고 보고한 결과와 일치하는 것이다. 따라서 자기효능감이 학업성취에 직접 영향을 미친다는 가설에 대해서는 아무도 부정하지 않으리라고 본다. 이 과정에서 유추할 수 있는 가정은 자신의 능력에 대한 기대가 크고 신념이 강할수록 학업성취 수준이 높아진다는 사실이다. 자기효능감에 대한 학문적 관심이 1970년대 중반부터 Bandura(1977, 1983)에 의해 주도되고 있음을 생각할 때 이 변인에 관한 보다 광범위한 연구가 수행되어야 할 것으로 생각된다.

다섯째, 학년별 자기조절학습 검증 모형을 바탕으로 자기조절학습의 발달적 분화 과정을 논의해 보면, 중학교 2학년의 자기조절학습 모형이 초등학교 5학년과 고등학교 2학년의 검증 모형보다 구성요인들의 분화 정도가 높다는 것을 알 수 있다. 이것은 자기조절학습 발달의 결정적 시기가 중학교 시기라는 선행연구 결과(Armstrong, 1989; Paris & Newman, 1990)와 맥을 같이하며, 자기조절학습의 발달은 연령 증가에 따라 점진적으로 증가하는 것이 아니라 학습되는 것이라는 Bandura(1977)의 사회인지 관점을 지지하는 것이다.

2. 결 론

본 연구결과와 통합 내용을 토대로 다음과 같은 결론을 내리고자 한다.

첫째, '자기조절학습'이라는 구인이 존재하는가에 대한 물음에 대해서 본 연구의 결과는 개인의 내적 동기, 상위인지적 실행통제 과정, 그리고 학습전략의 구성요인들이 통합되어 시너지 효과를 갖는 자기조절학습이 존재하는 것으로 밝혀졌다. 이는 교육적 관점에서 훈련가능하고 조작 가능한 학업성취 예언변인으로서 자기조절학습이라는 단일 구인의 존재를 경험적으로 확인한 것이다.

둘째, 동기, 상위인지, 학습전략의 전체 총점인 자기조절학습의 학년

간 차이는 초등학교 5학년이 중학교 2학년과 고등학교 2학년보다 높았다. 또한 자기조절학습의 구성요인인 동기, 상위인지, 학습전략은 초등학교에서 중학교, 고등학교로 연령이 증가함에 따라 비례하여 증가하지 않는다는 사실이 입증되었다. 이 연구결과에 의하면 자기조절학습이란 동기와 인지 변인이 통합된 복합구인으로서, 변인의 성격이 다양하고 학교의 학습형태와 과제제시 및 그 해결형태에 따라 각각의 구인이 상호작용해서 나타나는 결과라는 것을 의미하는 것이다.

셋째, 자기조절학습은 학업성취 수준에 따라 크게 차이를 보이고 있어서 자기조절학습과 학업성취 간에는 높은 상관이 있음이 확인되었다. 학년에 관계없이 연구대상들은 학업성취 상위집단이 중간집단이나 하위집단보다 자신의 능력에 대한 신념이 강하고 학습에 대한 흥미가 많으며 상위인지 수준이 높고 시연, 조직화, 정교화와 같은 인지전략을 효율적으로 사용하며 학습을 방해하는 많은 주의 산만 요인을 잘 통제하면서 자신의 본래 학습 의도를 지속적으로 유지하여 학습목적을 달성하고자 노력할 뿐만 아니라, 자신의 시간과 공부관리를 잘하는 경향이 있음을 알 수 있었다. 그러나 동기의 하위 구성요인 중 시험불안은 고등학교 2학년의 경우 학업성취 중간집단(M=9.07)이 상위집단(M=9.82)이나 하위집단(M=8.65)보다 높게 나타났다. 이는 고등학생의 경우 초등학생이나 중학생보다 상대적으로 대학입시에 대한 부담이 크고, 이와 같은 시험에 대한 걱정과 불안은 그중에서도 학업성취 중간집단이 크다는 것을 의미하는 결과이다. 그리고 이와 같은 특성은 각 학년별로 학업성취 상위집단과 하위집단 간의 비교에서 가장 두드러지게 나타났다. 이것은 학업성취 수준을 향상시키기 위해서는 조작과 변인 통제가 가능한 자기조절학습 능력을 발달 수준에 맞게 길러 주어야 한다는 것을 함의하고 있다.

넷째, 초·중·고 구조모형 분석에 의해 외생변인인 내재적 가치는 행동을 시작하는 과정으로서 자기효능감, 자원관리전략, 시험불안, 상위인지에 직접 영향을 미칠 뿐만 아니라, 자기효능감→상위인지→자원관리전략→인지전략을 매개로 할 때, 이들 변인들이 학업성취에 직접 영향을 미치는 것보다 통계적으로 더 유의한 영향을 미치게 됨을 볼 수 있다. 이러한 학업성취에 영향을 미치는 경로를 통해서 볼 때, 자기조절학습의 구성요인인 동기와 인지는 별개의 실체들이라기보다 서로가 융합되어 공동작용의 특성을 갖고 있는 학업성취 예언변인이고, 교수·학습 과정의 극대화를 위해서는 학업에 대한 가치나 중요성에 대한 이해가 선행되어야 함을 시사한다.

다섯째, 학년별 자기조절학습과 학업성취 간의 인과모형 분석 결과, 학업성취를 결정하는 가장 의미 있는 자기조절학습 변인은 자기효능감으로 나타났다. 이것은 교수·학습 과정의 효율화를 위해서는 학습자 자신의 능력에 대한 기대나 신념이 잘 형성되어야 함을 시사한다. 따라서 자기효능감이 부적절하거나 약할 때 자기효능감을 변화시킬 수 있는 실제적인 방법이나 교육적 적용 가능성 등에 대한 더 많은 연구가 수행되어야 한다고 볼 수 있다.

여섯째, 학년별 자기조절학습 모형을 통해 자기조절학습의 분화과정을 살펴보면, 중학교 2학년의 자기조절학습 모형이 다른 학년의 모형보다 가장 구성요인들의 분화 정도가 높다. 이것은 자기조절학습 발달의 결정적 시기가 중학생이라는 선행연구 결과(Armstrong, 1989; Paris & Newman, 1990)와 맥을 같이한다고 볼 수 있다.

이상에서 자기조절학습이 학업성취에 미치는 효과에 관해 몇 가지 결론을 도출하였다. 그러나 본 연구의 연구문제와 관련하여 다음에 제기되는 네 가지 내용은 우리의 상황에서 계속적인 연구가 필요하다.

첫째, 본 연구는 횡단적 발달 연구방법을 사용하여 자기조절학습과 학업성취의 관계에 대한 구조분석을 하였으나, 이들 간의 인과관계 효과는 수집된 자료를 사용하여 변인들의 측정오차를 교정하는 종단적 연구 방법을 통해 더 구체적으로 파악할 수 있을 것으로 보인다. 따라서 후속 연구에서는 종단적 연구 방법을 통하여 이 연구에서 가정한 변인 사이의 인과적 관계를 재검증해 보는 작업이 필요하다.

둘째, 공변량구조분석에 의해 모형을 개발하는 경우 일반적으로 제기되는 문제인 동치성(model equivalence)에 관한 것이다. 본 연구에서 개발된 모형이 산출하는 것과 동일한 '재생산 공변량 행렬'을 산출하는 여러 개의 대안적 모형들이 존재할 가능성을 현실적으로 배제하기 힘들다는 것이다. 물론 본 연구에서는 일반화 가능성을 높이기 위해 교차타당도 분석을 하였고 수많은 모형 비교과정을 거쳤지만, 적합도가 높은 모형을 구했을 경우 그 모형에 대한 동치모형들을 구해서 내용적으로 평가해 보고 과연 그 모형이 최적모형인지를 확인하는 것이 바람직하다고 보인다.

셋째, 측정방법의 문제이다. 본 연구는 다른 연구에서 사용한 것과 마찬가지로 자기보고식 척도를 사용했는데 그와 같은 측정 방법은 어떤 고유의 한계를 갖고 있다고 볼 수 있다. 즉 질문지법을 통해 나타난 결과는 상위인지나 학습전략의 활용에 대한 학습자의 지각만이 보고되었을 뿐 상위인지나 전략 활용의 정확성이나 적절성이 보고되지 않고 있다. 따라서 검사 방법을 다양화(예: think aloud protocols)할 필요가 있고, 측정도구의 개발이라는 어려움이 존재하지만 각 학년에 맞는 표준화된 자기조절학습 검사 제작이 요청되는 바이다.

넷째, 자기효능감의 원인적 영향에 관한 문제이다. 자아 신념에 대한 연구에서 직면하는 예민한 문제 중의 하나는 무엇이 원인이고 무엇이 결과인가 하는 것이다. 이러한 문제는 많은 자아개념 연구에서 중요하게 다루어져 왔으며, 자기조절학습의 중요 구성요인의 하나인 자기효능감의 연구에서도 마찬가지로 대두된다. 자아개념 연구에서 자신에 대한 긍정적인 신념이 성취를 향상시키는 것인지, 높은 성취가 결과적으로 긍정적인 자아개념을 형성하게 하는 것인지는 중요 쟁점의 하나이다. 인간 동기와 행동에서의 상호작용적 본질로 인해 그러한 의문은 쉽게 해결될 것 같지 않다.(윤운성, 1998) 자기효능감이 선택, 노력, 지속력의 원인적 요인으로서 작용한다는 이론과 본 연구의 경험적 결과를 통해 이에 대한 이해를 확장할 수 있었지만, 동기, 상위인지, 학습전략의 통합에 의해 형성되는 자기조절학습 모형에 대한 이론의 발달과 경험적인 연구가 필요하다고 하겠다.

이와 같이 후속 연구에 대한 제안에도 불구하고 본 연구를 통해서 얻을 수 있는 기대효과 및 활용방안은 이론적 측면과 방법론적 측면, 실제적 측면에서 논의될 수 있다.

첫째, 이론적인 측면에서 본 연구는 학업성취를 보다 신뢰롭게 예언하고 교육적 관점에서 훈련 가능하고 조작 가능한 구인으로 자기조절학습의 중요성을 제시하고 있다. 교육에 있어서 동기에 관한 연구나 학습에 있어서 전략의 활용에 관한 연구는 많이 수행되어 왔으나, 이들 요인 사이의 관계에 대한 연구는 이제 시작되고 있다고 볼 수 있다. 따라서 본 연구에서 이루어진 자기조절학습의 개념 정립은 교육현장에서 반드시 필요한 일로서 이론적인 기초를 제공했다는 점에서 의의를 찾을 수 있다.

또한 산발적으로 알려져 있는 자기조절학습 구성요인 및 학업성취와의 관계를 통합한 이론적 구조모형을 설정함으로써 이들 간의 관계를 총체적으로 파악할 수 있다는 점에서 의의가 있다. 이러한 통합적인 접근은 학교 학습과정에서 자기조절학습이라는 구인을 이해하는 첫걸음이 될 것이다.

특히 자기조절학습이 학년별로 어떻게 분화되는가를 탐색해서 학업성취와의 관계분석을 실시하였다는 점은 자기조절학습이 발달과정에서 학업성취에 영향을 미친다는 사실을 이론적으로 검증하였다는 데 의의가 있다.

둘째, 방법론적인 측면에서는 차이심리학에서 발생한 요인분석과 생물학에서 발생한 경로분석의 접합인 공변량구조모형을 사용했다는 점에서 의의가 있다.

본 연구는 자기조절학습의 이론구조를 관련 선행연구를 바탕으로 이론변수들 간의 인과관계를 상정하여 가설화시키고, 각각의 이론변수는 측정변수들에 의해 조작적으로 정의되는 구조모형을 형성해서 LISREL Ⅷ로 분석함으로써 조작과 훈련이 가능한 학업성취 예언변인의 하나로 자기조절학습의 중요성을 제시했다는 점에서 의의를 찾을 수 있다. 종래의 전통적인 경로분석에서는 모든 변인에 대해 오차 없이 완벽하게 측정이 가능하고, 일반적이며, 잔여 변인 간에 상관이 존재하지 않는다는 가정을 하고 있다. 이 가정은 경로분석이 측정학적인 한계가 있음을 반영하는 것으로서, 이러한 경로분석의 한계를 극복하고 보다 정교한 분석을 가능하게 해 주는 것이 공변량구조를 이용한 선형구조관계모형(LISREL)이다.

또한 교차타당도 분석을 사용해서 우연적 이론개발의 가능성을 제거하고 연구결과의 일반성을 증진시켰다는 점에서 방법론적인 의의를 찾을 수 있다. 여기서 사용한 교차타당도란 한 표집에만 작용하는 변산적 오차를 찾아낼 수 있으므로 우연한 변산적 오차의 크기를 추정하여 타당한 자료에 필요한 수정을 할 수 있게 된다.

셋째, 실제적인 측면에 있어서 오늘날 학교교육에서 강조하고 있는 학습자 중심 학습활동, '자율적', '논리적', '창의적' 학습 활동을 위해서 더 나아가서 학교교육이 모든 것을 가르쳐 줄 수 없는 다변화되고 정보화되며 평생학습이 요구되는 사회에서 효과적으로 적응하기 위해 학생들에게 반드시 함양시켜야 하는 필수적인 학습방법이 자기조절학습임을 강조하였다는 점에서 실제적 의의가 있다.

또한 자기조절학습 모형을 학년별로 구조화하고 설명함으로써 후속 연구에 대한 방향제시의 역할을 하였다고 볼 수 있다. 즉 학교교육 현장에서 학습자의 발달의 한계를 고려하여 자기조절학습 방법을 가르침으로써 학습효과를 극대화할 수 있다는 데서 실제적 의의를 찾을 수 있다. 따라서 이 연구결과를 바탕으로 각 발달단계에 맞는 자기조절학습 프로그램을 개발하는 연구가 필요하다고 하겠다.

제 2 부

자기조절학습 훈련이
초등 아동의 읽기 및 쓰기
교육에 미치는 효과

제 1 장
서 론

오늘날은 인터넷의 급속한 확산으로 개개인의 삶에서부터 국가, 나아가 세계 경제의 거대한 패러다임까지 혁명적인 변화가 전개되고 있다. 개인·기업·국가의 힘이 지식과 정보의 질과 양에 의해 결정되는 사회가 도래한 것이다. 이러한 사회에서는 아이디어가 큰 힘이고, 개인뿐만이 아니라 조직과 국가의 발전을 결정짓는 중요한 요인이 된다. 지식의 중요성과 역할이 강조되는 지식기반사회에서는 지식을 생성, 축적, 전달하는 사회 제도로서의 교육체제에 커다란 변화를 요구하게 되는데, 각 개인의 학습 필요가 엄청나게 확대됨으로써 이 엄청난 학습 필요를 기존의 교수·학습 방법으로는 도저히 충족시킬 수 없게 되는 것이다. 따라서 21세기의 복잡성을 띤 사회 속에서 잘 살아갈 수 있으려면, 학습은 다차원적인 측면에서 일어나야 한다. 즉 학교에서는 팽창하는 정보와 지식을 능숙하게 처리하고 자신이 가지고 있는 지식을 효율적으로 관리할 수 있는 능력을 가르쳐야 한다. 또한 특정 상황에서는 어떤 것이 어떻게 학습되는가 하는 '방법'(how)이, 학습되는 '내용'(what)만큼이나 중요하기 때문에 직접 가르치는 것을 줄이고, 학습자 스스로 배우는 것을 늘려 가는 방법을 모색해야 한다. 이와 같이 학습자가 교수·학습의 핵심 변인이 되고 자신의 학습을 능동적으로 이

끌어 가는 학습의 중요성이 대두되면서 자기조절학습에 관해 교육심리
학자들의 관심이 증가되고 있다.

자기조절학습은 학습자 자신이 학습 과정에 능동적으로 참여하면서
목적 지향적인 행동을 보이는 현상을 설명하고자 하는 다면적 구인이
다. 최근 여러 연구자들은 학습자들이 상위인지적, 동기적, 행동적 전략
의 선택적 사용을 통해 학습능력을 개별적으로 개선할 수 있고, 그들에
게 유리한 학습환경을 선택·구성할 뿐만 아니라 창조할 수 있으며, 그
들이 필요로 하는 수업의 양과 형태를 선택하는 데 있어서 자기조절학
습의 중요성을 강조하고 있다(Bandura, 1986; Brophy, 1983; Corno &
Mandinach, 1983; McCombs, 1984; Schunk, 1989; Zimmerman, 1989,
1990; Zimmerman & Martinez-Pons, 1986; 박승호, 1997; 이재승,
1997; 정미경, 1999). 같은 교수 방법으로 교육해도 학업성취에 계속 개
인차가 생기는 이유의 일부분은 자기조절학습의 차이에서 온다고 볼
수 있다.

이렇듯 자기조절학습은 학업성취를 보다 신뢰롭게 예언하고 교육적
관점에서 훈련과 조작이 가능하며 어떤 면에서는 수업 조작효과보다
더 큰 효과를 얻을 수 있는 중요한 구인이다. 그러나 이러한 자기조절
학습의 활용이 갖는 중요성에도 불구하고 지금까지 국내·외에서 수
행되어 온 자기조절학습에 관한 종래의 연구들은 아직 초보적인 수준
에 머무르고 있다. 즉 교수·학습 과정에 적용할 수 있는 자기조절학
습 훈련 프로그램의 개발 연구보다는 대부분이 학습자의 학습 능력이
나 성, 인종 등을 독립변인으로 하여 자기조절학습의 차이를 분석하는
데 중점을 두어 왔다. 이외에도 자기조절학습 훈련 프로그램의 효과를
검증하려는 노력이 너무 일반적이고 보편적으로 수행되고 있을 뿐만
아니라, 최근까지도 학교의 교육과정 속에서 자기조절학습을 가르치

기 위한 시도가 이루어지지 않고 있다. 이러한 점을 고려해 볼 때, Norman(1980)이 "학생들에게 학습하는 방법, 기억하는 방법, 문제해결의 방법을 가르치지도 않고 이들에게 학습하고 기억하며 문제를 해결하도록 기대하는 것은 부당한 일이다."라고 역설한 것은 한국의 교육현실을 설명하기에 적절하다.

그런데 정미경(1999)이 자기조절학습의 모형을 탐색한 결과에 의하면, 초등학교 5학년 아동들의 경우 자기조절학습 구성요인의 발달이 미약하기는 해도 학업성취의 30%($\psi_6 = .70$)를 설명하고 있는 것으로 나타났다. 따라서 자기조절학습의 획득을 위해서는 적절한 자기조절학습의 사용에 관한 정보를 갖고 학업성취 향상에 기여할 수 있도록 하는 교육이 초기에 필수적으로 이루어져야 한다. 이러한 맥락에서 이제 스스로 학습 방법을 터득하는 단계인 초등학교 5, 6학년 아동들이 학교 학습의 필수 요소인 읽기 및 쓰기 교육을 하는 데 있어서 필요한 것은 학습자가 스스로 자기조절을 통한 학습을 수행하는 것이라고 판단된다.

대체로 1970년대 이전까지만 하더라도 읽기와 쓰기 교육에서 결과를 강조해 왔다. 즉 읽기의 경우에 글을 읽은 후에 학습자가 무엇을 이해했느냐에 초점을 두었으며, 쓰기의 경우에는 학습자가 최종적으로 써 놓은 글에 관심을 가졌다. 그러던 것이 1970년대 이후 인지심리학의 발달로 인해 읽기와 쓰기를 하나의 과정으로 파악하게 되었다. 읽기는 학습자가 글에서 의미를 재구성해 나가는 과정으로 보게 되었고, 쓰기 역시 상황을 고려하여 자신의 생각이나 느낌을 표현하는 행위에서 의미를 재구성해 나가는 과정으로 파악하게 된 것이다(신헌재, 1996). 이렇듯 본질적으로 읽기와 쓰기를 하나의 과정으로 보게 되었다. 이러한 의미에서 읽기, 쓰기 교육은 학습자 중심으로 생각해야 한다. 즉 읽기, 쓰기에서 어느 과정이 쉽고, 어려운지를 스스로 깨닫게 하고 또 어려움을 느끼는 과정은 어떤 식으로든지 학생들 스스로 그것을 해결할 수 있도록 교육할 필요가 있다.

따라서 이와 같은 학습 능력을 키워주기 위한 교수·학습 훈련 프로그램의 개발은 자기조절학습의 이론적 토대 위에서 이루어질 필요가 있다. 이상과 같은 문제의식과 필요성에 따라 본 연구를 통해 얻고자 하는 구체적인 연구문제는 다음과 같다.

첫째, 읽기 및 쓰기 교육을 위한 자기조절학습 훈련 프로그램을 개발한다.

둘째, 자기조절학습 훈련 프로그램의 효과를 검증한다.

제 2 장
이론적 고찰

1. 자기조절학습의 개념과 구조

'자기 스스로 학습을 선택하고 실행하는 것'이라는 포괄적인 의미에서 자기조절학습을 지칭하는 용어는 매우 다양하다. 또한 연구자들마다 이론적 기반과 관점이 상이하여 자기조절학습이 무엇이냐에 대한 합의점을 찾기가 어렵다. 그러나 Bandura(1977)의 연구내용과 방법을 기초로 Zimmerman(1989, 1990) 등에 의해 본격적으로 막을 올린 사회인지 관점에서는 자기조절학습을 학습자의 내재적 과정, 학습자가 몸담고 있는 환경, 그리고 학습 행동의 세 가지 결정변인이 학습자가 자기 학습을 조절하려는 노력이라고 설명하고 있다. 사회인지 관점은 학생들의 자기조절학습을 연구하는 데 사용된 일반적 모델이고, 자기조절학습의 요인을 교수·학습 과정에 적용할 수 있도록 구체적으로 제시하고 있으므로 이를 기초로 본 연구에서는 자기조절학습이란 '학습자가 자신의 학습 활동의 주인이 되어 학습 목표와 학습 동기를 진단하고, 학습에 필요한 인적·물적 자원을 관리하며, 학습의 모든 과정에서 의사 결정과 행위의 주체가 되는 자기 학습'이라고 정의하고자 한다.

자기조절학습의 구성요인 또한 다양한데, Bandura(1986)는 동기와 사회인지적 기능을 수행하는 데 대한 자기조절은 자기관찰, 자기판단, 자기반응의 자기조절적인 메커니즘에 의해 지배를 받는다고 하였다.

또한 Zimmerman(1989)은 자기조절학습의 구성요인으로서 개인적 요인, 행동적 요인, 환경적 요인을 들고 있다. 사회인지적인 자기조절학습의 과정을 각 영역에 따라 하위 내용을 구조화하면 다음 〈표 2-1〉과 같다.

<표 2-1> 자기조절학습의 구조(Zimmerman, 1989)

요인 내용	자기조절학습		
	개인적 요인	행동적 요인	환경적 요인
학습 내용	· 학생의 지식 · 상위인지 과정 · 목표 · 불안 · 자기효능감	· 자기관찰 · 자기판단 · 자기반응	· 모방 · 언어적 설득 · 사회적 지원 · 학습환경 조직
자기조절 학습전략	· 조직과 변형 · 시연과 기억 · 목표설정과 계획	· 자기평가 · 자기결과화 · 기록유지와 점검	· 정보 탐색 · 교과서, 노트, 시험지 복습 · 교사, 친구, 성인도움 구하기 · 학습환경 구조화

2. 자기조절학습의 획득

1980년대에 들어서면서부터 학습에 있어서 자기조절학습의 효율성에 관한 연구가 활발히 진행되고 있다. 자기조절학습 중심의 효과적인 교수를 위해서는 학습자들이 언제, 어디서, 어떻게 자기조절학습 방법을 사용하고, 과제 해결을 위해 각각의 구성요인들을 어떻게 변형할 수 있을 것인가에 관한 정보를 제공할 필요가 있다. 학교교육의 목적이 학습자의 부족한 특성을 찾아내고, 이를 개선할 수 있도록 도와주는 것이라고 볼 때 학습자의 발달과 능력 수준을 고려한 자기조절학습 훈련 프로그램의 개발은 교수·학습 과정의 궁극적 목표인 학업성취 향상에 기여할 수 있을 것이다.

그러나 교수·학습을 위한 자기조절학습 훈련에 관해 지금까지 수행된 연구를 살펴보면, 대개의 경우 여러 자기조절학습 구성요인의 효율성을 통합적으로 비교·분석하기보다 자기조절학습의 동기, 인지, 상위인지적 요인의 개별적인 효과만을 실험한 연구들이 주종을 이루고 있다.

첫째, 동기적 측면에서 이루어진 연구들을 보면, 학습자를 과제에 전략적으로 접근하게 하는 훈련이 동기적 차원에서 효과가 있음이 확인되었다. Schunk(1983)는 수학에 결함이 있는 초등학생들에게 뺄셈 기능에 관해 자기조절학습전략으로 과제 해결을 점검하도록 하고, 수행을 평가하고 결과에 대한 자기보상을 하도록 훈련시켰다. 그 결과 아동의 자기효능감이 향상되었을 뿐만 아니라 과제에 대한 지속성과 뺄셈 기능도 향상되었음이 발견되었다. 한편, McCombs(1986)는 공군 훈련생들의 기능 결함의 원인을 낮은 학습동기, 적은 개인적 목표, 낮은 성숙도, 책임 회피 등의 동기적 특성임을 확인하고, 이러한 분석결과에 기초하여 동기화 기능 훈련 프로그램(motivational skill training program)을 개발하였다.

둘째, 상위인지 연구자들은 상위인지를 조작 가능한 변인으로서, 체계적인 교육적 훈련과 연습을 통해 신장될 수 있다고 간주한다. 이러한 상위인지 훈련은 대체로 인지에 관한 지식, 정보 제공 및 인지에 관한 검토를 통해 그 효과가 확인되고 있다.

지금까지의 연구들에서 나타나고 있는 상위인지 훈련은 일반적 사고 훈련 프로그램, 읽기 과제 훈련 프로그램, 산수과제 훈련 프로그램으로 구분할 수 있다.

일반적 사고 훈련 프로그램은 어떤 특정 교과의 내용을 학습하기 위한 것이라기보다 일반 학습 및 문제해결 시에 상위인지적 사고를 하도록 하기 위한 프로그램으로서 Bransford와 Stein의 IDEAL, Meichenbaum(1985)의 인지행동수정이론, Feuerstin의 F. I. E. 프로그램, Danserear(1979) 등의 MURDER 등을 들 수 있다. 또한 읽기 과제 훈련 프로그램은 읽기 과제를 이용하여 상위인지적 사고를 함양하기 위한 프로그램으로서 Palincsar(1986)의 상호교수 등을 들 수 있다. 끝으로 산수 과제 훈련 프로그램 역시 산수 과제를 이용하여 상위인지적 사고를 함양하기 위한 프로그램이 주종을 이루고 있다(박영태, 1990).

한국에서는 김옥기(1988)가 초등학교 4학년 3개 학급을 대상으로 상위인지 전략 활용 훈련과 상위인지적 자기조정 훈련집단 등 두 개의 실험집단과 통제집단으로 나누어 실험한 결과 자기조정 훈련집단에서 상위인지 점수가 의의 있게 향상되었음을 밝히고 있다.

박승호(1997) 역시 읽기 이해를 증진시키는 읽기 전략을 아동에게 가르치기 위한 교수·학습 자료를 개발하기 위해 초등학교 3, 4학년 아동 321명에게 읽기 전략을 훈련한 결과 아동들의 읽기에 관한 상위인지 정도와 읽기 전략의 사용에 있어서 유의한 변화를 보였다고 밝히고 있다.

셋째, 학습전략의 훈련 가능성을 실험 연구한 연구 또한 여러 학습전략의 효과성을 종합적으로 분석하기보다는 개별 학습전략의 효과만을 실험한 연구들이 주종을 이루고 있다. 또한 과거의 연구들이 학업 성취에 기여하는 전략 확인에 집중되어 왔다면, 최근에는 전략을 효과적으로 가르치고 그 절차의 타당성에 관한 관심이 집중되고 있다. 특히 경미하거나 보통의 장애를 지닌 학생과 학습부진아동 등을 주 대상으로 하고 있다.

시연 전략의 학습효과에 대한 연구를 살펴보면, Mayer와 Cook(1980)은 아동에게 산문을 들려준 뒤 반복해서 암송하도록 한 집단과 그냥 듣기만 하도록 한 집단의 산문 이해력을 비교한 결과, 암송집단의 단어 및 산문 내용의 기억 정도가 더 높았다고 함으로써 시연 전략의 사용이 효과적임을 밝혔다. 그러나 이들의 연구에서 개념적 정보와 창의적인 문제해결력의 기억에서는 암송집단에 비해 통제집단의 기억정도가 더 높게 나타나 시연 전략은 보다 복잡한 과제에는 효과가 없음을 나타내주고 있다.

Paris, Newman과 McVey(1982)는 정교화 전략과 재생 간의 관계에 관한 지식을 제공해 준 집단의 전략 사용 및 재생 득점이 그와 같은 지식을 제공해 주지 않은 집단에 비해 더 높다는 것을 밝혀냈다. 이는 학습전략의 훈련을 통해 학습자가 어떤 방법으로 학습할 것인지를 결정하는 태도인 학습자 특성에 영향을 주고, 특정 학습전략의 사용은 학습자의 약호화 과정에 영향을 주어 결과적으로는 학습성과 및 성취도에 영향을 주게 된다고 할 수 있다.

한국교육개발원의 박현숙과 현 주(1990)는 1988년부터 1990년까지 읽기 학습전략으로 중심내용 파악 전략, 관계 짓기 전략, 자기점검 전략 및 정교화 전략 훈련 프로그램 등을 개발해 온 것을 계속하여 먼저 생각하기, 생각하면서 읽기, 그리고 질문 만들기의 세 가지 정교화 전략 훈련 자료를 개발하고 검증 연구를 수행했다. 이를 초등학교 5학년과 중학교 2학년 학생에게 5주간 적용하였으며 사전, 사후, 파지, 전이 검사가 실시되었다. 사후검사는 실험 직후에, 파지검사는 사후검사 실시 후 8주 후에, 전이검사는 파지검사 실시 직후에 실시되었다. 효과검증을 해 본 결과, 읽기 능력수준이 낮은 집단에서 효과가 큰 경향을 보였다.

이와 같은 자기조절학습의 구성요인인 동기, 상위인지, 학습전략의 개별적인 효과 검증 중심의 훈련 프로그램들은 훈련범위, 훈련대상 등에 많은 차이를 보이고 있지만, 자기조절학습은 교육과 훈련에 의해 촉진될 수 있고 그것은 결국 교과의 학업성취를 향상시킬 것이라는 점을 시사해 주고 있다.

3. 읽기, 쓰기 과정에서의 자기조절학습

글을 읽고 쓸 수 있는 문식성(literacy)은 사회생활을 영위해 나가는 데 있어서 가장 기본이 되는 기초 기능이다. 읽기나 쓰기는 말하기나 듣기보다 더 어렵다. 말하기나 듣기가 음성 언어를 매개로 하는 의사 교환의 수단으로 어린 시절부터 자연스럽게 습득되는 언어 과정인 반면, 읽기나 쓰기는 의도적인 학습에 의해 습득되는 문자 매체에 의한 의사 교환 수단으로 학교 교육을 통해 이루어진다.

읽기, 쓰기 능력은 일종의 도구 기능으로서 모든 교과목에서 중요한 역할을 한다. 읽기는 문자에 의한 의사소통의 대표적인 형태로 흔히 '표기된 문자언어를 통해 독자가 필자의 의미를 재구성하는 복합적인 과정'이라고 정의된다. 즉 글로부터 의미를 구성하는 과정이며 사전 경험을 종합시키고 의미를 획득하는 방법이기도 하다. 이는 읽기가 여러 정보 자원들을 연결 지어 통합하고 조정하는 복잡한 지적 기능이라는 것을 의미한다.

따라서 아동들의 읽기 학습은 단순히 낱자, 단어, 문장을 해독하는 것이 아니라 아동들 스스로 읽기 과정을 확인하고 조절해 내는 사고 과정이라 하겠다. 즉 읽기의 이러한 측면이 자기조절학습의 과정이다.

쓰기 역시 기본적으로 다른 사람과의 의사소통을 위한 것이다. 쓰기는 독자를 전제로 한다. 일방적으로 내 생각과 느낌을 표현하면 그만인 것이 아니라, 독자를 고려하여 내용의 선택과 표현을 조절하지 않으면 안 되는 것이다(최현섭 외, 1996). 따라서 효과적인 의사소통을 위해서는 자신이 가지고 있는 지식을 각각의 쓰기 상황에 맞게 조절, 통제하게 되는데, 이 과정이 곧 자기조절학습의 과정이다(이재승, 1997).

쓰기를 잘하기 위해서는 개개의 기능이나 전략도 반드시 필요하지만, 실제 쓰기 상황에서 이들을 적절히, 그리고 통합적으로 사용할 수 있는 능력이 필요하다. 또한 상황에 따라 개개의 기능이나 전략을 효과적으로 활용할 수 있기 위해서는 자신의 인지 과정을 적절히 점검하고, 통제하는 능력이 필요하다. 이렇게 개개의 기능이나 전략을 효과적으로 사용할 수 있게 하는 데 자기조절학습이 필요하게 된다. 즉 쓰기 과정 속에서 이루어지는 사고 과정의 성패는 상당 부분 자신의 사고 과정을 점검하고 통제할 수 있는 능력에 의해 좌우된다.

최근에 들어서 자기조절학습을 교과와 관련지어 설명하려는 경향이 강하다. 자기조절학습을 가르치기 위해서는 교과 수업과 별도로 이루어질 것이 아니라, 해당 교과와 관련지어 지도하는 것이 바람직하다. 자기조절학습을 읽기, 쓰기 교육 장면과 관련지어 설명하고, 읽기 및 쓰기 능력을 기르기 위해 이들 전략을 가르친 후에 그 효과를 검증한 연구들(박승호, 1997; 박승호 외, 2000; 이기우, 1992; 이경화, 1999)

에 의하면, 초등학교 아동들은 비록 글의 내용에 대한 적합한 배경 지식을 갖추고 있더라도 이를 효과적으로 활용하지 못한다고 한다. 따라서 읽기와 쓰기 교수·학습의 방향은 학생에 대한 외적 통제와 관련된 수업으로부터 학생 자신의 내적 통제에 관련된 수업으로 변화하고 있다. 이는 교사의 지시나 지도에 의한 교수 활동보다는 학생들 스스로 자신의 학습 과정을 조절해 가는 학습 활동을 강조하는 것이다. 즉 학생들 스스로 읽기와 쓰기 목적에 맞게 읽기와 쓰기 방법을 선택하고, 읽기와 쓰기 과정에서 이해 정도를 점검하고 평가하는 자기조절학습의 훈련에 초점을 두어야 한다는 것이다. 뿐만 아니라, 자기조절학습이란 어떤 것이며, 언제, 어디서, 어떻게 사용해야 하는지, 그리고 왜 그것을 배워야 하는지에 관한 자기조절학습 사용에 관한 자기조절학습의 훈련이 수반되어야 한다.

Graham과 Harris(1989)는 5학년과 6학년 정상아들과 작문에서 문제를 보이는 학습부진아들을 대상으로 자기조절학습전략 수업을 실시했다. 1주일에 2회씩 3주 동안 실시했더니, 이들 두 집단 모두에서 자기조절학습전략 수업을 받은 실험집단이 쓰기를 잘했으며, 그 전략을 유지하는 데에도 효과를 나타냈고 자기효능감도 증진된 것으로 나타났다.

국내에서는 김유미(1995)가 초등학교 6학년 78명을 임의로 통제집단과 실험집단에 배정한 후, 10차시에 걸쳐 실험집단에게는 자기조절학습전략을 지도하고 통제집단에게는 일반적인 쓰기 수업을 진행했다. 그런 다음 3주 후에 파지검사를 실시했다. 그 결과 직후 검사와 파지, 전이 검사 모두에서 실험집단이 의의 있게 나온 것으로 나타났다.

이들 연구를 통해 얻을 수 있는 시사점은 첫째, 읽기와 쓰기는 일종의 자기조절 행위라는 점이다. 둘째, 자기조절학습의 지도는 가능하고,

대체로 효과적이라는 사실이다. 셋째, 학습 초기에는 교사의 적극적인 개입이 이루어질 필요가 있겠으나, 점차 학생들 스스로 학습하게 하여 결국 독립적인 학습이 이루어지게 해야 한다는 것이다.

본 연구의 자기조절학습 훈련 프로그램은 기본적인 문해 능력을 갖춘 초등학교 5, 6학년 아동들을 대상으로 본격적인 독해와 쓰기 능력을 키울 수 있는 읽기, 쓰기 전략을 지도하는 데 목적을 두고 있다. 따라서 학습 문제를 이해하고, 읽기와 쓰기 전략을 스스로 선택 적용하고, 목표 달성 정도를 평가하고, 평가 결과에 따라 새로운 읽기 전략을 탐색 적용하는 등 학생 자신의 읽기 이해과정이나 읽기 행위를 점검하고 조정하는 읽기, 쓰기를 위한 자기조절학습 모형이 정립되어야 하고, 그 과정이 정교화될 필요가 있다.

제 3 장
연구방법

1. 연구대상

실험대상은 연구 협조 가능성을 고려하여 중류층 지역에 속한다고 판단되는 서울시 송파구 소재 M초등학교 5, 6학년에서 임의로 4개 반을 선정하여 각각 실험집단과 통제집단에 배정하였다. 연구대상의 학년 및 성별 분포를 보면 〈표 2-2〉와 같다.

<표 2-2> 연구대상의 학년 및 성별 분포

성별 \ 학년	5학년		6학년		전체 n(%)
	실험집단	통제집단	실험집단	통제집단	
남	19	13	17	15	64(50.8)
여	14	15	16	17	62(49.2)
전체 n(%)	33(54.1)	28(45.9)	33(50.8)	32(49.2)	126(100)
	61(48.4)		65(51.6)		

초등학교 5, 6학년을 연구대상으로 선정한 이유는 자기조절학습에 관한 선행연구들을 종합적으로 고려한 결과이다.

첫째, 초등학교 5, 6학년 아동들은 이제 스스로 학습하는 방법을 터득하는 단계에 있다고 할 수 있다. 이 시기의 학습을 위한 필수 도구인 읽기 및 쓰기 교육을 하는 데 있어서 필요한 것은 학습자 스스로 자기조절을 통한 학습을 수행하는 것이라는 판단에 근거하였다.

둘째, 아동의 읽기 능력은 만 9세 이후에 완전히 발달된다는 연구(Brown, et al., 1977)와 상위인지는 9세경부터 출현한다는 연구(Robinson, 1983)에 기초하였다.

2. 측정도구

1) 자기조절학습 검사

자기조절학습 검사는 정미경(1999)이 사용한 질문지를 초등학교 5, 6학년에 맞게 수정하여 사용하였다. 이 검사는 '매우 그렇다'의 5점에서부터 '전혀 그렇지 않다'의 1점에 이르기까지 5단계로 이루어진 리커트식 척도로서 전체 88문항으로 구성되어 있다. 자기조절학습 검사의 구성요인별 문항 수와 Cronbach α계수는 〈표 2-3〉과 같다.

<표 2-3> 자기조절학습 검사의 신뢰도 분석

하위 검사명		문항 수	α계수	전체 문항 수	전체 α계수
동 기	자기효능감	9	.92	23	.86
	내재적 가치	9	.86		
	시험 불안	5	.63		
상위인지	계 획	12	.90	32	.93
	조 절	10	.63		
	점 검	10	.85		

하위 검사명			문항 수	α계수	전체 문항 수	전체 α계수
학습 전략	인지 전략	시연	5	.83	17	.90
		정교화	7	.70		
		조직화	5	.81		
	자원 관리 전략	시간과 공부관리	5	.78	16	.87
		공부환경관리	3	.57		
		노력관리	4	.63		
		조력추구적 행동	4	.71		

2) 학업성취 검사

읽기와 쓰기 학업성취 검사는 한국교육과정평가원에서 2001년도 실시된 초등학교 국어 학업성취도 평가 문항과 국어 읽기 진단·배치검사 문항을 중심으로 구성되었다. 학년별 읽기와 쓰기 검사는 각 학년 학습 목표의 기준에 의해 구성되었고, 초등학교 5, 6학년 교사 2명에 의해 내용타당도가 검토되었다. 전체 문항은 20문항이고, A형과 B형의 두 가지 동형검사를 사전검사 혹은 사후검사에 사용하였다. 문항 유형은 선택형과 주관식(단답형, 완성형) 문항이 혼합 구성되어 있으며, 별도의 답안지 없이 검사지의 각 문항 답란에 직접 답을 기입하도록 되어 있다.

3. 연구절차

본 연구를 위한 실험은 2001년 9월 3일부터 2001년 10월 12일까지 실시되었다. 5, 6학년 실험집단과 통제집단 간의 사전 성취 수준에 유의한 차가 있는지를 알아보기 위하여 8월 30일에 자기조절학습 검사, 읽기 검사(A형), 쓰기 검사(A형)가 실시되었다. 이후 5주에 걸쳐 5, 6학년 실험집단에 자기조절학습 훈련을 적용하고, 10월 둘째 주에 자기조절학습 검사, 읽기 검사(B형), 쓰기 검사(B형)를 실시하였다. 즉 본 연구에서 이용한 실험설계 방법은 이질 통제집단 전·후 검사 설계 방법이었다.

O_1	X	O_3
O_2		O_4

O_1, O_2: 실험집단과 통제집단 사전검사
O_3, O_4: 실험집단과 통제집단 사후검사
X: 실험처치(자기조절학습 프로그램 적용)

본 연구에서 투입한 초등학교 5, 6학년 읽기, 쓰기 지도를 위한 자기조절학습 훈련 프로그램의 체제는 Bandura의 사회학습이론에 근거하여 실시된 선행연구 결과를 토대로 Zimmerman과 Martinez-Pons(1986, 1988)가 제시한 자기조절학습전략을 근거로 본 연구자가 초등학교 5, 6학년에게 적용 가능하도록 개발한 것으로 그 내용은 다음 〈표 2-4〉와 같다.

<표 2-4> 자기조절학습 훈련 프로그램(초등학교 5학년용)

자기조절학습 훈련 프로그램이란 어린이 여러분들이 가정이나 학교에서 스스로 공부할 수 있는 방법을 익힐 수 있도록 하기 위한 것입니다. 선생님께서 요구하는 대로 여러분이 끝까지 최선을 다해서 이 프로그램에 참여하면 여러분 스스로의 공부 방법을 효과적으로 바꾸어 국어 교과의 읽기·쓰기 능력을 향상시키는 데에 큰 도움이 될 것입니다.

우선 선생님과 함께 본 프로그램에 대해 알아보도록 하겠습니다. 하나씩 설명할 테니 잘 듣고, 어린이 여러분이 가정이나 학교에서 공부할 때 반드시 실천하도록 합시다.

1) 동기 조절 전략: 학습목표와 학습계획 세우기

학습목표 세우기란 공부를 시작하기에 앞서서 오늘 무슨 내용을 공부할 것인지 정하는 것을 말합니다. 그리고 학습계획 세우기는 어린이 여러분이 세운 학습목표를 달성하기 위해 어떻게 공부할 것인지 시간에 따라 정확하게 계획하는 것을 말합니다.

2) 인지 조절 전략: 정교화 전략, 읽기 전략, 쓰기 전략

정교화는 이야기를 읽을 때, 머릿속에 그림을 그리거나, 자기가 잘 알고 있는 것에 읽은 내용을 연결하며 읽으면 이야기 내용을 더 잘 기억할 수 있고, 또 이해도 깊게 할 수 있는 것을 말합니다.

읽기 전략이란 독서를 할 때 그냥 무조건 처음부터 끝까지 읽기보다는 글을 읽기 전, 읽는 동안, 읽기 후에 하는 활동을 연습하며 읽는 방법을 말합니다.

쓰기 전략이란 글쓰기를 할 때 무조건 쓰기보다는 쓰기 전에 글에 쓰일 소재를 풍부하게 해 주고 글을 쓰기 위한 동기를 유발시켜 주며 글 쓰는 중에 글을 다듬고, 쓴 후에 평가하는 것을 말합니다.

3) 행동 조절 전략: 좋은 학습 환경 만들기

좋은 학습 환경 만들기란 공부 습관이 좋지 않은 학생들을 위해 공부 습관을 바꾸어 주는 활동을 제공하는 것입니다.

4) 자기조절학습 기록장 쓰기

자기조절학습 기록장이란 읽기, 쓰기 과제 중 내가 달성할 수 있는 목표를 세우고, 목표를 이루기 위한 학습계획, 학습내용, 학습방법, 자기평가 방법, 자기평가 내용, 자기평가 결과를 간단히 기록하는 것입니다 (자기조절학습 기록장은 한 달 동안 매일매일 정리하도록 하였다).

* 자기조절학습 훈련 프로그램의 학년별 구조는 같지만, 각 차원별 지문의 내용 수준에는 차이가 있음.

4. 자료처리

연구문제를 검증하기 위해 학년별(5, 6학년)로 세 가지 검사 점수를 사전 사후검사의 평균 차를 비교하였다. 이를 위해 수집된 자료는 SPSS WIN 10.0의 paired samples t-test와 공변량 분석(ANCOVA)을 사용하였다.

제 4 장
연구결과

1. 읽기, 쓰기에 미치는 영향 비교

자기조절학습 훈련이 초등학교 5학년의 읽기, 쓰기에 미치는 영향을 비교하였을 때 〈표 2-5〉에 제시된 바와 같이 읽기 성취검사 점수에서 5학년 실험집단의 아동들은 통계적으로 유의한 수준에서 향상되었다 $(F(1,\ 60)=5.148,\ p<.05)$. 그러나 쓰기 성취검사 점수를 분석한 결과 5학년의 경우 실험집단과 통제집단 간에 유의한 차이가 없었다 $(F(1,\ 60)=2.827,\ p>.05)$.

<표 2-5> 초등학교 5학년의 읽기, 쓰기에 관한 공변량 분석

검사 \ 집단		실험 집단		통제 집단	
		평균	SD	평균	SD
읽기	사전 읽기	14.85	2.59	14.64	3.14
	사후 읽기	17.82	1.65	16.29	3.75
쓰기	사전 쓰기	13.97	3.77	14.32	4.42
	사후 쓰기	14.88	2.96	14.07	3.77

자기조절학습 훈련이 초등학교 6학년의 읽기, 쓰기에 미치는 영향을 비교하였을 때 〈표 2-6〉에 제시된 바와 같이 읽기 성취검사 점수에

서 6학년 실험집단의 아동들은 통계적으로 유의한 수준에서 향상되지 않았으나 〔F(1, 64)=3.253, p〉.05〕, 평균 점수에서는 통제집단에 비해 실험집단이 향상되었음을 확인할 수 있었다. 쓰기 성취검사 점수를 분석한 결과에서도 6학년의 경우 실험집단과 통제집단 간에 통계적으로 유의한 차이가 나타나지 않았다 〔F(1, 64)=0.011, p〉.05〕.

<표 2-6> 초등학교 6학년의 읽기, 쓰기에 관한 공변량 분석

검사 \ 집단		실험 집단		통제 집단	
		평균	SD	평균	SD
읽기	사전 읽기	14.27	3.64	14.72	2.76
	사후 읽기	17.88	2.07	17.31	2.05
쓰기	사전 쓰기	14.88	5.05	14.87	3.34
	사후 쓰기	15.73	4.75	15.66	3.14

2. 자기조절학습에 미치는 영향 비교

자기조절학습 훈련이 초등학교 5, 6학년 아동들의 자기조절학습 능력의 증진에 효과가 있는지를 검증하였다. 실험집단과 통제집단의 자기조절학습 하위 검사의 사전-사후검사 점수의 t검증 결과를 학년별로 제시하면 다음 〈표 2-7〉, 〈표 2-8〉과 같다.

먼저 초등학교 5학년의 경우 〈표 2-7〉에서 보는 바와 같이 사후, 사전 평균점수의 차이에서 실험집단 총 평균이 통제집단 총 평균보다 통계적으로 유의한 차이를 보이고 있다. 또한 자기조절학습의 하위 구성요인 중 자기효능감, 조절, 점검, 시연, 정교화, 조직화, 공부환경 관리, 노력관리에서 실험집단은 통계적으로 유의한 차이를 나타내고 있다. 이로써 자기조절학습 프로그램 적용이 학습자의 자기조절학습 능력을 향상시킨다는 것을 확인할 수 있다.

<표 2-7> 초등학교 5학년 집단별 사전, 사후 자기조절학습 검사 점수의 t검증

n=61

하위 검사명			검사	실험집단			통제집단		
				M	SD	t	M	SD	t
동 기		자기효능감	사전	26.57	5.85	-2.51*	25.82	8.03	-.97
			사후	28.48	6.09		27.00	8.65	
		내재적 가치	사전	29.33	4.74	-1.69	31.89	7.47	.19
			사후	30.72	4.25		31.67	7.16	
		시험 불안	사전	11.48	3.35	.17	9.50	3.37	.16
			사후	11.33	3.79		9.35	3.74	
상위인지		계획	사전	35.75	6.93	-1.82	35.89	10.25	.56
			사후	37.87	6.34		35.03	11.04	
		조절	사전	28.96	3.99	-3.43*	29.25	5.81	-.64
			사후	31.93	3.76		29.71	6.07	
		점검	사전	30.39	5.84	-2.42*	32.03	7.63	.13
			사후	32.72	5.11		31.46	9.50	
학 습 전 략	인지 전략	시연	사전	13.66	3.92	-2.44*	13.25	4.15	.31
			사후	15.03	3.71		13.03	4.46	
		정교화	사전	20.03	4.05	-3.27**	19.89	4.81	-.97
			사후	21.54	3.51		20.57	5.45	
		조직화	사전	12.87	2.86	-3.49**	12.78	3.78	-.91
			사후	14.51	3.36		13.21	4.28	
	자원 관리 전략	시간과 공부관리	사전	13.27	3.20	-.10	13.64	4.15	1.15
			사후	13.33	3.05		12.96	4.56	
		공부환경 관리	사전	8.09	2.45	-3.17**	8.03	2.61	-.40
			사후	9.51	2.55		8.25	2.60	
		노력관리	사전	12.84	2.82	-2.58*	14.14	3.18	1.46
			사후	14.36	3.46		13.42	3.77	
		조력추구적 행동	사전	11.78	2.55	-1.95	12.21	3.60	1.46
			사후	12.75	2.72		11.35	3.77	
검사 전체			사전	255.09	32.69	-5.34**	258.35	54.61	.18
			사후	274.15	33.17		257.07	62.29	

* p<.05　　** p<.01

<표 2-8> 초등학교 6학년 집단별 사전, 사후 자기조절학습
검사점수의 t검증

n=65

하위 검사명		검사	실험집단			통제집단		
			M	SD	t	M	SD	t
동 기	자기효능감	사전	25.33	7.29	-.97	26.15	7.01	-2.34
		사후	26.54	8.03		27.34	7.20	
	내재적 가치	사전	31.51	9.17	.64	31.25	6.01	1.06
		사후	30.36	8.84		30.09	7.14	
	시험 불안	사전	11.75	4.50	2.95*	11.09	2.79	1.54
		사후	9.87	3.70		10.12	4.35	
상위인지	계획	사전	34.30	9.99	-.77	33.93	9.41	-1.60
		사후	35.81	11.96		35.59	8.70	
	조절	사전	29.36	5.71	.02	31.28	5.29	-.50
		사후	29.33	7.28		32.12	5.45	
	점검	사전	30.63	7.39	.77	31.75	6.91	-.81
		사후	29.57	9.52		33.18	7.98	
학습전략	인지전략 · 시연	사전	12.30	4.77	-.61	13.40	3.99	-.46
		사후	12.81	4.52		13.71	4.56	
	인지전략 · 정교화	사전	20.09	5.93	.56	20.84	4.31	-1.54
		사후	19.45	6.20		21.81	4.61	
	인지전략 · 조직화	사전	13.69	4.74	.03	12.96	3.72	-.53
		사후	13.66	5.35		13.31	4.39	
	자원학습관리전략 · 시간과 공부관리	사전	12.09	4.41	.05	12.71	3.99	.04
		사후	12.06	5.08		12.68	3.45	
	자원학습관리전략 · 공부환경 관리	사전	8.06	3.10	-.55	8.28	3.41	.61
		사후	8.33	3.24		8.00	2.92	
	자원학습관리전략 · 노력관리	사전	12.69	3.45	-2.00	14.56	3.07	-.36
		사후	13.66	4.21		14.68	3.37	
	자원학습관리전략 · 조력추구적 행동	사전	12.06	3.61	.67	11.75	3.13	-.58
		사후	11.69	3.95		12.06	3.12	
검사 전체		사전	253.90	55.36	.08	260.00	48.26	-1.17
		사후	253.21	66.65		264.75	49.11	

* p<.05　　** p<.01

다음으로 초등학교 6학년의 경우 〈표 2-8〉에서 보는 바와 같이 사전, 사후 평균 점수의 차이에서 실험집단, 통제집단 모두 총 평균에서 통계적으로 유의한 차이가 나타나지 않았다. 그러나 자기조절학습의 하위 구성요인 중 시험불안에서 실험집단은 통계적으로 의미 있게 감소하고 있음을 알 수 있다. 이로써 자기조절학습 프로그램 적용이 학습자의 자기조절학습 능력 중에서 학업성취의 방해 요인에 해당하는 시험불안을 감소시킨다는 것을 알 수 있다.

제 5 장
논의 및 결론

　본 연구는 초등 아동의 발달 수준에 적합한 자기조절학습 훈련 프로그램을 개발하고, 이 훈련 프로그램을 읽기, 쓰기에 적용하여 아동의 자기조절학습 및 학업성취에 미치는 효과를 밝히는 데 그 목적을 두었다. 연구문제를 중심으로 나타난 결과들을 선행연구들과 관련지어 논의하면 다음과 같다.

　첫째, 자기조절학습 훈련이 초등학교 아동의 읽기, 쓰기 성취에 통계적으로 유의한 영향을 미칠 것이라는 연구문제는 부분적으로 긍정되었다. 실험집단의 5학년 아동들은 통제집단의 아동들보다도 읽기 성취가 향상되었다. 이러한 결과는 자기조절학습과 학업성취와 유의한 관계가 있음을 밝힌 대부분의 선행연구 결과들과 일치되는 것이다(Pintrich & De Groot, 1990; Zimmerman, 1989; Zimmerman & Martinez-Pons, 1990; 정미경, 1999). 그러나 실험집단 5학년의 쓰기 성취와 6학년의 읽기, 쓰기 성취에는 통계적으로 유의한 영향을 미치지 못하였다. 이는 기대 밖의 결과로서 두 가지 문제를 유추해 볼 수 있다.

　먼저, 자기조절학습 훈련 프로그램을 적용하는 기간의 문제를 생각해 볼 수 있다. 본 연구에서 프로그램을 적용하는 기간이 5주 정도에 불과했기 때문에 이 기간 동안에 읽기, 쓰기의 학업성취를 향상시키기에는 부족했다고 판단된다. 이런 결과는 프로그램의 적용 기간이 3주 정도에 불과해서 인지적 능력을 향상시키지 못했음을 지적한 이신동 (1999)의 연구결과와 대체로 일치하고 있다. 자기조절학습은 다변인 복합체로서 각 구성요인의 발달 시기가 다르고 학습 환경과 학습자 태도에 의해 크게 영향받기 때문에 후속 연구에서는 자기조절학습의 구성요인별 발달 시기를 고려해서 훈련 기간을 설정하도록 해야겠다. 다음으로 본 연구의 측정도구인 읽기, 쓰기 성취검사들이 자기조절학습전략의 활용을 잘 대변해 주는 검사가 아니라 읽기와 쓰기 능력을 측정하기 위해 제작된 학업성취 검사라는 점이다. 그러므로 자기조절학습 훈련의 효과를 검증하기 위한 읽기, 쓰기 검사를 후속 연구에서 개발할 필요성이 제기된다.

둘째, 자기조절학습 훈련 프로그램을 적용한 집단은 통제집단에 비하여 자기조절학습 능력이 의미 있게 높을 것이라는 예상은 긍정되었다. 특히 5학년 실험집단의 경우, 동기 요인 중 자기효능감, 상위인지의 조절과 점검, 학습전략의 시연, 정교화, 조직화, 공부환경관리, 노력관리가 통계적으로 유의한 차이가 있는 것으로 나타났다. 이는 동기의 하위 요인들 중 아동의 학업성취를 가장 많이 설명해 주는 요인은 자기효능감이라는 선행연구 결과들(Pajares, 1996; Schunk, 1984; Zimmerman & Martinez-Pons, 1988; 정미경, 1999)과 같은 결과이다. 또한 상위인지와 동기 수준이 높은 아동의 학업성취가 높고(Bandura & Schunk, 1981; McCombs, 1986; Pintrich, 1989; Zimmerman & Matinez-Pons, 1990), 시연, 조직화, 정교화와 같은 인지적 학습전략과 시간과 공부관리, 공부환경관리, 노력관리를 사용하여 학습자료를 기억, 조직, 변형함으로써 학습하려고 애쓰는 학생들은 이런 전략을 사용하지 않는 학생들보다 학업성취가 높다는 선행연구 결과들(김영채, 1990; 김영상,

1992, 정정옥, 1995; Corno & Mandinach, 1983; Weinstein & Mayer, 1986)을 지지하는 결과라고 하겠다. 이를 통해 자신의 능력에 대한 기대가 크고 신념이 강할수록 학업성취 수준이 높아진다는 사실이 재확인되었다.

또한 6학년 실험집단의 경우 동기 요인 중 시험불안에서 유의미하게 감소된 것으로 나타났다. 그러나 다른 하위 요인에서 의미 있는 차이를 발견하기가 어려웠다. 이를 통해 자기조절학습이란 변인의 성격이 다양하고 학교의 학습형태와 과제제시 및 그 해결형태에 따라 각각의 구인이 상호작용해서 나타나는 결과(정미경, 1999)이고, 학습을 통하여 자기조절학습 능력이 발달할 수 있다(Armstrong, 1989)는 선행 연구결과들을 재확인할 수 있었다. 이상의 연구결과에 비추어 학습자의 자기조절학습 능력은 계획적인 자기조절학습 훈련에 의하여 향상된다는 결론을 내릴 수 있다.

본 연구의 이론적, 실제적 가치를 간단히 기술하면 다음과 같다.

첫째, 학습자 중심의 교수·학습을 전개한다는 점에서 2000년부터 초등학교에 적용하고 있는 7차 교육과정의 강조점과 직접 관련성을 맺게 된다. 즉 학습자를 중심에 놓고, 개인차를 고려하여 각 개인에게 좀 더 적절한 교육적 경험을 제공해 보자는 것이다. 이는 현재 학교교육에서 강조하고 있는 학습자 중심 학습활동, '자율적', '논리적', '창의적' 학습활동을 위해 반드시 자기조절학습의 교육이 필요하다는 점을 제시했다고 볼 수 있다. 또한 학습자를 수동적인 반응자로 보지 않고 학습의 능동적인 참여자로서 교수·학습의 성패를 좌우하는 핵심 요인으로 간주할 뿐만 아니라, 이와 같은 학습자에 대한 신뢰를 바탕으로 교사 주도가 아닌, 학생 주도의 학습을 전개시킴으로써 학습 효과를 극대화할 수 있는 토대를 마련해 줄 수 있을 것이다. 학습자들은 스스로 선택할 수 있는 기회가 많을 때, 그 활동에 대해 흥미를 느끼고 더 적극적으로 참여하게 되며 학습의 책임을 스스로 지게 된다는 점을 분명히 제시해 준다는 점에서 의의를 찾을 수 있다.

둘째, 자기조절학습 훈련 프로그램은 교육 현장의 요구를 실제적으로 반영하고 있다. 최근에 들어와 읽기, 쓰기, 말하기·듣기 분야의 연구에서 전략에 대한 논의가 활발히 이루어지고 있는데, 이와 맥을 같이하여 언어사용 능력을 효과적으로 함양하기 위한 훈련 프로그램의 개발이 이루어질 수 있다는 점에서 실제적인 의의를 찾을 수 있다.

제 3 부

초등학생용 자기조절학습
검사의 표준화

제 1 장
서 론

최근 초등교육에서는 다가오는 다원화, 전문화, 정보화 사회에 대비한 학습자의 자기주도적 학습력 향상에 관심이 집중되고 있다. 자기주도적 학습에서는 학습의 주도권이 학습자에게 있으며, 그들에 의해 학습이 결정되고, 그들 스스로 학습결과에 대해 책임을 진다. 이 과정에서 학습자들은 교실에서 제시된 정보를 획득하고, 반응하며, 조직하는 다양한 전략들을 사용할 수 있어야 한다. 학습자는 더 이상 지식의 수동적 수용자가 아니라 능동적 생산자, 해석자가 되어야 한다. 즉 자기조절학습을 효과적으로 활용하는 능력을 함양해야 한다.

자기조절학습은 교육적 관점에서 훈련과 조작이 가능하며, 어떤 면에서는 수업 조작효과보다 더 큰 효과를 얻을 수 있는 학업성취 예언변인이다. 즉 학업성취 수준이 높은 학생은 자신의 능력에 대한 신념이 강하고 학습에 대한 흥미가 많다. 또한 상위인지 수준이 높고 시연, 조직화, 정교화와 같은 인지적 학습전략을 효율적으로 활용하며 학습을 방해하는 많은 주의 산만 요인을 잘 통제하면서 자신의 본래 학습 의도를 지속적으로 유지하여 학습목적을 달성하고자 노력하며, 자신의 시간과 공부관리를 잘하는 경향이 있다(Pintrich & De Groot, 1990; Zimmerman, 1989; Zimmerman & Martinez-Pons, 1990; 정미경, 1999). 따라서 학업성취의 극대화를 위해서는 자기조절학습을 교수·학습 과정에 반영하여 교육할 필요가 있음을 시사하고 있다.

현재 학교교육에서 학습자를 수동적인 반응자로 보지 않고 학습의 능동적인 참여자로서 교수·학습의 성패를 좌우하는 핵심 요인으로 간주함에 따라 수업 중에 무엇을 어떻게 해야 할지 고민하는 학생들이 많다. 그러므로 학습자들이 언제, 어디서, 어떻게 자기조절학습을 사용하고, 과제 해결을 위해 각각의 구성요인들을 어떻게 변형할 수 있을 것인가에 관한 정보 제공의 역할을 수행할 필요가 있다. 따라서 자기조절학습의 구인을 명확히 하고 이를 충실히 측정할 수 있는 기본적인 틀과 측정 도구를 개발하는 것이 필요하다.

그런데 자기조절학습의 측정 문제는 항상 논란의 대상이 되어 오고 있다. 이는 자기조절학습의 개념이 먼저 이론적으로 정립된 것이 아니라, 광범위한 교육의 장에서 경험을 기초로 도출된 개념이기 때문이다. 다면적인 구인으로 이루어진 자기조절학습의 측정을 위해서는 그것을 사용하는 학습자의 동기적 특성, 인지적 특성, 그것이 적용되는 학습의 형태, 내용, 그리고 그것이 일어나는 환경적 변인 등을 함께 고려해야 한다. 이처럼 모든 학습자에게 똑같은 수준의 검사 도구를 제공한다는 것이 어렵다는 것을 많은 경험적 연구들이 시사하고 있다 (박승호, 1995; 정미경, 1999; 양명희, 2000). 따라서 자기조절학습의 측정 도구는 학습자의 발달 시기별 특성을 고려해서 개발되어야 할 필요가 있다.

학교 교육의 목적이 학습자의 부족한 특성을 찾아내어, 이를 개선할 수 있도록 도와주는 것이라고 볼 때 한국적 문화와 환경에 적절하고, 학습자의 특성을 고려한 자기조절학습 검사의 개발은 학습자의 교수·학습 과정의 진단, 이해 및 배치를 위해 다각도로 활용될 수 있을 것이다.

　이상과 같은 문제의식과 필요성에 따라 본 연구에서는 한국적 문화와 환경에 적절하며, 학생들의 자기조절학습의 개발을 촉진하고 자기조절학습의 연구에 시사를 줄 수 있는 자기조절학습 검사의 개발이 시급하다고 보고 자기조절학습의 발달 초기에 해당하는 초등학교 고학년을 대상으로 자기조절학습 검사를 개발하고 표준화를 시도하고자 한다.

제 2 장
이론적 고찰

　1980년대에 들어서면서부터 학습에 있어서 자기조절학습의 효율성에 관한 연구가 활발히 진행되고 있으나, 개념이나 구성요인에 대해서는 이론적인 기반과 관점이 상이하여 의견을 달리하고 있다. 자기조절학습은 먼저 이론적으로 개념화되기보다는 광범위한 교육 현장에서의 경험을 기초로 도출된 개념이다. 따라서 '자기 스스로 학습을 선택하고 실행하는 것'이라는 포괄적인 의미에서 자기조절학습을 지칭하는 용어는 매우 다양하다. 흔히 사용하는 사람에 따라 '자기조절학습'이나, '자기조절적 인지능력(self-regulated cognition)'이라고도 하며, 종종 '자기조절학습 전략(self-regulated learning strategies)'과 혼용하여 사용하는 경우도 있다. 또한 교육 실천 장면에서 사용되는 자기 계획적 학습(self-planned learning), 독립적 학습(independent learning), 자기교수(self-instruction), 자기주도학습(self-directed learning) 등의 용어와도 엄밀히 구분 짓기 어렵다.

　이처럼 자기조절학습의 개념화와 측정 문제는 항상 논란의 대상이 되어 오고 있다. 이것은 아직 자기조절학습이라는 개념과 구성요인이 지능만큼 명료하지 않기 때문이다. 이러한 한계에도 불구하고 자기조절학습의 측정 도구를 개발하려는 연구가 국내·외에서 다양하게 이루어져 왔는데, 이에 대한 분석을 통해 자기조절학습 검사의 구성요인을 규정하는 토대를 마련할 수 있다.

먼저, Zimmerman과 Martinez-Pons(1986)의 SRLIS(Self-Regulated Learning Interview Schedule)와 Weinstein, Schulte와 Palmer(1987)의 LASSI(Learning and Study Strategies Inventory)는 학습전략의 사용이라는 측면에서 개발된 도구이다.

Zimmerman과 Martinez-Pons(1986)는 자기조절학습이란 상위인지적, 동기적, 행동적으로 적극적으로 학습에 참여하는 과정이라고 정의하였다. 이에 기초해서 개발한 자기조절학습 면접표(SRLIS)는 학교 안팎의 여러 상황에서 학습 방법을 묻는 면접 형식의 측정 도구로서, 학생들이 사용하는 자기조절학습전략을 자기평가, 조직과 변형, 목표 설정과 계획, 정보 탐색, 계속적인 기록과 점검, 환경의 구조화, 자기 강화, 시연과 기억, 친구·교사·성인으로부터 사회적 도움 구하기, 시험지·노트·교과서 자료 검토의 14개로 나누고 있다. 그들은 후속 연구(1988)에서 고등학생을 대상으로 타당화 검증을 실시하였고, 교사의 평정도 함께 병행하였다. 연구 결과 교사 평정은 학생들의 면접 결과와 높은 상관을 이루는 것으로 나타났다. 이 연구는 학습전략의 사용이라는 변인이 객관적으로 측정 가능함을 보여주었다는 데서 의의를 찾을 수 있다.

다음으로 Weinstein, Schulte와 Palmer(1987)는 학업성취에 영향을 미치는 학습자들의 사고과정과 행동을 평가하기 위한 진단적이고 처방적인 목적하에 학습전략 검사(LASSI)를 개발하였다. 이 검사는 10개 하위 척도에 76개 문항으로 이루어져 있는데 자기조절학습의 여러 측면들이 포함되어 있어서 본검사 개발의 시사를 얻을 수 있다. 각 문항은 5점 척도로 이루어져 있으며, 검사의 내용은 학습 태도, 학습 동기, 학습 불안, 주의 집중, 정보 처리, 중심 주제 찾기, 학습 보조, 시간 관리, 시험 전략, 자기점검을 포함하였다.

둘째, Pintrich와 De Groot(1990)에 의해 개발된 MSLQ(Motivated Strategies for Learning Questionnaire)는 인지적 관점에 기초하였다. 자기조절학습의 구성요인으로 인지 전략의 사용, 상위인지 전략의 사용, 노력의 관리와 통제를 선정하였으나, 무엇보다도 이들 구성요인을 사용하도록 동기화되는 것이 중요함을 강조하였다. 이를 기초로 개발된 학습 동기화 전략 검사(MSLQ)는 적극적인 정보 처리자로서 학습자를 가정하고, 대학생들을 대상으로 동기적 특성과 자기조절학습과의 관련성에 대한 집중적인 탐구를 수행하였다. 따라서 56개 문항을 개발하여 44개의 문항을 사용할 수 있는 문항이라 보았으며, 이들 문항을 요인분석하여 동기적 신념과 자기조절학습전략으로 구분하고 동기적 신념 속에 자기효능감, 내재적 가치, 시험불안을 포함시키고, 자기규제학습 전략 속에는 인지 전략 사용, 자기조절을 포함시켰다.

셋째, Linder와 Harris(1992)의 SRLI(Self-Regulated Learning Inventory)와 Baumert, Fend, O'Neil과 Peschar(1998)의 SDL(Self-directed learning Competency)의 경우는 인지와 동기의 통합적인 관점에 기초하여 개발된 측정 도구이다.

먼저, Linder와 Harris(1992)는 문헌 분석을 통해 자기조절학습의 구성요인을 체계적으로 탐색하고 상위인지, 학습전략, 동기, 상황적 민감성, 환경 이용과 통제의 5개 차원의 71개 문항으로 이루어진 자기조절학습 검사(SRLI)를 개발하였다. 이 검사에서 상위인지는 인지 조절, 인지에 대한 지식, 자기 반성적 인식을 말하고, 학습전략이란 성공적인 학습 촉진을 위해 계획 조직하기, 학습 목표 달성을 위해 기술 세분하기, 학문적인 목표를 달성하기 위한 절차를 의미한다. 또한 동기

란 노력과 결과의 관계 인식하기, 성취감·능력감, 학습 욕구를 의미
하고, 상황적 민감성이란 과제 요구를 측정하는 능력, 과제 요구를 조
정하는 능력, 학습 과제와 평가 사이의 관계를 판단하는 능력을 말하
며, 환경 이용과 통제란 도움 구하기, 계획하기, 학습 환경 만들기를
의미한다.

그러나 최근 후속 연구(1996)에서 그들이 만든 자기조절학습 검사
의 구성요인을 요인분석 방법을 통해 문항 분석한 후 SRLI 개정판
(Self-Regulated Learning Inventory)을 내놓았다. 이 검사는 집행적
처리 과정, 인지적 처리 과정, 동기, 환경 이용과 통제의 4개 차원의
80개 문항으로 이루어져 있다.

다음으로 Baumert, Fend, O'Neil과 Peschar(1998)는 자기주도적 학
습 능력을 개인적 특성을 가진 측면과 교수·학습적 맥락에서 개발되
고 발달될 수 있는 측면을 모두 포함한 것으로 가정하고 자기주도적
학습(self-directed learning) 능력을 측정하기 위한 척도인 자기주도
학습 능력 검사(SDL)를 개발하였다.

이들이 제안한 자기주도학습 능력의 영역은 학습에 대한 자기 자신
의 능력, 그리고 잠재력에 대한 인식이다. 즉 자기주도적 학습 능력을
학습전략, 동기 유발, 목표 지향성, 자아개념, 행동 통제 전략, 사회적
능력, 그리고 학습에 대한 잠재력의 일곱 개 차원으로 구성된 다면적
구인(multidimensional construct)으로 가정하고 척도를 개발하였다.
자기주도학습 능력 검사는 자기주도학습 능력의 7개 차원과 각 차원
내의 세부 영역 23개에 대한 문항 총 112개를 포함하고 있으며, 4점
척도를 이용하여 응답하도록 하였다.

여기서 학습전략은 학습자가 정보를 얼마나 심도 있게, 그리고 체계
적으로 처리하는가를 결정하는 요인으로 암기 전략, 상세화 전략, 통

제 전략을 포함한다. 동기 유발은 자기주도적 학습 능력을 발달시키기 위해 필요한 영역이며, 강제에 의한 동기 유발, 경쟁 심리를 통한 동기 유발, 흥미를 통한 동기 유발 등의 세부 영역으로 나뉜다. 목표 지향성은 동기 유발과 밀접하게 연관된 개념으로 학교 공부와 향후의 인생 계획을 연결시키는 고리의 역할을 하는 것으로 알려져 있다. 학습과 관련된 목표 지향성의 유형은 과제 중심의 목표 지향성과 자아 중심의 목표 지향성으로 구성된다. 자아개념은 자신감, 자율성, 자기효능감 등에 대한 과거의 경험과 매우 밀접한 관련을 갖는다. 자아 인식은 노력의 결과에 대한 예상, 자신의 능력에 대한 평가, 자신의 통제 능력에 대한 확신, 자기효능감, 언어와 수학 능력에 대한 자아개념, 학과 성적에 대한 자아개념, 일반적인 자아개념 등의 세부 영역으로 구체화되었다. 마지막으로 노력과 끈기를 통한 행동 통제 전략은 실생활에서의 성공과 가장 밀접하게 관련되어 있는 요인으로 알려져 있다. 학습자 개인이 경주하는 노력과 끈기의 정도는 학습 전반과 구체적인 교과 상황에 따라 달라지므로 이들 영역을 구분하였다. 사회적 능력에 대한 자기평가 영역에서는 협력적 학습과 경쟁적 학습 상황의 두 개 세부 영역으로 나누었다.

한국에서는 최진승과 손종식(1993)이 개발한 학습 동기화 전략 설문지가 있다. 이는 초등학교, 중학교, 고등학교에서 사용할 수 있는 자기규제 학습 정도를 측정할 수 있는 척도를 개발하기 위한 것으로 자기효능감, 내재적 가치, 시험불안, 인지방략 사용, 자기규제의 5개 구성요인의 90개 문항으로 개발되어 있다. 이 검사는 Pintrich와 De Groot(1990)가 제작한 학습 동기화 전략 검사를 기초한 것으로 인지적 관점에 기초하고 있다고 볼 수 있다.

또한 양명희(2000)는 자기조절학습을 인지 조절, 동기 조절, 행동

조절이라는 가상적인 세 차원으로 가정하고 8개 하위 구성요인의 84 문항으로 이루어진 검사를 개발하고 있다. 즉 8개 하위 구성요인은 인지 전략의 사용, 상위인지 전략의 사용, 숙달 목적 지향성, 자아효능감, 성취 가치, 행동 통제, 도움 구하기, 학업 시간의 관리이며, 고등학생의 학습 방법을 측정한다는 점에서 검사 실시 연령에 제한이 있다.

이와 같이 자기조절학습의 중요한 구성요인을 확인하는 것은 자기조절학습 개념의 다양성에서 비롯되는 모호성을 해소하고 자기조절학습 검사 도구를 제작하는 데 있어서 매우 중요한 필수 과정이다.

자기조절학습을 개념화하기 위해서 가장 필요한 것은 자기조절학습의 구성요인에 대한 합의를 도출하는 것이다. 앞서 선행 연구를 통해 살펴본 바와 같이 자기조절학습의 구성요인은 학자들의 관심에 따라 강조점이 다르며, 구성요인 또한 다르게 제시되어 있음을 알 수 있다. 그러나 유사한 개념들을 통합해서 공통적인 개념을 추출해 보면 〈표 3-1〉과 같이 동기 조절, 인지 조절 및 행동 조절의 세 가지 구성요인으로 분류가 가능하다.

따라서 본 연구에서는 개념 고찰 및 선행 연구에서 경험적 연구 방법에 의해 입증된 결과를 근거로 동기 조절, 인지 조절 및 행동 조절의 세 요인을 자기조절학습의 구성요인으로 보고 문항을 개발해서 표준화하고자 한다. 이들 세 요인은 이론적 고찰을 통해서 지적한 것처럼 서로 분리하기 어려운 유기적 관계 속에서 이루어지는 통합적인 학습 과정인 것이다.

<표 3-1> 자기조절학습의 하위 구성요인

개념 요인	자기조절학습
동기 조절	· Bandura(1982): 자기강화 · Garcia와 Pintrich(1993): 학습 목적, 자기 쉐마 · Pintrich(1989): 내적 지향, 과제의 중요성, 성공에 대한 기대 · Sink(1991): 일반적인 자기효능감, 특수적인 자기효능감, 　　　　　　　　내적 동기, 자아존중감, 완성 경향성 · Zimmerman(1986, 1988, 1989): 불안, 자기효능감 · 박승호(1995): 상위동기
인지 조절	· Bandura(1982): 계획, 자기평가, 자기조절 · Linder와 Harris(1996): 집행적 처리과정 · Sink(1991): 학습과 수행에 대한 상위인지적 통제 · Zimmerman(1989): 자기교수, 자기점검, 자기평가 · Bandura(1982): 문제해결과 의사결정 기술 · Corno(1986): 주의 통제, 환경 통제 · Pintrich(1989): 암송, 정교화, 조직화
행동 조절	· Pintrich(1989): 시간 관리, 환경적 조건 관리, 노력 관리, 　　　　　　　　타인의 조력 추구 · Pintrich와 De Groot(1990): 인지 전략, 자기조절 · Zimmerman과 　Martinez-Pons(1986, 1988): 사회적 지원, 학습 환경의 구조화

제 3 장
연구방법

1. 연구대상

1) 예비검사

예비검사는 개발된 문항들의 질과 유용성을 검증하여 본검사에 사용될 최적의 문항들을 선정하고, 문항의 질을 개선하는 데 필요한 정보를 얻기 위해 본검사 대상 학생보다 적은 수의 학생들에게 현장 적용을 실시하는 것이다. 예비검사에는 2002년 6월 한 달에 걸쳐 서울, 충남 지역의 2개 초등학교에서 316명(남: 167, 여: 149)의 학생들이 참여하였다.

연구대상 아동을 초등학교 고학년인 5, 6학년으로 제한한 이유는 인지적 구성주의자들이 대부분의 아동들은 초등학교 시절에 자기조절을 할 수 있는 능력을 발달시킨다는 가정과 동기적 특질에 있어서의 개인차는 초등학교 5, 6학년 시기에 신뢰롭게 평가할 수 있다는 선행연구(Harter, 1987, 정미경, 1999)에 기초하였다.

2) 본검사

초등학교 고학년용 자기조절학습 검사의 규준 작성을 위한 표집은 2002년 9월 한 달 동안 시도별 학생 수를 기준으로 서울, 부산, 대구, 인천, 강릉, 충주, 군산, 광양, 울진의 9개 지역에서 표집되었다. 총 11개 초등학교에서 1,144명이 무선 표집되었으며, 표집 과정에서 학년별 비율은 같도록 조정하였다. 광역시 이상은 대도시로, 읍·면을 제외한 도시는 중소도시로 구분하였고, 분석에 활용된 학년별 표집 수는 〈표 3-2〉와 같다.

<표 3-2> 본검사 연구대상자의 지역, 학년 및 성별 분포

학년별	성별	대도시	중소도시	읍면	계
5	남	180	87	43	310
5	여	152	88	42	282
6	남	160	89	35	284
6	여	137	92	39	268
계		629	356	159	1,144

2. 자기조절학습 검사의 제작절차

1) 예비검사 문항의 구성

자기조절학습에 대한 각종 논문과 이론서들에 대한 탐색, 자기조절학습 관련 선행 연구에 대한 고찰, 이를 통한 기존의 자기조절학습 관련 검사 문항 수집을 근거로 '동기 조절', '인지 조절', '행동 조절'이라는 세 가지 차원의 하위 검사로 구성된 예비검사문항을 구성하였다. 예비검사 문항은 135개이다.

2) 본검사 문항의 구성

예비검사 문항을 세 가지 하위 차원별로 요인분석을 실시하여 고유치 1 이상을 기준으로 하여 요인으로 추출되지 않은 문항은 삭제하였다. 요인 내 문항 간 신뢰도를 고려하여 최종적으로 타당한 문항을 선별하였다. 이와 같은 절차에 의해 본검사에 선별된 문항은 동기 조절 25개, 인지 조절 30개, 행동 조절 20개의 총 75개로 구성되었다.

3) 검사의 제작 과정과 형태

자기조절학습 검사의 제작 과정은 (1) 문헌연구, (2) 예비검사 문항 선정, (3) 예비검사 질문지 제작, (4) 예비검사 자료 수집, (5) 예비검사 문항 분석, (6) 본검사 문항 선정, (7) 본검사 질문지 제작, (8) 본검사 실시, (9) 양호도 검증 및 검사 완성의 9단계로 체계적인 방법과 절차에 의해 수행되었다.

전체 검사 시간은 초등학생들의 주의 집중 시간을 고려하여 40분 이내로 끝날 수 있도록 하였다. 또한 자기조절학습 검사의 척도는 비교적 제작이 쉽고, 다양한 유형의 심리 측정에 효과적인 자기보고 방식의 5단계 Likert 척도를 사용하였다.

4) 준거타당도

아직 국내에는 자기조절학습과 관련된 표준화 검사가 없기 때문에, 준거타당도를 구하기 위하여 학업성취와의 상관을 구하였다.

3. 분석방법

검사 개발 과정에서 예비검사에 사용된 문항은 자기조절학습의 전 영역을 대표할 수 있는 내용타당도를 가져야 하는 것이 필수적이다. 따라서 수집된 문항을 초등학교 5, 6학년 학생들이 이해할 수 있는 어휘와 내용으로 수정하는 작업, 그리고 최종적으로 초등학교 현장 경험이 풍부한 교사와 교육심리학 전공자 3인으로 구성된 전문가 집단의 논리적 검토 작업을 거쳤다. 이와 같이 어휘나 내용의 적절성을 검토하고 수정하여 검사 문항을 확정하였다. 또한 전체 점수분포를 알기 위해 문항별, 하위검사별 평균값과 표준편차, 하위검사 및 전체검사와의 상관계수를 산출하고, 검사의 구인 타당도를 검증하기 위해 탐색적 요인분석과 확인적 요인분석을 실시하였으며, 검사의 신뢰도를 구하기 위해 전체 검사 도구와 각 요인별 문항 간의 내적일관성 신뢰도 지수인 Cronbach α계수를 산출하였다. 특히 학업성취와의 상관분석을 통해 준거타당도 등이 산출된 후 규준 작성을 위해 백분위를 산출하였다.

이 분석을 위해 Excell과 SPSSWIN 10.0 프로그램을 사용하였다.

제 4 장
연구결과

1. 기초 통계 값

자기조절학습을 측정하는 하위 영역별 평균과 표준편차가 〈표 3-3〉에 나타나 있다.

〈표 3-3〉 요인별 문항 수, 평균, 표준편차

요 인	요인명	문항 수	평 균	표준편차
동기 조절	자기효능감	8	2.9957	.0111
	목표지향성	6	3.4408	.6137
	내재적가치	6	3.7642	.0035
	시험불안	5	3.8950	.0262
인지 조절	인지전략	15	2.6746	.0620
	상위인지전략	13	3.2255	.0164
행동 조절	시간과 공부조절	8	2.7414	.8415
	노력 조절	6	3.1357	.0397
	학습행동 조절	3	3.4241	.0127
계	자기조절학습	70	3.1659	.1139

* 5개 문항(28, 29, 62, 66, 67)은 삭제됨.

2. 구인 타당도 분석

1) 예비검사 문항의 양호도 분석

자기조절학습에 대한 선행연구 분석을 통해 자기조절학습의 구성요인을 동기 조절, 인지 조절, 행동 조절로 가정하였다. 이 가정에 기초하여 135개 문항을 제작하고, 초등학생 316명을 대상으로 예비검사를 실시하였다. 구인타당화를 위해 요인분석을 실시하였는데 주성분분석 방법과 Varimax 회전을 선택하였다. 요인의 수를 결정하기 위하여 고유치 1을 기준으로 하였으며, 측정에 있어서 단일 문항은 단일 차원에만 의미를 주어야 하기 때문에 한 문항의 변량이 두 차원 이상으로 분산된 것은 삭제하고 요인 부하량이 .30 이상인 문항만을 선택하였다. 이렇게 하여 선별된 문항은 75개였다. 검사의 전체 Cronbach α계수는 .751로 양호하였다.

2) 본검사 문항의 양호도 분석

<표 3-4> 동기 조절의 요인행렬

번호	자기효능감	목표지향성	내재적 가치	시험불안	공유변량
1	**.826**	.081	.129	.067	.709
2	**.644**	.240	.242	.185	.565
3	**.805**	.197	.123	.175	.733
4	**.826**	.164	.149	.097	.740
5	**.669**	.271	.251	.069	.588
6	**.727**	.204	.148	.086	.599
7	**.643**	.267	.252	.093	.557
8	**.643**	.286	.158	.185	.554
9	.201	**.720**	.171	.066	.593
10	.060	**.699**	.173	.018	.523
11	.308	**.713**	.129	.047	.622
12	.291	**.716**	.169	.073	.631
13	.098	**.336**	.154	−.118	.160
14	.404	**.540**	.222	.058	.507
15	.292	.281	**.492**	.012	.406
16	.354	.299	**.482**	.172	.477
17	.150	.213	**.695**	.066	.555
18	.150	.144	**.744**	.097	.606
19	.201	.148	**.699**	.034	.551
20	.108	.129	**.739**	.020	.576
21	.248	.048	.077	**.539**	.355
22	.304	−.059	.094	**.464**	.320
23	−.067	.038	−.073	**.744**	.559
24	.139	.015	.080	**.754**	.594
25	.060	.018	.091	**.756**	.584
고유치	8.403	2.230	1.728	1.305	
설명변량	33.611	8.922	6.911	5.221	
누적변량	33.611	42.532	49.444	54.664	

<표 3-5> 인지 조절의 요인행렬

번호	상위인지전략	인지전략	공유변량
26	.216	**.627**	.439
27	.193	**.642**	.449
28	.424	.494	.424
29	.469	.429	.404
30	.288	**.525**	.359
31	.237	**.587**	.401
32	.159	**.698**	.513
33	.160	**.675**	.482
34	−.043	**.573**	.330
35	.301	**.569**	.414
36	.402	**.507**	.418
37	.358	**.554**	.436
38	.335	**.515**	.377
39	.338	**.584**	.456
40	.296	**.585**	.431
41	.236	**.487**	.293
42	**.639**	.177	.440
43	**.652**	.259	.491
44	**.707**	.168	.527
45	**.733**	.205	.579
46	**.464**	.295	.303
47	**.480**	.254	.295
48	**.719**	.191	.553
49	**.757.**	.168	.602
50	.309	**.505**	.351
51	**.475**	.394	.381
52	**.630**	.317	.498
53	**.648**	.214	.466
54	**.670**	.242	.507
55	**.611**	.269	.446
고유치	11.008	2.055	
설명변량	36.694	6.850	
누적변량	36.694	43.544	

<표 3-6> 행동 조절의 요인행렬

번호	시간과 공부 조절	노력조절	학습행동 조절	공유변량
56	**.310**	.149	.173	.148
57	**.712**	.177	.163	.565
58	**.459**	.264	.235	.335
59	**.755**			.581
60	**.662**			.441
61	.333	**.508**	.198	.407
62	.368	.444	.108	.344
63	**.598**	.234	.298	.501
64	**.453**	.319		.307
65	**.590**	.203		.389
66	.457	.411	.158	.403
67	.459	.464	.133	.444
68	.281	**.589**	.179	.457
69	.392	**.467**	.267	.443
70	.293	**.501**	.110	.349
71	−.109	**.738**		.558
72	.134	**.593**	−.158	.395
73	.109		**.718**	.529
74	.120		**.768**	.606
75			**.716**	.521
고유치	5.858	1.649	1.217	
설명변량	29.289	8.247	6.083	
누적변량	29.289	37.536	43.619	

예비검사의 요인분석 결과에 기초하여 자기조절학습 검사의 하위차원별로 확인적 요인분석 방법을 실시하였는데 회전 방법은 Varimax를 선택하였다. 한 문항의 변량이 두 차원 이상으로 분산된 것은 삭제

하고 요인 부하량이 .30 이상인 문항만을 선정하였다. 요인분석 결과
전체 75개 문항 중에서 28번, 29번, 62번, 66번, 67번의 5개 문항은
1~2개 차원에 분산되어서 삭제되었다. 요인분석의 과정을 통해 70개
문항을 최종적으로 선정하였으며 직교회전후의 동기 조절, 인지 조절,
행동 조절의 요인행렬은 〈표 3-4〉, 〈표 3-5〉, 〈표 3-6〉과 같다.

3. 신뢰도

각 문항별로 평균과 표준편차, 문항 제거 후 α계수는 〈표 3-7〉과
같다.

<표 3-7> 본검사의 문항분석 결과

요 인	요인명	문항 수	평 균	표준편차	Cronbach α
동기 조절	자기효능감	8	2.9957	.0111	.9128
	목표지향성	6	3.4408	.6137	.7860
	내재적가치	6	3.7642	.0035	.8042
	시험불안	5	3.8950	.0262	.7047
인지 조절	인지전략	15	2.6746	.0620	.8889
	상위인지전략	13	3.2255	.0164	.9044
행동 조절	시간과 공부조절	8	2.7414	.8415	.7432
	노력 조절	6	3.1357	.0397	.7082
	학습행동 조절	3	3.4241	.0127	.6444
계	자기조절학습	70	3.1659	.1139	.9598

4. 준거타당도

인지와 동기 요인이 통합된 다면적인 구인으로 자기조절학습을 개념화하고 있는 선행 연구들은 자기조절학습이 학습과제 유형과 관계없이 학생들의 학업성취에 중요한 측면이자 예언치임을 밝히고 있다(Bandura, 1986; Corno & Mandinach, 1983; Pintrich & De Groot, 1990;, Schunk, 1984; 박승호, 1995; 정미경, 1999).

따라서 이를 기초하여 본 연구를 통해 개발된 초등학생용 자기조절학습 검사와 학업성취와의 관계를 분석해 봄으로써 준거타당도를 검증하였고, 그 결과는 〈표 3-8〉과 같다.

자기조절학습의 하위 구성요인과 학업성취와의 관계를 살펴보면, r=.204~.545의 범위에서 의미 있는 상관을 보이고 있다.

<표 3-8> 자기조절학습 검사와 학업성취와의 상관

	자기 효능감	목표 지향성	내재적 가치	시험 불안	상위 인지 전략	인지 전략	시간과 공부 조절	노력 조절	학습 행동 조절	자기 조절 학습
국어 성적	.492***	.261***	.375***	.201***	.393***	.292***	.231***	.349***	.176***	.430***
수학 성적	.499***	.214***	.309***	.204***	.306***	.233***	.211***	.282***	.186***	.375***
학업 성취	.545***	.284***	.383***	.207***	.395***	.305***	.259***	.356***	.204***	.460***

***p. 〈001

5. 규준개발

본 자기조절학습 검사는 개인이 얻은 원점수를 백분위로 환산함으로써 해당 집단에서 상대적 위치를 알고자 하였다. 각 지역별, 학년별, 성별로 백분위를 환산하였으나, 지면상 초등학교 6학년 남자 전체검사의 원점수-백분위 환산표만 〈표 3-9〉에 제시하였다.

<표 3-9> 원점수-백분위 규준표

점수	백분위	점수	백분위	점수	백분위	점수	백분위	점수	백분위	점수	백분위
96.00	.4	171.00	11.2	196.00	28.9	218.00	53.9	240.00	71.6	265.00	89.7
97.00	.9	173.00	12.9	197.00	29.7	219.00	55.2	241.00	72.0	266.00	90.1
102.00	1.3	175.00	13.8	198.00	30.2	220.00	55.6	242.00	72.8	267.00	90.5
105.00	1.7	176.00	14.2	200.00	31.0	222.00	56.5	243.00	73.3	271.00	90.9
110.00	2.2	177.00	15.9	201.00	32.8	223.00	57.3	245.00	73.7	272.00	91.4
117.00	3.0	178.00	16.8	202.00	34.5	224.00	58.2	246.00	75.4	274.00	92.2
122.00	3.4	179.00	17.2	204.00	36.2	225.00	59.1	247.00	76.7	276.00	93.5
124.00	3.9	180.00	18.1	205.00	37.1	226.00	60.3	248.00	77.2	278.00	94.4
127.00	4.3	181.00	19.0	206.00	37.5	228.00	61.6	249.00	78.4	279.00	95.3
140.00	4.7	182.00	19.8	207.00	39.2	229.00	63.4	250.00	79.7	280.00	96.1
141.00	5.2	183.00	20.3	208.00	39.7	230.00	64.7	251.00	80.6	281.00	96.6
149.00	5.6	184.00	20.7	209.00	41.4	231.00	65.9	252.00	84.1	282.00	97.0
152.00	6.0	185.00	21.1	210.00	43.1	232.00	66.4	253.00	84.5	283.00	97.4
153.00	6.5	186.00	23.7	211.00	43.5	233.00	67.2	254.00	84.9	284.00	97.8
156.00	7.3	187.00	24.6	212.00	45.7	234.00	67.7	255.00	85.3	288.00	98.3
160.00	8.6	188.00	25.9	213.00	47.4	235.00	69.0	256.00	86.2	289.00	98.7
162.00	9.1	190.00	26.3	214.00	49.6	236.00	69.4	258.00	87.1	298.00	99.1
163.00	9.5	191.00	26.7	215.00	50.5	237.00	69.8	260.00	87.5	303.00	99.6
167.00	9.9	192.00	27.2	216.00	50.4	238.00	70.7	261.00	88.4	310.00	100.0
170.00	10.8	195.00	28.4	217.00	52.6	239.00	71.1	262.00	88.8		

제 5 장
논의 및 결론

　　본 연구는 한국적 문화와 환경에 적절하고 학생들의 자기조절학습의 개발을 촉진하며 자기조절학습의 연구에 시사를 줄 수 있는 초등학교 고학년용 자기조절학습 검사를 개발하고 표준화 작업을 시도하였다. 연구자는 문헌연구를 통하여 자기조절학습을 개념화하고, 이를 기초로 초등학생용 자기조절학습 검사 문항을 개발한 후 그 문항들을 타당화하였다. 연구결과를 통해 다음과 같이 논의하고자 한다.

　　첫째, 관련 문헌과 기존에 개발된 자기조절학습 검사의 구성요인을 검토한 결과 자기조절학습은 동기 조절, 인지 조절, 행동 조절의 이론적 구성요인들의 유기적 관계 속에서 이루어지는 통합적인 학습 과정이다. 이와 같은 이론적 구성요인으로 이루어진 자기조절학습 검사 문항을 탐색적 요인분석과 확인적 요인분석 과정을 통해 동기 조절에는 자기효능감, 목표지향성, 내재적 가치, 시험불안으로 명명할 수 있는 4개 요인이 산출되었고, 인지 조절에는 상위인지 전략, 인지 전략으로 명명할 수 있는 2개 요인이 산출되었으며, 행동 조절에는 시간과 공부 조절, 노력 조절, 학습행동 조절로 명명할 수 있는 3개 요인이 산출되었다. 이를 바탕으로 〈부록 3-1〉과 같이 70개의 문항이 초등학교 고학년용 자기조절학습 검사 최종 문항으로 선별되었다. 각 가설적 차원은 단일 차원에 높은 부하량을 나타내고 있으므로 단일 차원으로서의 독립성을 지니고 있다고 가정할 수 있다.

둘째, 자기조절학습 검사 문항의 내적 일치도를 측정하기 위해 확인 신뢰도 계수를 산출한 결과 .9598의 높은 신뢰도를 나타냈다.

셋째, 준거타당도를 확인하기 위하여 학업성취와의 상관관계를 분석한 바에 의하면 자기조절학습과 학업성취와는 .460의 관계를 보여주었다. 이는 자신의 능력에 대한 신념이 강하고, 상위인지 수준이 높고 시연, 조직화, 정교화와 같은 인지 전략을 효율적으로 사용하며, 학습을 방해하는 많은 주의 산만 요인을 잘 통제하면서 자신의 본래 학습 의도를 지속적으로 유지하여 학습목적을 달성하고자 노력할수록 학업성취가 높다는 선행연구(Bandura, 1986; Brophy, 1983; Corno & Mandinach, 1983; McCombs, 1984; Schunk, 1989; Zimmerman, 1986, 1990)들을 지지하는 결과이다.

넷째, 영역별 및 전체검사의 원점수를 규준집단과의 상대적 비교가 가능하도록 백분율로 환산하여 그 결과를 제시하였다.

이상의 분석 결과를 종합해 볼 때, 본 초등학생용 자기조절학습 검사는 일부 문항을 수정해 나가고, 한국 상황에 맞는 요인들을 추가해 나간다면 보다 타당한 검사로 사용될 가능성이 크다고 보인다. 그렇지만, 연구자의 자료 수집의 한계로 인해 표집 과정에서 일부 지역을 포함시키지 못했다는 제한점이 있다. 따라서 표본의 대표성을 확보할 수 있는 표집 대상과 방법을 적용하여 결과의 일반화 범위를 확대할 필요가 있다. 앞으로 본 연구에서 개발된 초등학생용 자기조절학습 검사의 타당도에 대한 연구를 보충하고, 계속적으로 미비점을 보완한다면 초등학교 현장에서 학생들의 학습 과정과 방법에 대한 이해를 돕고 그들로 하여금 가장 적절한 학습 방법을 선택하도록 지원하는 일에 유용한 자료로 쓰일 것이다. 따라서 학생은 물론이고, 교사와 자녀의 학습을 도와주어야 하는 학부모들에게도 진단, 이해 및 배치를 위해 다각도로 활용될 수 있을 것이다.

그 구체적 활용 방안을 몇 가지 제시하면 다음과 같다.

첫째, 학습자의 학습 방법에 대한 신뢰롭고 정확한 진단적 정보를 얻을 수 있다. 학습의 초기 단계에서 학생의 학습 방법 이해를 위한 정보의 역할을 수행하고, 이를 통해 학생의 학업성취 향상을 위한 도움의 역할을 수행할 수 있다. 즉 자기조절학습의 특성과 분화 수준을 정확하게 파악해서 기술적 입장에서 자료를 제공할 수 있다.

둘째, 학습자의 자기 이해를 증진할 수 있다. "학습자 자신의 학습 방법과 학습 형태"에 대한 정보는 자신을 이해하고 돕는 데 있어서 유용한 지식이 될 수 있다. 따라서 본 표준화 자기조절학습 검사를 통해 학습자들은 자기 이해를 증진할 수 있고, 개별 학습이 촉진되며, 정체성 확립에 도움을 받을 수 있다. 그리고 그 과정에서 학생들은 자신의 학습상태를 스스로 점검하고, 자기효능감(self-efficacy)을 갖게 되어 학습 과제에 대해 적극적이고 주도적인 자세를 취할 수 있을 것이다.

셋째, 자기조절학습 훈련 프로그램의 효과를 평가해 줄 수 있을 것이다. 교육은 유목적적인 활동이다. 그러므로 교수·학습 과정 속에서 교육평가는 필수 불가결한 요소이다. 특히 교수·학습 과정 중에 이루어진 자기조절학습 훈련 프로그램의 평가도 그것이 학생들에게 투입된 결과로서 평가될 수 있다. 이와 같은 과학적이고도 객관적인 평가를 통해 자기조절학습 훈련 프로그램에 대한 계속적인 수정과 보완이 이루어질 수 있을 것이다.

넷째, 연구자들의 연구 수행을 위한 연구도구로 활용될 수 있을 것이다. 즉 본 연구에서 개발된 초등학생용 자기조절학습 검사는 교육학이나 심리학을 비롯한 사회과학 분야의 연구자들이 학습자의 교수·학습 과정에 관련된 다양한 문제를 연구할 때 훌륭한 연구 도구로 활용될 수 있을 것으로 예상된다.

다섯째, 컴퓨터를 이용한 검사 개발의 기초 연구로 활용될 수 있을 것이다. 특히 앞으로는 컴퓨터를 사용한 검사(Computerized Adaptive Testing: CAT 혹은 Computer-based testing: CBT)가 지필검사를 대치하는 새로운 검사시행 방식으로 자리 잡게 될 것이다. 따라서 표준화 자기조절학습 검사를 만들어서, 그대로 컴퓨터 이용검사로 활용할 수도 있을 것이다.

제 4 부

중학생의
자기조절학습 검사 개발

제 1 장
서 론

  21세기는 국가·기업·개인의 힘이 지식과 정보의 질과 양에 의해 결정되는 시대이다. 이러한 시대에는 각 개인의 학습의 필요가 엄청나게 확대됨으로써 이 엄청난 학습 필요를 기존의 교수·학습 방법으로는 도저히 충족시킬 수 없게 된다(OECD, 1997). 이에 따라 학교는 팽창하는 정보와 지식을 능숙하게 처리하고 자신이 가지고 있는 지식을 효율적으로 관리할 수 있는 능력을 길러주어야 한다. 즉 교수·학습의 방법이 교수·학습의 내용만큼 중요하기 때문에 직접 가르치는 것을 줄이고, 학습자 스스로 선택하고 조직할 수 있는 방법을 모색해야 하는 중요한 시점에 와 있다.

  2001년부터 중학교에서 시행되고 있는 제7차 교육과정에서도 공통적으로 학교교육을 통하여 자기 주도적인 학습 능력을 갖춘 인간 양성(교육인적자원부, 1997)을 핵심 과제로 삼고 있는 점도 이와 같은 변화에 부응하려는 노력이라고 볼 수 있다. 학교 현장에서 사용되는 자기주도학습(self-directed learning)이란 '타인의 조력 여부와 관계없이 개별 학습자가 주도권을 가지는 학습 과정으로서 학습자는 학습 목표를 설정하고, 학습 자원을 확인하며, 중요한 학습전략을 선택하고, 학습 결과를 평가하는 일련의 작업을 수행하는 것'을 의미한다

(Knowles, 1975). 자기주도적 학습에서는 학습 환경과 학습 자원을 관리하고, 주어진 정보를 능동적으로 처리하는 데 필요한 학습하는 방법의 학습(learning how to learn)과 학습에 대한 학생의 주도권과 책임성을 부여함으로써 가능한 능동적인 학습 태도의 습득을 특히 강조하고 있다. 이와 같은 개념으로 학교 현장에서 사용되고 있는 자기주도 학습은 최근 교육심리학자 또는 교수·학습 이론가들의 관심이 증가되고 있는 자기조절학습의 개념과 같다고 볼 수 있다.

흔히 자기조절학습의 개념은 자기조절적 인지능력(self-regulated cognition), 자기조절학습전략(self-regulated learning strategies)과 혼용되어 사용되며, 학교 현장에서는 종종 자기주도 학습(self-directed learning), 자기 계획적 학습(self-planned learning), 독립적 학습(independent learning), 자기교수(self-instruction) 등과 같은 용어들이 혼재되어 사용되고 있다. 이와 같은 자기조절학습 용어의 다양성으로 인해 교육 현장에서는 해당 개념과 활동의 본질에 대한 논란이 거듭되고 있다. 이는 엄밀한 수준으로 그 용어와 개념을 구별하여 사용하지 않고, 학자들마다의 이론적 관점에 따라 강조를 달리하고 있기 때문이라고 볼 수 있다. 그렇지만, 효과적인 학습을 위해 자기조절이 필수적이며 자기조절을 잘하는 학습자들의 학업성취가 높다(박승호, 1995, 2003; 정미경, 1999, 2000; 양명희, 2000; Chung, 2000; Paris, Byrnes & Paris, 2001; Paris & Paris, 2001; Pintrich, 2000; Zimmerman, 2000)는 점에는 이견이 없다.

그러나 이러한 자기조절학습의 본질에 대한 확인적 요구에도 불구하고 지금까지 국내·외에서 수행되어 온 자기조절학습에 관한 종래의 연구들은 주로 효율적이고 자발적인 학습 활동의 기초를 이루고 있는 자기조절학습의 구성요인을 가정하고, 이를 토대로 그 기능과 과정을 설명하는 차원에 머무르고 있다. 다양한 학습 요인들이 복잡하게 얽혀 있는 자기조절학습 구인은 측정이 어렵다는 난제를 안고 있다. 따라서 경험적인 접근을 시도하였던 연구들조차도 주로 특정 연령과 피험자 특성을 중심으로 개별 구성요인에 치중하여 기술적이고 상관적인 특성을 제시하는 데 그치고 있기 때문에 이론 변인에 대한 설명력이 부족한 실정이다.

이러한 점들을 고려해 볼 때, 자기조절학습의 연구에서 가장 시급한 일은 자기조절학습의 구인을 명확히 하고, 이를 충실히 측정할 수 있는 기본적인 틀과 측정 도구를 개발하는 것이라 할 수 있다. 뿐만 아니라, 자기조절학습 검사를 개발할 때는 학습자의 발달적 특성이 함께 고려되어야 한다. 이미 논의한 바와 같이 자기조절학습은 학습자의 인지적 특성, 동기적 특성, 그것이 적용되는 학습의 형태나 내용, 그리고 그것이 일어나는 환경적 변인 등이 통합된 다면적 구인이기 때문에 모든 학습자에게 똑같은 수준의 검사 도구를 제공한다는 것은 불가능하다. 이에 본 연구자는 자기조절학습의 측정 도구를 학교 급에 따라 순차적으로 개발하고자 하였고, 그 첫 단계로 초등학교 고학년용 자기조절학습 검사를 개발(2002)한 데 이어 Armstrong(1989), Paris와 Newman(1990) 등이 자기조절학습 발달의 결정적 시기라고 언급했던 중학생들을 대상으로 자기조절학습 검사를 표준화하고자 한다.

학교 교육의 목적이 학습자의 부족한 특성을 찾아내어, 이를 개선할 수 있도록 도와주는 것이라고 볼 때 한국의 문화와 환경을 고려해서 개발된 중학생용 자기조절학습 검사는 중학생의 학습 과정의 진단, 이해 및 배치를 위해 다각도로 활용될 수 있을 것이다. 이를 통해 중학생들이 언제, 어디서, 어떻게 자기조절학습 방법을 사용하고, 과제 해결을 위해 각각의 구성요인들을 어떻게 변형할 수 있을 것인가에 관한 정보 제공의 역할도 수행할 수 있을 것이다.

제 2 장
이론적 고찰

1. 자기조절학습의 개념

교수·학습에 있어서 자기조절학습의 효율성에 관한 연구는 지난 20년 동안 교육계에서 중요한 연구 주제의 하나였으나(Paris, Byrnes & Paris, 2001), 현재까지도 학자마다 다양한 의견들을 개진하고 있다.

자기조절학습은 먼저 이론적으로 개념화된 것이 아니라, 광범위한 교육 현장에서 경험을 기초로 도출된 구인이다. 즉 Zimmerman(1986)을 중심으로 한 일군의 연구자들이 Bandura의 경험적 연구결과를 기초로 '학습자가 어떻게 자신의 학습을 조절해 나가는가'에 대한 집중적인 논의를 거듭하면서 촉발되었다고 볼 수 있다. '자기 스스로 학습을 선택하고 실행하는 것'이라는 포괄적인 의미에서 자기조절학습을 지칭하는 용어는 매우 다양하다. 예를 들면, 외국의 경우에는 self-control(Mahoney & Thoresen, 1974), self-management(Thomas, 1980), personal control(Wang, 1983), self-regulation(Bandura, 1986), self-regulated learning(Zimmerman, 1986), self-regulated learning strategies(Zimmerman & Martinez-Pons, 1986), self-regulatory skills(Gagne & Glaser, 1987), self-regulated cognition(Pressley & Ghatala, 1990) 등과 같은 용어들이 사용되고 있다.(Yang, 1991) 또한 한국에서는 자기조절학습전략, 자기조정학습, 자기규제학습, 자기조절학습, 자기주도학습, 자기 계획적 학습, 독립적 학습, 자기교수 등과 같은 용어들이 혼재되어 사용되고 있다. 그렇지만 효율적인 학습 과정에 자기조절이 필수적이며, 자기조절을 잘하는 학습자들이 학업성취가 높다(박승호, 1995, 2003; 정미경, 1999, 2000; 양명희, 2000; Chung, 2000; Paris, Byrnes & Paris, 2001; Paris & Paris, 2001; Pintrich, 2000; Zimmerman, 2000)는 점에는 이견의 여지가 없다.

자기조절학습의 개념과 관련된 관점은 학습이 이루어지는 데 필요한 인지적, 동기적, 행동적 측면을 동시에 고려한 관점과 자기조절학습의 인지적 측면에만 집중하여 상위인지와 유사한 개념으로 사용하는 관점으로 나눌 수 있다.

Zimmerman(1990), Zimmerman과 Martinez-Pons(1986, 1988)는 자기조절학습이란 학습자가 상위인지적, 동기적, 행동적으로 자신의 학습에 적극적으로 참여하는 것을 의미하며, 자기조절이 학업성취를 촉진하는 실제적 촉진자라고 하였다. 여기서 상위인지적으로 학습에 적극 참여한다는 것은 학습자가 학습과정 중에 학습을 계획하고, 목적을 설정하며, 자기점검과 자기평가하는 것을 의미하며, 이러한 과정에서 자신의 학습을 자각하고, 자신의 학습에 대해 통찰력과 확신을 갖게 된다. 동기 과정에서 보면, 자기조절 학습자는 자기효능감이 높고 자발적이며 과제에 본질적인 흥미를 가지고 접근한다. 또 행동적으로 학습에 적극 참여한다는 것은 자기조절 학습자가 자신의 학습을 성공적으로 이끌기 위해 가장 적합한 환경을 선택하고, 구조화하며, 창조하는 것을 의미하며, 이를 위해 자신의 학습에 도움을 주는 정보와 조언을 구하고, 학습하기에 가장 적합한 장소를 찾고, 학습과정 중에 자기교수와 자기강화를 한다. 그러므로 자기조절 학습자는 자신의 학업성취를 향상시키기 위해 학습 시 상위인지적, 동기적, 행동적 전략을 체계적으로 사용한다.

Pintrich와 De Groot(1990)는 자기조절학습을 학생들의 인지를 계획, 점검, 그리고 조절하기 위한 상위인지적 전략, 교실의 학업적 과제에 대한 학생들의 노력을 관리하고 통제하는 요인, 학습자가 학습하고, 기억하며, 이해하기 위해 사용하는 인지전략 요인으로 간주하였다. Corno와 Mandinach(1983) 역시 인지적 입장에서 자기조절학습을 인지적 참여의 최상의 형태로 보고 교실에서의 지식습득 과정 중에 학습자들이 사용하는 일련의 학습전략으로 정의하였다. 또한 Paris와 Paris(2001)는 자기조절학습이란 정보습득과 전문가로서의 성장 그리고 자기개선을 위한 개개인의 점검, 방향제시, 자기조절의 행동에 의한 자율과 통제로 간주하였다.

이상에서 논의된 자기조절학습의 개념을 좀 더 구체화하기 위해 자기조절학습의 이론을 종합해 보면 다음과 같다(Zimmerman & Schunk, 1989).

조작적 이론은 자기조절학습의 동기를 외부의 강화자극에 두고 있으며, 자기조절학습에서 환경의 역할을 강조했다. 이들은 자기조절학습의 핵심적인 유목으로 자기점검, 자기교수 및 자기강화 등 세 가지에 역점을 두어왔다. 자기조절 학습자가 되게 하는 교수 방법으로 모방, 언어적 교수, 강화 등을 제시하였다(Mace, Belfiore & Shea, 1989). 또한 현상학적 이론은 자기조절학습의 핵심과정으로 자기가치와 자아정체감의 중요성을 강조했다. 한편, 의지이론은 자기조절학습은 학습자의 의지에 의해 조절할 수 있다는 입장을 취하고 있다. 인지구성주의와 Vygotsky의 이론은 자기조절과정에서의 언어의 중요성을 강조하였다. 마지막으로 사회인지이론은 학습자 개인이 학습하는 데 필요한 주위의 모든 자료를 이용하여 학습하도록 하기 때문에 자기조절학습이 가능하다고 보고, 자기조절학습의 구성요인을 교수·학습 과정에 적용할 수 있도록 구체화하였다.

이상과 같이 자기조절학습의 교육과 개발이라는 시각에서 많은 연구자들이 자기조절학습에 대하여 다양한 해석을 하고 있지만, 이들 사이에서 다음과 같은 공통된 특징들을 찾아볼 수 있다.

자기조절 학습자는 자신의 학업성취를 향상시키기 위해 학습에 인지적, 동기적, 행동적 전략을 체계적으로 사용하고, 학습 중에 학습의 효과를 알아보기 위해 자기 지향적인 피드백을 사용하며, 특정 자기조절학습전략을 선택하여 사용하는 방법이나 이유를 설명할 수 있다. 또한 자기조절학습의 중요한 측면은 인지와 동기는 별개로 다루어져서는 충분히 이해하기 어려운 상호 연관성이 있는 과정이며, 자기조절학습은 내적인 학습 욕구를 가지고 학습 과정을 스스로 통제하고 검색하며 관리하는 학습자의 전략적이고 의도적인 노력의 과정이라고 볼 수 있다. 끝으로, 자기조절학습 활동은 학습자의 학업성취 능력에 영향을 미친다.

이러한 공통된 특징을 종합하면 자기조절학습이란 '학습자가 자신의 학습 활동의 주인이 되어 학습 목표와 학습 동기를 진단하고, 학습에 필요한 인적·물적 자원을 관리하며, 학습의 모든 과정에서 의사 결정과 행위의 주체가 되는 자기 학습'으로 요약된다.

2. 자기조절학습의 구성요인

자기조절학습의 구성요인에 대한 합의를 도출하는 것은 자기조절학습 개념의 다양성에서 비롯되는 개념상의 모호성을 해소하고 검사를 개발하기 위해 매우 중요한 과정이다. 그러나 자기조절학습의 구성요인과 측정 변인에 대한 견해 또한 연구자의 관점에 따라 매우 다양하다.

Bandura(1982)는 자기조절을 구성하는 요소로 극복전략, 문제해결과 의사결정 기술, 목표설정, 계획, 자기평가, 자기조절, 자기강화에 대한 능력을 포함한다고 하였고, Corno(1986)는 주의통제, 약호화 통제, 정보처리통제, 정서통제, 동기통제, 환경통제와 같은 상위인지 요인을 강조했다. 이 밖에 박승호(1995)는 상위인지 외에 상위동기, 의지통제를 자기조절학습의 중요 구성요인으로 제시하였다. 여기서 상위인지란 자기조절 학습자가 자신의 학습을 계획, 점검, 조절하는 것을 의미하고, 상위동기는 자신의 동기과정을 인식하는 것으로서 그 결과 학습자들이 열심과 계속적인 동기를 가지고 학습하게 되는 보다 높은 수준의 기술을 말한다. 또한 의지통제란 학습 중에 학습을 방해하는 많은 내적·외적 주의 산만 요소를 통제하면서 본래의 의도를 지속적으로 유지시켜 학습 목적을 달성하게 하는 심리적 기제를 의미한다.

자기조절학습에서 동기적 요소를 강조한 Pintrich(1989)는 중심 요소로 인지적 요소, 자원관리 요소, 동기적 요소로 구분하였는데, 인지적 요소로는 주어진 과제의 암송, 과제의 정교화, 과제의 조직화를 포함하고, 자원관리 요소로는 할당된 시간의 관리, 주어진 상황의 환경적 조건 관리, 과제를 수행하기 위한 노력의 분배 관리, 필요한 도움의 요청 등을 포함하며, 동기적 요소로는 내적 지향, 과제의 중요성, 신념, 성공에 대한 기대를 포함한다고 하였다.

한편, Pintrich와 De Groot(1990)는 자기조절학습에 동기를 포함시켜 학습 동기화 전략 검사(Motivated Strategies for Learning Questionnaire: MSLQ)를 개발하였다. 이들은 자기조절학습의 구성요인으로 인지 전략의 사용, 상위인지 전략의 사용, 노력 관리와 통제를 선정하였으나, 무엇보다 중요한 것은 자기조절학습의 구성요인을 사용하도록 동기화되는 것임을 강조하였다. 따라서 학습자를 적극적인 정보처리자로 가정하고, 대학생들을 대상으로 동기적 특성과 자기조절학습과의 관련성에 대한 집중적인 탐구를 수행한 결과, 56개 문항을 개발하여 최종 44개의 문항을 선정하였다. 이들 문항을 요인분석하여 동기적 신념과 자기조절학습전략으로 구분하여 동기적 신념 속에 자기효능감, 내재적 가치, 시험불안을 포함시키고, 자기규제학습 전략 속에는 인지전략 사용, 자기조절을 포함시켰다. 국내의 최진승과 손종식(1993)은 Pintrich와 De Groot(1990)가 개발한 학습 동기화 전략 검사(MSLQ)를 기초로 초등학교, 중학교, 고등학교에서 공통적으로 사용할 수 있는 학습 동기화 전략 설문지를 타당화하였다. 이 검사는 자기효능감, 내재적 가치, 시험불안, 인지방략 사용, 자기규제의 5개 구성요인의 90개 문항으로 개발되어 있다.

인지와 동기의 통합적인 역할에 강조를 두고 구성요인을 제시한 연구자들은 다음과 같다.

먼저 Zimmerman과 Martinez-Pons(1986, 1988)는 자기조절학습의 결정 요소로서 개인적, 행동적, 환경적 요소를 제시하고, 이를 기초로 자기조절학습 면접표(Self-Regulated Learning Interview Schedule: SRLIS)를 개발하였다. 이 검사는 학교 안팎의 여러 상황에서 학습 방법을 묻는 구조화된 면접 형식의 측정 도구로서 다수의 학생들을 대상으로 실시하기가 어렵다는 한계가 있지만, 학생들이 사용하는 자기조절학습전략을 자기평가, 조직과 변형, 목표 설정과 계획, 정보 탐색, 계속적인 기록과 점검, 환경의 구조화, 자기강화, 시연과 기억, 친구·교사·성인으로부터 사회적 도움 구하기, 시험지·노트·교과서 자료 검토의 14개로 나누어 제시했다. Sink(1991)는 여러 학자들의 연구들을 종합하여 자기조절학습의 구성요인을 인지적인 면과 정의적인 면으로 파악하였다. 전자에는 영역 특수적인 지식과 전략, 일반적 학습 전략, 학습과 수행에 대한 상위인지적 통제가 포함되며, 후자에는 일반적인 자기효능감 영역, 특수적인 자기효능감 영역, 통제 부위, 내적 동기, 자아존중감, 완성 경향성이 포함된다고 말하고 있다.

문헌분석을 통해 자기조절학습의 구성요인을 체계적으로 탐색했던 Linder와 Harris(1992)는 인지와 동기의 통합적인 관점에 기초하여 자기조절학습 검사(Self-Regulated Learning Inventory: SRLI)를 개발하였다. 이 검사는 상위인지, 학습전략, 동기, 상황적 민감성, 환경 이용과 통제의 5개 차원의 71개 문항으로 이루어져 있다. 이 검사에서 상위인지는 인지 조절, 인지에 대한 지식, 자기 반성적 인식을 말하고, 학습전략이란 성공적인 학습 촉진을 위해 계획 조직하기, 학습 목표 달성을 위해 기술 세분하기, 학문적인 목표를 달성하기 위한 절차를 의미한다. 또한 동기란 노력과 결과의 관계 인식하기, 성취감·능력감, 학습 욕구를 의미하고, 상황적 민감성이란 과제 요구를 측정하는 능력, 과제 요구를 조정하는 능력, 학습 과제와 평가 사이의 관계를 판단하는 능력을 말하며, 환경 이용과 통제란 도움 구하기, 계획하기, 학습 환경 만들기를 의미한다. 그러나 최근 자기조절학습의 요인 구조의 탐색과 확인 과정을 통해 집행적 처리 과정, 인지적 처리 과정, 동기, 환경 이용과 통제의 4개 차원의 80개 문항으로 이루어진 SRLI 개정판(Self-Regulated Learning Inventory, 1996)을 개발하였다.

이 밖에도 자기주도적 학습 능력이란 개인적 특성을 가진 측면과 교수·학습적 맥락에서 개발되고 발달될 수 있는 측면이 모두 포함된 것으로 보았던 Baumert, Fend, O'Neil과 Peschar(1998) 등이 개발한 자기주도학습 능력 검사(Self-directed Learning Competency: SDL)를 들 수 있다. 이 검사는 학습전략, 동기 유발, 목표 지향성, 자아개념, 행동 통제 전략, 사회적 능력, 그리고 학습에 대한 잠재력의 7개 차원과 각 차원 내의 세부 영역 23개에 대한 문항 총 112개로 구성되어 있으며, 4점 척도를 이용하여 응답하도록 되어 있다.

이러한 자기조절학습 개념과 구성요인의 다양성에서 비롯되는 모호성을 극복하기 위해 자기조절학습에 대한 이론적 고찰 및 선행 자기조절학습 검사 도구 분석을 실시한 결과, 중학생용 자기조절학습 검사의 구성요인을 규정하는 토대를 마련해 줄 수 있는 몇 가지 시사점을 얻을 수 있었다.

<표 4-1> 자기조절학습의 구성요인

개념 요인	자기조절학습 구성요인
동기 조절 요인	목표설정, 자기강화(Bandura, 1982), 정서 통제, 동기 통제(Corno, 1986), 학습 목적, 자기 쉐마(Garcia & Pintrich, 1993), 내적 지향, 과제의 중요성, 성공 기대(Pintrich, 1989), 일반적 자기효능감, 특수적 자기효능감, 내적 동기, 자아존중감, 완성 경향성(Sink, 1991), 불안, 자기효능감(Zimmerman, 1986, 1988, 1989), 목표 설정, 자기효능감, 결과 기대, 내적 흥미와 가치, 목표 지향성, 의지통제(Zimmerman, 2000), 상위 동기, 의지통제(박승호, 1995)
인지 조절 요인	계획, 자기평가, 자기조절(Bandura, 1982), 주의 통제, 약호화 통제, 정보처리 통제(Corno, 1986), 집행적 처리과정(Linder & Harris, 1996), 학습과 수행에 대한 상위인지적 통제(Sink, 1991), 자기교수, 자기점검, 자기평가(Zimmerman, 1989), 문제해결과 의사결정 기술(Bandura, 1982), 주의 통제, 환경 통제(Corno, 1986), 암송, 정교화, 조직화(Pintrich, 1989), 자기점검, 자기통제, 자기 성찰(Pintrich, 2000)

개념 요인	자기조절학습 구성요인
행동 조절 요인	문제해결과 의사결정 기술(Bandura, 1982), 환경통제(Corno, 1986), 시간 관리, 환경적 조건 관리, 노력 관리, 타인의 조력 추구(Pintrich, 1989), 인지 전략, 자기조절(Pintrich & De Groot, 1990), 사회적 지원, 학습 환경의 구조화(Zimmerman과 Martinez-Pons, 1986, 1988)

첫째, 자기조절학습에 관한 많은 이론 연구가 자기조절학습은 인지적 요인과 동기적 요인이 통합된 다면적 구인(multidimensional construct)임을 인정하고 있었다.

둘째, 자기조절학습의 개념 정의는 몇 가지 요인으로 구성되어 있음을 알 수 있었는데, 검토된 자기조절학습 검사의 개념 정의가 모호한 경우가 많았다. 유사한 개념들을 통합해 보면 〈표 4-1〉과 같이 자기조절학습의 구성요인들을 인지, 동기, 행동 조절의 세 가지로 분류할 수 있으나, 각 구성요인들은 유기적 관계 속에서 이루어지는 통합적인 학습 과정으로 정의할 수 있다.

셋째, 자기조절학습을 객관적으로 측정하려는 목적으로 개발된 대부분의 자기조절학습 검사들은 자기보고식 척도를 사용하고 있었는데, 이 경우의 문제는 자기조절학습을 질문지법으로 평가할 수 있는 가이다. 선행 자기조절학습 검사 도구는 신뢰도 지수에서는 상당히 양호한 결과를 내놓고 있었지만, 타당도에는 문제가 있는 검사들도 있었다. 따라서 자기조절학습 검사를 개발할 때 우선 고려해야 할 점은 실제 자기조절학습을 재고 있는 검사인가 하는 측정 도구의 타당도와 이론의 타당성 검증의 문제이다.

넷째, 검토된 자기조절학습의 검사 실시 대상의 연령 범위가 매우 넓었다.

제 3 장
연구 방법 및 절차

1. 검사 개발

1) 예비검사 문항구성 및 전문가 평정

중학생용 자기조절학습 예비검사는 다음과 같은 일련의 과정을 거쳐 제작되었다.

먼저, 자기조절학습에 대한 각종 논문과 이론서들을 참고하여 자기조절학습을 개념화하고, 기존의 자기조절학습 관련 검사 문항들을 검토하여 수집하였다.

다음으로 우수한 학습 능력을 보이는 중학생들이 사용하는 자기조절학습전략에는 어떤 것들이 있는가를 탐색하였다. 자기조절학습의 구성 요인과 학업성취의 관계를 분석한 선행 연구들(박승호, 1985; 양명희, 2000, 정미경, 1999, 2000; Corno & Mandinach, 1983; McCombs, 1986; Pintrich, 1989; Weinstein & Mayer, 1986; Zimmerman & Matinez-Pons, 1990)에 의하면, 학업성취 상집단이 중집단이나 하집단보다 상위인지와 동기 수준이 높고, 효율적인 인지 전략과 자원관리 전략을 사용하는 것으로 나타났다. 즉 학업성취 수준이 높을수록 자신의 능력에 대한 신념이 강하고 학습에 대한 흥미가 많다고 볼 수 있으며 상위인지 수준이 높고 시연, 조직화, 정교화와 같은 인지적 학습전략을 효율적으로 사용하며 학습을 방해하는 많은 주의 산만 요인을 잘 통제하면서 자신의 본래 학습 의도를 지속적으로 유지하여 학습목적을 달성하고자 노력하며, 자신의 시간과 공부관리를 잘하는 경향이 있음을 나타내주고 있다. 또한 교과에 대해 흥미와 가치를 지니고 있을 때 자신의 능력에 대한 신념이 강할 뿐 아니라, 이와 같은 자신의 능력에 대한 강한 신념은 학업성취에 큰 영향을 미치고 있음을 나타내주고 있다.

또한 많은 학생들이 사용하고 있지는 않지만 중요한 자기조절학습의 구성요인으로 가르쳐져야 할 요인에는 어떤 것들이 있는지를 탐색하였다. 정미경(1999)이 중학교 2학년 학생들을 대상으로 학업성취에 영향을 미치는 자기조절학습의 하위 구성요인들의 인과경로를 분석한 결과에 의하면, 학업성취의 32%($\psi6=.68$)를 자기조절학습 모형이 설명하고 있으며, 내재적 가치→자기효능감→학업성취의 경로와 내재적 가치→자기효능감→상위인지→학업성취의 경로가 통계적으로 유의한 결과를 나타냈다. 이는 중학생들의 경우 자기 자신에 대한 신념이 강하고, 인지를 조절, 점검, 계획하는 상위인지를 효과적으로 사용할수록 학업성취 수준이 높고, 교과에 대해 흥미와 가치를 지니고 있을 때 자신의 능력에 대한 신념이 강할 뿐 아니라, 이와 같은 자신의 능력에 대한 강한 신념이 학업성취에 큰 영향을 미치고 있음을 나타내주는 결과이다. 그러나 이는 한편으로 자기조절학습의 구성요인으로 가정되었지만, 다수의 중학생들은 학습전략과 자원관리 전략 등을 효과적으로 사용하지 못하고 있음을 의미하기도 한다.

마지막으로, 앞에서 확인된 자기조절학습의 구성요인들의 문항을 중학생들이 이해할 수 있는 어휘와 내용으로 수정하는 작업, 그리고 최종적으로 현장 경험이 풍부한 중학교 교사와 교육심리학 전공자 3인으로 구성된 전문가 집단의 논리적 검토 작업을 거쳐 '동기 조절', '인지 조절', '행동 조절'이라는 세 가지 차원의 하위 요인으로 구성된 총 135개의 예비검사 문항을 완성하였다.

2) 예비검사

전문가 집단의 평정을 거친 예비검사 문항 135개를 가지고 2003년 4월 한 달 동안 서울, 군산 지역에 소재한 중학교에서 예비검사가 실시되었다. 예비검사는 개발된 문항들의 질과 유용성을 검증하여 최적의 문항들을 선정하고 문항의 질을 개선하는 데 필요한 정보를 얻기 위해 본검사 대상 학생보다 적은 수의 학생들에게 현장 적용을 실시하는 것이다. 조사대상자의 성별은 남자 202명, 여자 216명이고, 학년별 분포는 1학년 134명, 2학년 136명, 3학년 148명의 총 418명의 학생들이 참여하였다.

3) 본검사 문항 선정

예비검사 문항을 동기 조절, 인지 조절, 행동 조절의 3개 차원으로 나누어서 요인분석을 실시하였다. 이때 고유치가 2.0 이상 되고 부하량이 .40 이상 되는 문항을 다섯 개 이상 포함하는 요인을 추출하였다. 또한 이러한 추출 요인이 Cattell(1966)이 제안한 Scree 도표 기준에 적합한지 검증하였다. 이러한 과정에서 주성분분석 결과 어느 공통요인에도 부하량이 .40에 미치지 못하는 문항, 한 문항의 변량이 두 차원 이상으로 분산된 문항, 그리고 극단적인 평균값을 갖거나 표준편차가 낮아 변별력이 의심스러운 문항은 부적절한 것으로 판단하여 본 검사에서 제외하였다.

이러한 기준에 의해 50개의 문항이 제외되고, 동기 조절 34개 문항, 인지 조절 30개 문항, 그리고 행동 조절 21개 문항이 최종 선정되었다. 끝으로, 검사 문항에 대한 재배열 과정을 거쳐 본검사 문항을 완성하였다. 이때 검사지는 비교적 제작이 쉽고, 다양한 유형의 심리 측정에 효과적인 자기보고 방식의 질문지 형태로 개발하였고, 중학생들의 주의 집중 시간을 고려하여 검사 시간은 40분 이내에 끝낼 수 있도록 하였다.

4) 본검사

예비검사를 거쳐 수정 개발된 최종 자기조절학습 검사의 타당도, 신뢰도 및 규준을 마련하기 위해 2003년 6월 한 달 동안 대도시, 중소도시, 읍면으로 구분해서 본검사가 실시되었다. 〈표 4-2〉와 같이 서울, 부산, 수원, 충주, 천안, 군산, 신안, 안동의 9개 지역 10개 중학교에서 1,396명이 무선 표집되었으며, 표집 과정에서 학년별 비율은 같도록 조정되었다.

<표 4-2> 규준집단의 성별·학년별 분포 및 사례 수

지역별 학년	서울	시흥	수원	천안	충주	군산	안동	신안	부산	전체
중 1	82	69	40	66	10	66	31	28	73	465
중 2	77	65	41	66	16	66	34	41	44	450
중 3	85	68	43	70	13	66	30	32	74	481
전 체	244	202	124	202	39	198	95	101	191	1,396

제 4 장
연구결과

1. 규준집단의 하위 영역별 문항 수 및 기술적 통계 값

규준집단의 하위 영역별 문항 수 및 전체 척도의 평균과 표준편차는 〈표 4-3〉과 같다.

<표 4-3> 자기조절학습 검사의 기술적 통계 값

요인(문항 수)	학년 성별	1학년 남	1학년 여	2학년 남	2학년 여	3학년 남	3학년 여	전체
자기효능감	M	38.00	36.77	36.57	35.42	34.84	34.24	36.00
(12문항)	SD	8.49	8.04	8.92	7.49	8.89	8.57	8.55
내재적 가치	M	35.50	36.05	32.77	32.56	31.01	30.89	33.11
(9문항)	SD	6.48	5.49	7.30	7.18	7.39	7.60	7.23
시험 불안	M	20.25	19.89	19.89	19.47	20.10	20.87	20.09
(6문항)	SD	4.67	4.36	5.07	4.79	4.94	4.48	4.75
목표 지향성	M	19.31	19.86	19.30	19.25	17.69	17.97	18.87
(6문항)	SD	4.69	4.82	5.59	4.46	4.53	4.87	4.92
정교화	M	38.24	41.23	36.65	39.92	36.34	39.78	38.53
(11문항)	SD	7.56	6.68	7.48	7.48	8.63	8.70	7.99
시연	M	27.74	29.26	27.07	30.42	26.90	29.04	28.26
(8문항)	SD	6.48	6.74	6.56	6.48	7.01	6.59	6.75

요인(문항 수)	학년 성별	1학년		2학년		3학년		전체
		남	여	남	여	남	여	
점검	M	27.88	28.33	26.57	26.53	26.53	25.05	26.71
(10문항)	SD	7.11	8.08	6.72	7.71	6.94	7.05	7.08
시간과 공부조절	M	27.45	27.40	25.05	25.29	24.88	24.09	25.69
(8문항)	SD	7.06	7.13	7.04	6.38	7.09	7.05	7.09
노력 조절	M	24.30	25.29	23.56	24.61	23.20	24.12	24.13
(7문항)	SD	5.21	5.13	5.15	4.82	5.95	5.03	5.29
학습행동 조절	M	13.01	13.72	12.91	13.41	12.63	13.46	13.16
(5문항)	SD	3.34	2.99	3.34	2.98	3.57	3.02	3.25
자기조절학습	M	271.94	278.66	260.47	266.96	253.45	260.09	264.59
(82문항)	SD	43.40	43.22	43.13	40.76	47.14	43.42	44.32

2. 신뢰도

자기조절학습 검사의 신뢰도는 문항내적 합치도 계수인 Cronbach α 계수이다. 중학교 1, 2, 3학년 남녀 각 규준집단의 각 척도별 신뢰도는 〈표 4-4〉와 같이 α=.83~.91로 나타났다. 이것으로 보아 중학생용 자기조절학습 검사는 하위요인별로 모두 문항의 내적 일관성을 유지하고 있으며, 중학생들의 자기조절학습 능력을 측정하는 데 믿을 만한 검사의 신뢰도를 확보하고 있음을 보여주는 것이라고 할 수 있다.

<표 4-4> 규준집단별 자기조절학습 검사의 신뢰도

학년 성별 요인	1학년		2학년		3학년	
	남	여	남	여	남	여
자기효능감	.85	.85	.86	.86	.86	.83
내재적 가치	.86	.86	.86	.86	.86	.84
시험 불안	.89	.89	.90	.90	.90	.87
목표 지향성	.88	.88	.89	.89	.88	.86
정교화	.86	.86	.86	.86	.86	.83
시연	.85	.85	.86	.86	.85	.83
점검	.86	.86	.86	.86	.86	.83
시간과 공부조절	.86	.86	.86	.86	.86	.83
노력 조절	.86	.86	.86	.86	.86	.84
학습행동 조절	.87	.87	.87	.87	.87	.84
자기조절학습	.91	.91	.90	.90	.91	.90

3. 타당도

1) 구인 타당도: 요인분석 결과

자기조절학습 검사의 구인 타당도를 알아보기 위해 수집된 자기조절학습 검사의 반응 결과를 동기 조절, 인지 조절, 행동 조절의 개념적 구인으로 나누어서 요인분석을 실시하였다. 요인분석 방법으로 주성분분석이 시행되었다. 고유치를 기준으로 요인을 선정할 경우 너무 많은 요인으로 나뉘어져 동기 조절의 경우 요인의 수를 4개, 인지 조절의 경우 요인의 수를 3개, 행동 조절의 경우 요인의 수를 3개로 한정하여 분석하였다.

<표 4-5> 동기 조절의 최종 요인구조

문항 내용	요인 1	요인 2	요인 3	요인 4	공유 변량
자기효능감 4	**.823**	.062	.079	.098	.697
자기효능감 3	**.816**	.067	.051	.058	.676
자기효능감 1	**.760**	.075	.144	.109	.617
자기효능감 8	**.736**	.143	.044	.103	.575
자기효능감 9	**.723**	.178	.081	.077	.567
자기효능감 2	**.712**	.233	.116	.041	.576
자기효능감 11	**.702**	.234	.150	.104	.581
자기효능감 5	**.675**	.206	.046	.166	.528
자기효능감 10	**.642**	.259	.068	.170	.512
자기효능감 6	**.579**	.342	−.028	.049	.455
자기효능감 7	**.556**	.296	−.087	−.029	.405
자기효능감 12	**.429**	.283	.004	.092	.272
내재적 가치 22	−.028	**.697**	−.017	.062	.491
내재적 가치 17	.229	**.694**	.018	.107	.546
내재적 가치 18	.185	**.687**	.050	.142	.529
내재적 가치 21	.078	**.669**	.036	.127	.471
내재적 가치 19	.305	**.665**	−.028	−.041	.538
내재적 가치 20	.150	**.658**	.055	.197	.497
내재적 가치 15	.385	**.629**	.022	.047	.546
내재적 가치 14	.267	**.614**	−.002	.144	.469
내재적 가치 16	.356	**.557**	−.006	.096	.446
내재적 가치 13	.389	.438	−.035	.007	.345
시험불안 26	−.034	.051	**.787**	.047	.623
시험불안 28	.023	.048	**.780**	−.049	.631
시험불안 25	−.102	.034	**.789**	.048	.563
시험불안 23	.263	−.044	**.560**	.041	.385
시험불안 27	.095	−.127	**.534**	.275	.389
시험불안 24	.193	.067	**.521**	−.064	.314
목표지향성 30	.172	.135	−.080	**.714**	.563
목표지향성 31	.230	.088	−.101	**.661**	.508
목표지향성 29	.204	.176	−.098	**.628**	.477
목표지향성 34	.122	.236	.003	**.614**	.448
목표지향성 32	.067	−.060	−.098	**.545**	.315
목표지향성 33	−.101	.086	−.058	**.469**	.241
고유치	6.668	4.759	2.782	2.587	
설명 변량	19.611	13.996	8.183	7.610	
누적 변량	19.611	33.607	41.791	49.401	

<표 4-6> 인지 조절의 최종 요인구조

문항 내용	요인 1	요인 2	요인 3	공유 변량
정교화 40	**.785**	.140	.106	**.647**
정교화 39	**.773**	.164	.104	**.635**
정교화 36	**.689**	.209	.128	**.535**
정교화 42	**.685**	.082	.153	**.500**
정교화 43	**.678**	.096	.245	**.529**
정교화 45	**.647**	.118	.255	**.529**
정교화 35	**.581**	.226	.117	**.402**
정교화 37	**.548**	.294	.205	**.428**
정교화 38	**.522**	.154	.156	**.321**
정교화 41	**.505**	.279	.211	**.378**
정교화 44	**.333**	.052	.150	**.136**
점검 56	.165	**.724**	.073	**.556**
점검 55	.151	**.701**	.042	**.515**
점검 58	.071	**.655**	.075	**.440**
점검 64	.165	**.631**	.218	**.473**
점검 63	.101	**.617**	.234	**.446**
점검 61	.180	**.613**	.281	**.488**
점검 59	.190	**.575**	.302	**.458**
점검 57	.141	**.571**	.103	**.357**
점검 60	.240	**.552**	.290	**.446**
점검 62	.279	**.552**	.278	**.460**
시연 51	.230	.108	**.665**	**.506**
시연 50	.036	.098	**.645**	**.427**
시연 52	.235	.195	**.635**	**.496**
시연 54	.207	.231	**.635**	**.499**
시연 48	.213	.204	**.632**	**.487**
시연 47	.158	.176	**.632**	**.456**
시연 49	.197	.164	**.628**	**.460**
시연 46	.298	.234	**.525**	**.420**
시연 53	.221	.379	.426	.374
고유치	5.027	4.639	4.107	
설명변량	16.755	15.463	13.689	
누적변량	16.755	32.218	45.907	

<표 4-7> 행동 조절의 최종 요인구조

문항 내용	요인 1	요인 2	요인 3	공유변량
시간과 공부조절 66	**.740**	.170	.169	**.554**
시간과 공부조절 70	**.719**	.080	.129	**.562**
시간과 공부조절 67	**.672**	.240	.102	**.561**
시간과 공부조절 72	**.629**	.242	.130	**.492**
시간과 공부조절 71	**.619**	.076	.130	**.545**
시간과 공부조절 68	**.581**	.298	.002	**.344**
시간과 공부조절 65	**.581**	.008	.242	**.339**
시간과 공부조절 69	**.481**	.162	.369	**.363**
노력조절 77	.308	**.667**	.200	**.287**
노력조절 75	.234	**.658**	.199	**.278**
노력조절 81	.269	**.655**	.172	**.593**
노력조절 78	−.163	**.570**	.125	**.621**
노력조절 80	.325	**.566**	.282	**.509**
노력조절 79	.155	**.557**	.425	**.486**
노력조절 76	.284	**.555**	.213	**.525**
학습행동 조절 83	.008	.214	**.766**	**.448**
학습행동 조절 85	.069	.126	**.674**	**.385**
학습행동 조절 82	.215	.239	**.611**	**.670**
학습행동 조절 84	.256	.276	**.580**	**.474**
시간과 공부조절 73	.377	.233	.436	.428
시간과 공부조절 74	.290	.161	**.401**	**.389**
고유치	4.002	3.117	2.815	
설명변량	19.057	14.841	13.405	
누적변량	19.057	33.899	47.304	

먼저 동기 조절의 요인분석 결과 고유치 1.0 이상은 5개 요인으로 전체 분산의 52.92%를 설명하고 있는 것으로 나타났다. 이어서 스크리 검사를 통해서 4개의 요인을 동기 조절의 하위 영역으로 최종 확정하였다.

인지 조절의 주성분분석 결과 고유치 1.0 이상은 5개 요인으로 전체 분산의 53.50%를 설명하는 것으로 나타났다. 이어서 Cattell이 제시한 스크리 검사를 통해 3개 요인을 인지 조절의 하위 영역으로 최종 확정하였다.

행동 조절의 주성분분석 결과 고유치가 1.0 이상 되는 4개 요인이 추출되었으며 이들 요인이 설명하는 공통변량은 52.14%에 해당하였다. 이어서 스크리 검사를 통해서 3개 요인을 동기 조절의 하위 영역으로 최종 확정하였다.

이들 3개 차원에 포함된 각 문항의 내용과 부하량은 〈표 4-5〉, 〈표 4-6〉, 〈표 4-7〉과 같다.

이것을 근거로 중학생들의 자기조절학습 구성요인의 해석 및 명명을 하면 다음과 같다.

먼저, 동기 조절의 요인 1에 부하된 12개 문항들은 '자기효능감'으로, 요인 2에 부하된 9개 문항들은 '내재적 가치'로, 요인 3에 부하된 6개 문항들은 '시험불안'으로, 그리고 요인 4에 부하된 6개 문항들은 '목표지향성'으로 명명하였다. 그런데 '내재적 가치'로 명명되었던 13번 문항의 경우 '자기효능감'에도 높게 부하되어 최종 검사에서 삭제되었다.

다음으로 인지 조절의 요인 1에 부하된 11개 문항들은 '정교화'로, 요인 2에 부하된 10개 문항들은 '점검'으로, 요인 3에 부하된 8개 문항들은 '시연'으로 명명하였다. 그런데, '시연'으로 명명되었던 53번 문항의 경우 '점검'에도 높게 부하되어 삭제했다.

끝으로 행동 조절의 요인 1에 부하된 8개 문항들은 '시간과 공부조절'로, 요인 2에 부하된 7개 문항들은 '노력 조절'로, 요인 3에 부하된 5개 문항들은 '학습행동 조절'로 명명하였다. 그런데 '시간과 공부조절'로 명명되었던 73번 문항의 경우 '학습행동 조절'에도 높게 부하되어 삭제했다.

2) 준거 타당도: 학업성적과의 상관

자기조절학습은 인지와 동기 요인이 통합된 다면적인 구인으로서 선행 연구(박승호, 1995, 2003; 정미경, 1999, 2000; 양명희, 2000; Chung, 2000; Paris, Byrnes & Paris, 2001; Paris & Paris, 2001; Pintrich, 2000; Zimmerman, 2000)들에 의하면, 자기조절학습과 학업성취 간에는 비교적 높은 상관이 존재하며, 학습과제 유형과 관계없이 학생들의 학업성취에 있어서 중요한 측면이자 예언치임을 밝히고 있다. 따라서 이와 같은 선행 연구결과에 근거하여 본 연구에서 개발된 중학생용 자기조절학습 검사의 준거 타당도로써 학업성적을 사용하였다.

자기조절학습의 하위 구성요인과 학업성취와의 상관관계를 분석한 〈표 4-8〉에 의하면, 인지조절 차원의 점검을 제외한 나머지 하위 구성요인들이 r=.132~.566의 범위에서 통계적으로 의미 있는 상관을 나타냈다. 이것으로 보아 본 연구에서 개발된 중학생용 자기조절학습 검사는 적절한 준거 타당도를 확보하고 있다고 볼 수 있다.

<표 4-8> 자기조절학습 검사와 학업성취와의 상관(N=1,396)

	자기 효능감	내재적 가치	시험 불안	목표 지향성	정교화	시연	점검	시간과 공부 조절	노력 조절	학습 행동 조절	자기 조절 학습
국어 성적	.467***	.251***	.081***	.191***	.342***	.357***	028	.218***	.400***	.277***	.194***
수학 성적	.552***	.259***	.149***	.192***	.281***	.375***	019	.224***	.399***	.306***	.190***
학업 성취	.566***	.280***	.132***	.210***	.337***	.404***	025	.243***	.438***	.322***	.211***

***p. <001

제 5 장
논의 및 결론

　본 연구는 중학생들의 학습 과정에 있어서 학업성취를 제고하고 학습 동기, 인지전략, 그리고 학습 행동의 개인차를 확인하여 이를 교정하기 위한 자료의 하나로써 한국의 문화와 환경에 적절한 자기조절학습 측정 도구를 개발하려는 목적으로 시도되었다. 따라서 본 연구에서는 중학생용 자기조절학습 검사를 개발하여 신뢰도와 타당도를 검증하고 표준화해서 다음과 같은 결론을 도출할 수 있었다.

　검사의 개발 과정의 첫째 단계로서 관련 문헌과 기존에 개발된 자기조절학습 검사의 구성요인을 검토한 결과, 자기조절학습이란 동기 조절, 인지 조절, 행동 조절의 이론적 구성요인들의 유기적 관계 속에서 이루어지는 통합적인 학습 과정임이 확인되었다. 이와 같은 이론적 구성요인으로 이루어진 중학생용 자기조절학습 검사의 구인 타당도를 알아보기 위해 요인분석한 결과 동기 조절에는 자기효능감, 내재적 가치, 시험불안, 목표지향성으로 명명할 수 있는 4개 요인이 산출되었고, 인지 조절에는 점검, 시연, 정교화로 명명할 수 있는 3개 요인이 산출되었으며, 행동 조절에는 시간과 공부조절, 노력 조절, 학습행동 조절로 명명할 수 있는 3개 요인이 산출되었다. 이를 바탕으로 〈부록 4-1〉과 같이 82개의 중학생용 자기조절학습 검사 문항을 개발할 수 있었다.

또한 자기조절학습의 하위 구성요인별 신뢰도검증 결과에 의하면, 내적 합치도는 α=.83~.91로 나타나 높은 신뢰도를 보여주었다. 이는 하위 요인별로 모두 문항의 내적 일관성을 유지하고 있는 것으로 볼 수 있다.

공인타당도 검증을 위한 학업성취와의 상관분석 결과, 인지 조절 차원의 점검을 제외한 나머지 하위 구성요인들이 r=.132~.566의 범위에서 통계적으로 의미 있는 상관을 나타냈다. 이것으로 보아 본 연구에서 개발된 중학생용 자기조절학습 검사는 적절한 준거 타당도를 확보하고 있다고 볼 수 있다. 다만, 인지 조절의 점검의 경우 학업성취와 의미 있는 관계를 갖지 않는 것으로 확인되었는데, 이는 중학생들의 경우에도 인지를 통제·조절할 수 있는 능력이 부족하기 때문에 적절한 인지 조절의 사용에 관해 교사의 지도가 필수적으로 이루어져야 함을 의미한다.

이상의 분석 결과를 종합해 볼 때, 본 연구에서 개발된 중학생용 자기조절학습 검사는 앞으로 일부 문항을 수정해 나가고, 한국 상황에 맞는 요인들을 추가해 나간다면 보다 타당한 검사로 사용될 가능성이 크다고 보인다. 후속 연구를 통해 본 연구에서 개발된 중학생용 자기조절학습 검사의 타당도를 보충하고, 계속적으로 미비점을 보완해 간다면 중학교 현장에서 학생들의 학습 과정과 방법에 대한 이해를 돕고 그들로 하여금 가장 적절한 학습 방법을 선택하도록 지원하는 일에 유용한 자료로 쓰일 것이다. 따라서 학생은 물론이고, 교사와 자녀의 학습을 도와주어야 하는 학부모들에게도 진단, 이해 및 배치를 위한 정보 자료로 유용하게 활용될 수 있을 것이다.

제 5 부

대학생용 자기조절학습 검사도구 개발

제 1 장
서 론

    정보사회, 지식기반사회, 문화사회로 일컬어지는 21세기에는 교육을 잘 받은 인적 자원이 곧 개인과 국가의 부와 번영을 약속할 것임을 우리 모두가 믿고 있다. 다음 세대의 교육이 잘 이루어지기 위해서는 무엇보다도 그들이 학습해야 할 내용이 다가올 사회에 적절성을 가져야 한다. 학교교육의 내용은 그들이 살아갈 미래사회에서 요구되는 제반 지식, 능력, 가치관, 태도 등을 담고 있어야 한다(조난심, 2000). 이처럼 지식의 중요성과 역할이 강조되는 지식기반사회에서는 지식을 생성, 축적, 전달하는 사회 제도로서의 교육체제에 커다란 변화를 요구하게 되는데, 각 개인의 학습 필요가 엄청나게 확대됨으로써 이 엄청난 학습 필요를 기존의 교수·학습 방법으로는 도저히 충족시킬 수 없게 된다. 따라서 21세기의 복잡성을 띤 사회 속에서 잘 살아갈 수 있으려면, 학습은 다차원적인 측면에서 일어나야 한다. 즉 학교에서는 팽창하는 정보와 지식을 능숙하게 처리하고 자신이 가지고 있는 지식을 효율적으로 관리할 수 있는 능력을 가르쳐야 한다. 또한 특정 상황에서 어떤 것이 어떻게 학습되는가 하는 '학습 방법'이, '학습 내용'만큼이나 중요하기 때문에 직접 가르치는 것을 줄이고, 학습자 스스로 배우는 것을 늘려 가는 방법을 모색해야 한다.

이에 따라 대학교육은 지식과 정보를 생산하는 지적 재산(intellectual property)의 주체로서 지속적인 변화와 개혁을 요구받게 되었고, 대학교육의 효율성과 생산성에 대한 정책 결정자들의 관심은 학생들이 학습의 과정에서 실제로 무엇을 학습하였는가에 대한 성과 사정(outcomes assesment)으로 나타나고 있다. 따라서 대학교육의 목표도 기존의 지식을 학생들에게 전수하는 것으로부터 미래 사회에서 스스로 배움을 지속해 나갈 수 있는 능력을 길러주는 것으로(OECD, 1997), 즉 대학교육의 효율성과 생산성을 강조하는 책무성(accoutability) 강화로 변화하고 있다. 이와 같은 변화에 적응력을 함양하기 위해 대학생들이 갖추어야 할 핵심 능력은 학습자 스스로 학습을 선택하고 구성하며 실행한다는 포괄적인 의미를 내포하는 자기조절학습 능력이다.

자기조절학습이란 1980년대 이후 사회인지적 관점에서 발달해 온 구인으로서 효율적인 학습을 위해 자기조절이 필수적이며, 자기조절을 잘하는 학습자들이 학업성취가 높은 것으로 규명되었다(박승호, 2004; 정미경, 1999, 2004; 양명희; 2000; Chung, 2000; Paris, Byrnes & Paris, 2001; Paris & Paris, 2001; Pintrich, 2000; Zimmerman, 2000).

그런데 자기조절학습 개념과 구성요인의 다양성으로 인해 교육 현장에서는 해당 개념과 활동의 본질에 대한 논란이 거듭되고 있다. 특히 1960년대 후반부터 미국, 영국에서 학교 밖의 교육을 보다 체계적이고 효율적으로 실시하기 위해 성인교육의 관점에서 발달해 온 자기주도학습(self-directed learning)과 1980년대 후반부터 학습자의 자율적인 학습활동을 강조하며 교수·학습 이론의 관점에서 발달해 온 자기조절학습이 어떤 차이가 있는지에 대한 의문이 제기되고 있다. 이에 대해 노국향(1999)은 자기주도학습은 학습자의 자유 의지를 강조하고 있고, 자기조절학습은 학습자의 자율적 통제권을 강조하고 있다고 했고, 홍기칠(2004)은 자기조절학습과 자기주도학습이 서로 다른 배경 속에서 발전되어 왔지만 그 가정이나 개념 및 구성요인이 거의 일치하고 있으므로 이들을 구태여 구분할 필요 없이 이들 개념을 통합하여 사용할 필요성이 있다고 논의한 바 있다.

이러한 맥락에서 볼 때, 자기조절학습의 연구에서 가장 시급한 일은 자기조절학습의 구인을 확인하고, 이를 충실히 측정할 수 있는 측정도구를 개발하는 것이라고 할 수 있다. 또한 Schunk와 Zimmerman-(1994)은 자기조절학습이 상황의 영향에 의해 어떤 영향을 받는지에 대한 연구가 필요하고, Howard-Rose와 Winne(1993)는 학생에게 강요되는 과제의 속성은 자기조절학습 수준에 영향을 줄 수 있다는 점을 강조하고 있으며, Pintrich, Roeser와 De Groot(1994)는 자기조절학습의 개인적 차이와 교사 행동, 과제의 속성과 같은 교실 상황적인 면이 자기조절학습의 단계와 관계가 있다는 것을 발견했다. 이와 같은 연구결과는 자기조절학습 검사는 학습자의 발달 특성과 학습 환경을 고려해서 개발되어야 함을 시사한다. 따라서 본 연구에서는 학습자의 발달 특성과 학습 환경을 고려하여 대학생용 자기조절학습 검사를 개발하고자 한다.

대학생들은 청소년기와 성인기의 중간 단계에서 유능하고 건강한 사회인으로 발달해 가야 하는 중요한 발달 과업을 안고 있다. 그러나 우리나라의 대학생들을 보면, 초·중·고 12년 동안 지나치게 통제되고 수동적인 입시 위주의 학교 교육을 받다가 보다 자율성과 책임감이 주어지는 대학교육이라는 낯선 교육환경에 접하게 되어 혼란을 겪게 된다. 대학생활을 통해서 개인적으로는 자신의 능력과 흥미를 기반으로 자기 주도적인 학습이 전개되어야 하며, 사회적으로는 합리적인 의사결정을 바탕으로 능동적인 참여와 책임의식의 학습과정이 요구된다. 다시 말해서 대학의 교육과정은 초·중·고등학교의 교육과정과는 분명히 다르기 때문에 대학생활에서 학생들은 자신의 학습 과정과 방법에 대한 이해를 바탕으로 자신에게 가장 적합한 학습 방법을 선택하여 활용할 수 있도록 자기조절학습 능력의 계발이 필요한 시기라 할 수 있을 것이다.

이와 같은 필요성에 의해 개발된 본검사는 대학생의 자기조절학습 능력을 측정하여 다음과 같은 목적을 이루는 데 유용하게 활용될 수 있을 것이다.

첫째, 대학생들의 학습 과정과 방법에 대한 이해를 돕고, 그들로 하여금 가장 적절한 학습 방법을 선택할 수 있게 한다. 또한 대학생들이 언제, 어디서, 어떻게 자기조절학습을 사용하고, 과제 해결을 위해 각각의 구성요인들을 어떻게 변형할 수 있을 것인가에 관한 정보 제공의 역할을 하게 된다.

둘째, 학생들 스스로 자기 주도적인 학습에 흥미를 갖게 하고, 효과적인 학습을 유도하게 된다.

셋째, 학습자의 능동성을 강조한 자기조절학습이 미래 진로를 계획하고 점검하며 조직화하는 데 영향을 미칠 수 있을 것이다.

제 2 장
이론적 배경

1. 자기조절학습의 개념 정의

광범위한 교육 현장에서 경험을 기초로 도출된 가설적 구인인 자기
조절학습은 Zimmerman(1986)을 중심으로 한 일군의 연구자들이
Bandura의 경험적 연구결과를 기초로 '학습자가 어떻게 자신의 학습
을 조절해 나가는가'에 대한 집중적인 논의를 거듭하면서 촉발되었다
(Paris, Byrnes & Paris, 2001). 그 이후 행동주의적 관점, 현상학적 관
점, 사회인지적 관점, 의지적 관점, Vygotsky적 관점 그리고 구성주의
적 관점 등 다양한 이론적 관점에서 연구되어 왔고(Zimmerman &
Schunk, 1989), 현재까지도 학자들마다 다양한 의견을 개진하고 있다.

자기조절학습에 관한 가장 포괄적인 정의로는 Zimmerman(1986)의
정의를 들 수 있다. 그는 학습자가 상위인지적으로, 동기적으로, 행동
적으로 자신의 학습 과정에 적극적으로 참여하는 것이라고 정의하며,
자기조절이 학업성취를 촉진하는 실제적 촉진자라고 하였다. 여기서
상위인지적으로 학습에 적극 참여한다는 것은 학습자가 학습과정 중
에 학습을 계획하고, 목적을 설정하며, 자기점검과 자기평가하는 것을

의미하며, 이러한 과정에서 자신의 학습을 자각하고, 자신의 학습에 대해 통찰력과 확신을 갖게 된다. 동기 과정에서 보면, 자기조절 학습자는 자기효능감이 높고 자발적이며 과제에 본질적인 흥미를 가지고 접근한다. 또한 행동적으로 학습에 적극 참여한다는 것은 자기조절 학습자가 자신의 학습을 성공적으로 이끌기 위해 가장 적합한 환경을 선택하고, 구조화하며, 창조하는 것을 의미하며, 이를 위해 자신의 학습에 도움을 주는 정보와 조언을 구하고, 학습하기에 가장 적합한 장소를 찾고, 학습과정 중에 자기교수와 자기강화를 한다. 그러므로 자기조절 학습자는 자신의 학업성취를 향상시키기 위해 학습 시 상위인지적, 동기적, 행동적 전략을 체계적으로 사용한다.

Bandura(1982)는 자기조절을 구성하는 요소로 극복전략, 문제해결과 의사결정 기술, 목표설정, 계획, 자기평가, 자기조절, 자기강화에 대한 능력을 포함한다고 하였고, Corno와 Mandinach(1983) 등은 학생이 특정 영역에 관련된 맥락을 심화시키고 조작하며 심화된 과정을 점검하여 개선시키려는 학생 자신의 노력을 자기조절학습이라고 정의하였다.

자기조절학습에서 동기적 요소를 강조한 Pintrich(1989)는 중심 요소로 인지적 요소, 자원관리 요소, 동기적 요소로 구분하였는데, 인지적 요소로는 주어진 과제의 암송, 과제의 정교화, 과제의 조직화를 포함하고, 자원관리 요소로는 할당된 시간의 관리, 주어진 상황의 환경적 조건 관리, 과제를 수행하기 위한 노력의 분배 관리, 필요한 도움의 요청 등을 포함하며, 동기적 요소로는 내적 지향, 과제의 중요성, 신념, 성공에 대한 기대를 포함한다고 하였다. Pintrich와 De Groot(1990)는 자기조절학습을 학생들의 인지를 계획, 점검, 그리고 조절하기 위한 상위인지적 전략, 교실의 학업적 과제에 대한 학생들의 노력을 관리하고 통제하는 요인, 학습자가 학습하고, 기억하며, 이해하기 위해 사용하는 인지전략 요인으로 간주하였다.

이 밖에도 Paris와 Paris(2001)는 자기조절학습이란 정보 습득과 전문가로서의 성장 그리고 자기 개선을 위한 개개인의 점검, 방향 제시, 자기조절의 행동에 의한 자율과 통제로 간주하였다. 또한 Boekaerts(1995)는 자기조절학습에 있어서 정의적 요소에 강조점을 두었다. 박승호(2004)는 초인지 외에 초동기(metamotivation)와 의지통제(volitional control)를 자기조절학습의 중요 구성요인으로 제시하였다. 여기서 초인지란 자기조절 학습자가 자신의 학습을 계획, 점검, 조절하는 것을 의미하고, 초동기는 동기적 과정에 대한 학습자들의 인식(awareness)을 의미하며 나아가서 동기를 조절하기 위해 필요한 구인이다. 또한 의지통제란 학습 중에 학습을 방해하는 많은 내적·외적 주의 산만 요소를 통제하면서 본래의 의도를 지속적으로 유지시켜 학습 목적을 달성하게 하는 심리적 기제를 말한다.

이렇듯 자기조절학습의 개념 정의의 다양성에도 불구하고, 자기조절 학습자가 갖고 있는 다음과 같은 특징들에는 합의에 이르고 있다.

첫째, 자기조절 학습자는 자신의 학업성취를 향상시키기 위해 학습에 인지적, 동기적, 행동적 전략을 체계적으로 사용한다.

둘째, 자기조절 학습자는 학습 중에 학습의 효과를 알아보기 위해 자기 지향적인 피드백을 사용한다.

셋째, 자기조절 학습자는 특정 자기조절학습전략을 선택하여 사용하는 방법이나 이유를 설명할 수 있다.

넷째, 자기조절학습의 중요한 측면은 인지와 동기는 별개로 다루어져서는 충분히 이해하기 어려운 상호 연관성이 있는 과정이다.

다섯째, 자기조절학습은 내적인 학습 욕구를 가지고 학습 과정을 스스로 통제하고 검색하며 관리하는 학습자의 전략적이면서도 의도적인 노력의 과정이라고 볼 수 있다.

여섯째, 자기조절학습 활동은 학습자의 학업성취 능력에 영향을 미친다.

이에 기초해 볼 때, 자기조절학습이란 학습자의 내재적 과정, 학습자가 몸담고 있는 환경, 그리고 학습 행동의 세 가지 결정 변인이 학습자가 자기 학습을 조절하려는 노력이라고 가정할 수 있다. 본 연구에서는 이와 같은 공통된 특징을 기초로 자기조절학습이란 '학습자가 자신의 학습 활동의 주인이 되어 학습 목표와 학습 동기를 진단하고, 학습에 필요한 인적·물적 자원을 관리하며, 학습의 모든 과정에서 의사 결정과 행위의 주체가 되는 자기 학습'이라고 정의하였다(정미경, 1999; Chung, 2000).

2. 자기조절학습 검사의 구성요인

자기조절학습의 구성요인에 대한 합의를 도출하는 것은 자기조절학습 정의의 다양성에서 비롯되는 개념상의 모호성을 해소하고 검사 도구를 제작하기 위해 매우 중요한 과정이다. 그러나 자기조절학습의 구성요인과 측정 변인에 대한 견해 또한 연구자의 이론적 관점에 따라 매우 다양하다. 초기에 자기조절학습은 단일 요인으로 간주되었으나, 최근에는 다차원적인 것으로 확인되었다. 따라서 대학생용 자기조절학습 검사 개발의 틀이 될 수 있는 구성요인을 설정하기 위해 〈표 5-1〉에 제시된 바와 같이 기존에 개발된 검사 도구를 검토하여 시사점을 도출하였다.

자기조절학습 면접표(Self-Regulated Learning Interview Schedule: SRLIS)를 개발한 Zimmerman과 Martinez-Pons(1986, 1988)는 자기조절학습의 결정 요소로서 개인적, 행동적, 환경적 요소를 제시하고, 인지와 동기의 통합적인 역할을 강조하였다. 이 검사는 학교 안팎의 여러 상황에서 학습 방법을 질문하는 구조화된 면접 형식의 측정 도구인데, 자기조절학습전략을 자기평가, 조직과 변형, 목표 설정과 계획, 정보 탐색, 계속적인 기록과 점검, 환경의 구조화, 자기강화, 시연과 기억, 친구·교사·성인으로부터 사회적 도움 구하기, 시험지·노트·교과서 자료 검토의 14개로 나누어 제시했다.

학습 동기화 전략 검사(Motivated Strategies for Learning Questionnaire: MSLQ)를 개발한 Pintrich와 De Groot(1990)는 자기조절학습에 동기를 포함시켜 대학생들을 대상으로 동기적 특성과 자기조절학습과의 관련성에 대한 집중적인 탐구를 수행하였다. 그 결과 56개 문항을 개발하여 최종 44개의 문항을 선정하였고, 자기조절학습의 구성요인으로 인지 전략의 사용, 상위인지 전략의 사용, 노력 관리와 통제를 선정하였으나 무엇보다 중요한 것은 자기조절학습의 구성요인을 사용하도록 동기화되는 것임을 강조하였다. 따라서 학습자를 적극적인 정보 처리자로 가정하고, 이들 문항을 요인분석하여 동기적 신념과 자기조절학습전략으로 구분하여 동기적 신념 속에 자기효능감, 내재적 가치, 시험불안을 포함시키고, 자기규제학습 전략 속에는 인지전략 사용, 자기조절을 포함시켰다. 국내의 최진승과 손종식(1993)은 학습 동기화 전략 검사(MSLQ)를 기초로 초등학교, 중학교, 고등학교에서 공통적으로 사용할 수 있는 학습 동기화 전략 설문지를 타당화하였다. 이 검사는 자기효능감, 내재적 가치, 시험불안, 인지방략 사용, 자기규제의 5개 구성요인의 90개 문항으로 개발되어 있다.

<표 5-1> 자기조절학습 검사의 형식과 방법

검사명	개발자	검사 형식과 방법	검사의 구성요인
SRLIS (Self-Regulated Learning Interview Schedule)	Zimmerman과 Martinez-Pons (1986, 1988)	·면접과 교사 평정	자기평가, 조직과 변형, 목표 설정과 계획, 정보 탐색, 계속적인 기록과 점검, 환경의 구조화, 자기강화, 시연과 기억, 사회적 도움 구하기(친구, 교사, 성인), 자료 검토(시험지, 노트, 교과서)
LASSI (Learning and Study Strategies Inventory)	Weinstein, Schulte와 Palmer (1987)	·자기보고식 5점 척도 ·76개 문항	학습 태도, 학습 동기, 학습 불안, 주의 집중, 정보 처리, 중심 주제 찾기, 학습 보조, 시간 관리, 시험 전략, 자기점검
MSLQ (Motivated Strategies for Learning Questionnaire)	Pintrich와 DeGroot (1990)	·검사 대상-대학생 ·자기보고식 7점 척도 ·본검사-44개 문항	동기적 신념(자기효능감, 내재적 가치, 시험 불안), 자기규제학습 전략(인지전략 사용, 자기조절)
SRLI (Self-Regulated Learning Inventory)	Linder와 Harris(1992)	·검사 대상-대학생 ·자기보고식 5점 척도 ·71개 문항	상위인지, 학습전략, 동기, 상황적 민감성, 환경 이용과 통제
	Linder와 Harris (1996)	·검사 대상-대학생 ·자기보고식 5점 척도 ·80개 문항	집행적 처리과정, 인지적 처리과정, 동기, 환경 이용과 통제
SDL (Self-directed learning Competency)	Baumert, Fend, O'Neil과 Peschar (1998)	·검사 대상-고등학생 ·자기보고식 4점 척도 ·112개 문항	학습전략, 동기, 목적 지향성, 자기 인식, 행동 통제(노력과 끈기), 사회적 능력에 대한 자기 보고, 학습에 대한 잠재력
자기주도적 학습 능력척도	OECD/PISA 노국향(1999)	·검사 대상-고등학생 ·14개 차원 ·61개 문항	암기, 상세화, 도구적 동기 유발, 흥미에 의한 동기 유발, 수학 교과 관련 흥미, 국어 교과 관련 흥미, 과제 지향성, 자아 지향성, 통제 능력, 자기효능감, 언어에 대한 자아개념, 수학에 대한 자아개념, 학문에 대한 자아개념, 노력-일반, 노력-수학, 노력-국어, 협력적 학습

자기조절학습 검사(Self-Regulated Learning Inventory: SRLI)를 개발한 Linder와 Harris(1992)는 문헌분석을 통해 자기조절학습의 구성요인을 체계적으로 탐색하고, 인지와 동기 변인의 통합을 강조하였다. 이 검사는 상위인지, 학습전략, 동기, 상황적 민감성, 환경 이용과 통제의 5개 차원의 71개 문항으로 이루어져 있다. 이 검사에서 상위인지는 인지 조절, 인지에 대한 지식, 자기 반성적 인식을 말하고, 학습전략이란 성공적인 학습 촉진을 위해 계획 조직하기, 학습 목표 달성을 위해 기술 세분하기, 학문적인 목표를 달성하기 위한 절차를 의미한다. 또한 동기란 노력과 결과의 관계 인식하기, 성취감·능력감, 학습 욕구를 의미하고, 상황적 민감성이란 과제 요구를 측정하는 능력, 과제 요구를 조정하는 능력, 학습 과제와 평가 사이의 관계를 판단하는 능력을 말하며, 환경 이용과 통제란 도움 구하기, 계획하기, 학습 환경 만들기를 의미한다. 그러나 최근 자기조절학습의 요인 구조의 탐색과 확인 과정을 통해 집행적 처리 과정, 인지적 처리 과정, 동기, 환경 이용과 통제의 4개 차원의 80개 문항으로 구성된 SRLI 개정판(Self-Regulated Learning Inventory, 1996)을 개발하였다.

이 밖에도 자기주도학습 능력 검사(Self-directed Learning Competency: SDL)를 개발한 Baumert, Fend, O'Neil과 Peschar(1998) 등은 자기주도학습력이란 개인적 특성을 가진 측면과 교수·학습적 맥락에서 개발되고 발달될 수 있는 측면이 모두 포함된 것으로 보았다. 이 검사는 자기보고식 4점 척도로서 학습전략, 동기 유발, 목표 지향성, 자아개념, 행동 통제 전략, 사회적 능력, 그리고 학습에 대한 잠재력의 7개 차원과 각 차원 내의 세부 영역 23개에 대한 총 112개 문항으로 구성되어 있다.

이렇듯 여러 차원에서 많은 연구자들이 자기조절학습의 개념을 다양한 시각에서 정의하였고, 그것에 관련된 하위 구성요인들을 다양하게 제시하고 있다. 그러나 이러한 다양한 구성요인들을 공통적인 특성을 중심으로 요약해 보면, 다음과 같이 세 가지 하위 요인으로 분류할 수 있다. 이는 본 연구에서 개발하려는 대학생용 자기조절학습 검사의 논리적 기초가 되었고, 그것은 첫째, 학습자 자신의 능력에 대한 기대, 학습에 참여하는 이유와 목적, 그리고 불안에 대한 처리와 같은 동기조절 요인이며, 둘째, 학습자가 자료를 기억하고 이해하는 데 사용하는 실제적인 인지, 초인지 전략에 해당하는 인지조절 요인이며, 셋째, 학습자가 자신의 학습을 성공적으로 이끌기 위해 가장 적합한 학습환경을 선택하고, 구조화하며, 창조하는 것을 의미하는 행동조절 요인이다.

제 3 장
연구방법

1. 예비검사 문항의 제작

대학생용 자기조절학습 예비검사는 자기조절학습에 관한 정의와 구성요인들에 대한 이론적 기초를 근거로 다음과 같은 체계적인 과정을 거쳐 제작되었다.

먼저, 대학생용 자기조절학습 검사의 요인을 선정하기 위해 이론적 배경에서 검토한 자기조절학습에 대한 각종 논문, 이론서, 그리고 기존의 자기조절학습 관련 검사 문항들을 참고하는 문헌연구를 실시하였다.

둘째, 학습 능력이 우수한 대학생들이 사용하는 자기조절학습전략에는 어떤 것들이 있는가를 탐색하였다. 자기조절학습의 구성요인과 학업성취의 관계를 분석한 선행 연구들(박승호, 2004; 정미경, 1999, 2004; 양명희, 2000; Chung, 2000; Paris, Byrnes & Paris, 2001; Paris & Paris, 2001; Pintrich, 2000; Purdie, Hattie & Douglas, 1996; Schunk & Zimmerman, 1994; Zimmerman, 2000; Zimmerman & Matinez-Pons, 1990)에 의하면, 우수한 학습자는 자신의 학습에 있어서 목표 지향적, 전략적, 지속적인 특징을 갖고 있고, 자신이 설정한 목표와 관련된 정보를 자기평가하고 그러한 평가를 통하여 후속 행동을 조절하는 능력을 소유하고 있으며, 학습하기 위해 노력하고 주의를 집중하기 위해 동기화하는 반면, 학습에 어려움을 보이는 학생들은 자신의 능력에 부정적인 지각을 형성하고, 동기가 부족하며, 학습을 보다 효과적으로 수행하기 위한 전략 또한 부족한 것으로 나타났다.

셋째, 문헌연구를 통해 확인된 동기 조절, 인지 조절, 행동 조절의 하위 구성요인들은 〈표 5-2〉와 같고, 이를 대학생들의 학습과정에 적합한 어휘와 내용으로 수정하는 검토가 이루어졌다. 최종적으로 교육심리학 전공자 3인으로 구성된 전문가 집단이 문항의 논리적 타당도와 적합성을 검토하여 전체 161개의 예비검사 문항을 개발하였다.

〈표 5-2〉 예비검사의 구성

요 인	하위 구성요인		문항 번호	문항 수	
동기 조절	자기효능감		1~13	13	52
	내현적 목표지향		14~22	9	
	외현적 목표지향		23~30	8	
	내재적 가치		31~43	13	
	시험불안		44~52	9	
인지 조절	상위인지	계획	53~64	12	67
		조절	65~75	11	
		점검	76~85	10	
	인지전략	시연과 기억	86~98	13	
		정교화	99~108	10	
		조직화	109~119	11	
행동 조절	시간과 공부관리 전략		120~131	12	42
	공부환경관리전략		132~139	8	
	노력관리		140~154	15	
	조력 추구적 행동		155~161	7	
합 계				161	

2. 예비검사의 실시

전문가의 평정을 거친 예비검사 문항 161개를 가지고 2004년 11월 한 달 동안 서울, 경기 지역에 소재한 3개 대학교에서 예비검사가 실시되었다. 예비검사의 실시 목적은 개발된 문항들의 질과 유용성을 검증하여 최적의 문항들을 선정하고 문항의 질을 개선하는 데 필요한 정보를 얻기 위해 본검사 대상 학생보다 적은 수의 학생들에게 현장 적용을 실시하는 것이다. 예비검사에 참여한 대학생들의 변인 분포는 〈표 5-3〉과 같다.

〈표 5-3〉 예비검사 대상자의 변인 분포

구 분		빈도(명)	비율(%)	구 분		빈도(명)	비율(%)
학년	1학년	90	24.0	성별	남자	119	31.7
	2학년	156	41.6				
	3학년	54	14.4		여자	246	65.6
	4학년	62	16.5				
	무응답	13	3.5		무응답	10	2.7
	합계	375	100		합계	375	100

3. 예비검사 문항 분석방법

예비검사 문항의 양호도를 검증하기 위해 타당도와 신뢰도를 확인하였다. 먼저, 문항의 타당도를 검증하기 위해 동기 조절, 인지 조절, 행동 조절의 3개 차원으로 나누어서 주성분요인분석 방법을 통해 분석하였다. 이때 고유치가 2.0 이상 되고 요인부하량이 .30 이상 되는 문항을 다섯 개 이상 포함하는 요인을 추출하였다. 본 연구에서 고유치가 2.0 이상 되는 문항들을 중심으로 요인을 추출한 이유는 고유치가 1.0 이상 되는 문항들이 과다하여, 이러한 추출 요인을 Cattell(1966)이 제안한 Scree 도표 기준에 의해 요인 범주를 확인하였기 때문이다. 이와 같은 과정에서 어느 공통 요인에도 부하량이 .30에 미치지 못하는 문항, 한 문항의 변량이 두 차원 이상으로 분산된 문항, 그리고 극단적인 평균값을 갖거나 표준편차가 낮아 변별력이 의심스러운 문항은 부적절한 것으로 판단하여 삭제하였다.

이와 같은 문항의 선정기준에 의해 54개의 문항이 삭제되고, 동기 조절 36개 문항, 인지 조절 37개 문항, 그리고 행동 조절 34개 문항이 최종 선정되었다. 선정된 문항들의 요인부하량 분포는 〈표 5-4〉와 같다.

〈표 5-4〉 예비검사의 요인부하량 분포

하위 요인명	.40~.49	.50~.59	.60~.69	.70 이상	문항 수
동기 조절	6	7	13	10	36
인지 조절	6	14	13	4	37
행동 조절	7	16	5	6	34

예비검사 문항의 신뢰도를 구하기 위해 각 척도별 Cronbach α 계수와 반분신뢰도 계수를 산출하였다. 〈표 5-5〉에서 보면, α 계수의 범위는 .871~.956이며, 반분신뢰도의 범위는 .704~.836으로 나타났다. 이것으로 보아 자기조절학습 검사의 각 문항이 그 검사가 의미하는 차원을 신뢰롭게 측정하고 있음을 말해 주고 있다.

<표 5-5> 예비검사의 신뢰도 계수

구분 요인	α 계수	반분 신뢰도	문항 수
동기 조절	.871	.704	36
인지 조절	.925	.819	37
행동 조절	.908	.825	34
전 체	.956	.836	107

끝으로, 검사 문항에 대한 재배열 과정을 거쳐 본검사 문항을 완성하였다. 이때 검사지는 비교적 제작이 쉽고, 다양한 유형의 심리 측정에 효과적인 자기보고 방식의 Likert 척도로 개발하였고, 학생들의 주의 집중 시간을 고려하여 검사 시간은 40분 이내에 끝낼 수 있도록하였다.

4. 본검사의 실시

예비검사를 거쳐 탐색적 타당화 과정을 거친 자기조절학습 검사의타당도, 신뢰도 및 규준을 마련하기 위해 2005년 3월 한 달 동안 본검사가 실시되었다. 특정 지역에 편중되지 않는 전국 단위의 표집을 위해 9개 지역 10개 대학에서 1,183명의 학생들(남학생: 241명, 여학생: 877명, 무응답: 65명)을 표집하였다. 연구대상의 지역별, 학년별 사례 수는 <표 5-6>과 같고, 계열별 사례 수는 인문계열(112명), 사회계열(228명), 사범계열(40명), 이공계열(408명), 농학계열(408명), 예체능계열(63명), 무응답(66명)이었다.

<표 5-6> 규준집단의 학년별 분포 및 사례 수

지역별 학년	서울	인천	화성	안성	천안	청주	음성	목포	대구	전체
1학년	122	0	0	112	1	0	61	0	4	300
2학년	75	0	0	49	34	1	32	32	48	271
3학년	65	75	45	39	37	2	0	8	53	324
4학년	68	1	2	79	3	66	1	13	1	234
무응답	27	1	1	10	0	1	2	5	7	54
전 체	357	77	48	289	75	70	96	58	113	1,183

제 4 장
연구결과

1. 규준집단의 하위 영역별 문항 수 및 기술적 통계 값

규준집단의 하위 영역별 문항 수 및 전체 척도의 평균과 표준편차
는 〈표 5-7〉과 같다.

〈표 5-7〉 자기조절학습 검사의 기술적 통계 값

요인(문항 수)	성별	1학년 남	1학년 여	2학년 남	2학년 여	3학년 남	3학년 여	4학년 남	4학년 여	전체
자기효능감 (11문항)	M	35.00	35.29	35.57	36.83	36.23	37.94	37.24	36.82	36.59
	SD	6.70	6.69	5.73	5.45	7.11	5.26	6.06	5.20	5.94
내재적 가치 (10문항)	M	36.46	37.98.	36.65	37.20	35.84	38.04	36.39	36.10	37.16
	SD	6.41	6.21	5.33	5.60	6.99	5.64	5.43	5.38	5.88
시험 불안 (6문항)	M	19.38	19.07	18.78	19.09	20.22	20.16	21.46	19.13	19.52
	SD	4.92	4.45	5.37	4.46	4.53	4.27	4.22	4.27	4.48
외현적 목표지향 (5문항)	M	16.12	17.77	16.83	17.53	15.17	16.61	14.28	17.12	16.88
	SD	4.19	3.51	3.84	3.54	3.97	3.76	3.99	4.01	3.86
인지전략 (13문항)	M	41.70	44.23	44.62	44.92	44.42	46.19	44.17	44.58	44.69
	SD	7.59	7.87	7.55	7.36	8.58	6.50	7.90	7.83	7.54
시연과 기억 (7문항)	M	22.90	24.41	23.23	24.96	22.96	25.02	23.63	24.59	24.41
	SD	4.57	3.63	4.41	3.62	5.45	4.03	4.65	4.22	4.15

요인(문항 수)	성별	1학년		2학년		3학년		4학년		전체
		남	여	남	여	남	여	남	여	
점검	M	22.01	23.92	22.37	24.05	22.74	23.86	23.35	23.38	23.54
(6문항)	SD	4.06	3.33	4.26	3.07	3.78	2.96	2.94	3.08	3.32
계획	M	13.74	14.01	14.51	14.51	16.00	15.26	14.93	14.63	14.66
(5문항)	SD	3.50	3.39	4.35	3.25	4.02	3.30	3.44	3.25	3.45
노력조절	M	26.26	28.11	27.19	29.22	28.20	29.67	28.20	25.36	28.57
(8문항)	SD	5.42	5.16	4.90	5.18	5.32	4.80	4.86	5.06	5.15
시간과 공부조절	M	18.43	19.21	18.19	20.07	19.63	21.10	20.26	20.54	20.01
(7문항)	SD	4.97	4.80	5.23	4.45	4.42	4.60	5.53	5.12	4.86
조력추구	M	17.53	17.74	17.49	17.48	17.52	18.44	18.28	17.47	17.78
(6문항)	SD	4.50	3.88	4.83	3.85	4.84	3.73	4.79	3.57	3.99
공부환경조절	M	13.78	15.17	13.62	14.94	14.36	15.16	14.22	14.94	14.83
(4문항)	SD	2.84	3.02	3.40	2.98	2.85	2.91	2.82	2.71	2.94
자기조절학습	M	283.66	297.88	288.97	300.89	293.29	307.31	296.41	297.72	298.85
(88문항)	SD	33.05	33.34	36.32	32.24	40.88	31.24	38.70	31.42	33.68

2. 신뢰도

자기조절학습 검사의 신뢰도 확인을 위해 문항내적 합치도 계수인 Cronbach α계수를 산출하였다. 대학 1, 2, 3, 4학년 남녀 각 규준집단의 신뢰도는 α=.93~.96으로 나타났고, 하위 구성요인별 신뢰도는 〈표 5-8〉과 같다. 대학 1학년의 여학생 집단의 경우 시연과 기억 차원이 .61로, 남학생 집단의 경우 조력추구 전략이 .68, 공부환경 조절이 .66으로 다른 학년 집단의 하위 구성요인에 비해 신뢰도가 떨어지는 것으로 나타났다. 그러나 전체적으로 대학생용 자기조절학습 검사는 하위 요인별로 문항의 내적 일관성을 유지하고 있다고 해석하는 데는 무리가 없다. 따라서 본검사는 대학생들의 자기조절학습 능력을 측정하는 데 믿을 만한 검사의 신뢰도를 확보하고 있음을 알 수 있다.

<표 5-8> 규준집단별 자기조절학습 검사의 신뢰도

요인 \ 학년 / 성별	1학년 남	1학년 여	2학년 남	2학년 여	3학년 남	3학년 여	4학년 남	4학년 여
자기효능감	.87	.89	.79	.86	.88	.87	.88	.86
내재적 가치	.84	.87	.77	.85	.89	.87	.81	.84
시험 불안	.82	.82	.86	.86	.82	.86	.85	.84
외현적 목표지향	.76	.73	.79	.79	.77	.82	.84	.86
인지전략	.85	.90	.89	.89	.93	.88	.92	.92
시연과 기억	.72	.61	.74	.65	.83	.75	.81	.76
점검	.75	.70	.79	.74	.75	.71	.72	.75
계획	.72	.72	.85	.76	.87	.80	.83	.81
노력조절	.79	.83	.71	.86	.84	.84	.80	.84
시간과 공부조절	.80	.79	.84	.81	.75	.83	.88	.84
조력추구 전략	.68	.73	.76	.76	.73	.71	.82	.68
공부환경 조절	.66	.72	.73	.75	.68	.74	.77	.73
자기조절학습	.93	.95	.93	.95	.96	.95	.96	.94

3. 타당도

1) 구인 타당도 결과

자기조절학습 검사의 구인 타당도를 알아보기 위해 수집된 자기조절학습 검사의 반응 결과를 동기 조절, 인지 조절, 행동 조절의 개념적 구인으로 나누어서 주성분요인분석 방법을 통해 분석하였다. 탐색적 타당화 과정을 통해 구체화된 구인과 구인을 측정하는 것으로 가정된 측정변수 간의 가정된 관계 구조가 얼마나 경험적 자료와 부합하는가를 살펴보기 위해 본검사에서 수집된 자료를 대상으로 요인분석을 실시하였다. 이들 3개 차원에 포함된 각 문항의 최종 요인구조와 부하량은 〈표 5-9〉, 〈표 5-10〉, 그리고 〈표 5-11〉과 같다.

〈표 5-9〉 동기 조절의 최종 요인구조

문항 내용	요인 1	요인 2	요인 3	요인 4	공통 분산
자기효능감 4	**.710**	$-4.14\text{E}-02$	$8.043\text{E}-02$	.141	**.533**
자기효능감 11	**.678**	.228	$-2.29\text{E}-02$	$-9.21\text{E}-03$	**.512**
자기효능감 1	**.664**	$-8.34\text{E}-02$	$2.793\text{E}-02$	.192	**.485**
자기효능감 6	**.656**	$8.702\text{E}-02$	$6.020\text{E}-02$	$-2.36\text{E}-03$	**.442**
자기효능감 2	**.624**	.197	.132	$3.527\text{E}-02$	**.447**
자기효능감 10	**.613**	.331	$8.091\text{E}-02$	$7.169\text{E}-02$	**.498**
자기효능감 7	**.595**	.233	.215	$8.302\text{E}-02$	**.461**
자기효능감 5	**.591**	.198	.131	.108	**.418**
자기효능감 8	**.586**	.328	.145	.121	**.486**
자기효능감 3	**.535**	.108	.193	$3.130\text{E}-02$	**.336**
자기효능감 12	**.520**	.346	.160	$4.565\text{E}-02$	**.418**
자기효능감 9	.380	.135	$4.197\text{E}-02$	$9.060\text{E}-02$	.173
내재적 가치 19	$5.800\text{E}-02$	**.750**	.100	.134	**.594**
내재적 가치 21	.107	**.716**	$-5.12\text{E}-02$	.201	**.567**
내재적 가치 14	$6.990\text{E}-02$	**.710**	$9.475\text{E}-02$	.107	**.530**
내재적 가치 20	$3.807\text{E}-02$	**.708**	$-7.22\text{E}-04$	$5.677\text{E}-02$	**.505**
내재적 가치 22	.190	**.663**	$-8.58\text{E}-02$	.126	**.499**
내재적 가치 16	.171	**.656**	$-5.00\text{E}-02$	$-.125$	**.478**
내재적 가치 18	.161	**.623**	$2.896\text{E}-02$	.127	**.431**
내재적 가치 15	.291	**.564**	$4.222\text{E}-02$	$-3.66\text{E}-02$	**.406**
내재적 가치 23	.340	**.532**	$-7.46\text{E}-02$	$6.526\text{E}-02$	**.409**
내재적 가치 17	.374	**.528**	$-2.68\text{E}-02$	$-.198$	**.459**

문항 내용	요인 1	요인 2	요인 3	요인 4	공통 분산
내재적 가치 13	.135	**.494**	−1.88E−02	.316	**.363**
내재적 가치 24	8.138E−02	.391	−6.36E−02	6.912E−02	.168
시험불안 29	.105	8.592E−02	**.808**	−9.03E−02	**.674**
시험불안 27	.116	8.716E−02	**.796**	−1.25E−02	**.648**
시험불안 26	.138	1.265E−02	**.787**	−939E−04	**.639**
시험불안 25	.155	−2.46E−02	**.690**	6.127E−02	**.505**
시험불안 28	.124	−5.92E−02	**.684**	−.298	**.575**
시험불안 30	.102	−5.93E−02	**.617**	−.316	**.494**
시험불안 31	.209	−8.53E−02	.423	−.397	.387
외현적 목표지향32	.122	.129	−.152	**.783**	**.667**
외현적 목표지향33	.122	.129	−.107	**.759**	**.646**
외현적 목표지향35	.155	.151	−1.48E−02	**.733**	**.584**
외현적 목표지향36	4.081E−02	.106	−.195	**.639**	**.460**
외현적 목표지향34	.156	4.378E−02	5.117E−03	**.627**	**.420**
고유치	5.076	5.263	3.711	3.265	
설명된 분산(%)	14.100	14.620	10.310	9.070	
누적 분산(%)	14.100	28.721	39.030	48.100	

<표 5-10> 인지 조절의 최종 요인구조

문항 내용	요인 1	요인 2	요인 3	요인 4	공통 분산
인지전략 40	**.748**	9.189E−02	.252	8.020E−02	**.579**
인지전략 39	**.725**	1.007E−02	.140	5.744E−02	**.548**
인지전략 41	**.724**	−6.12E−04	.103	3.970E−02	**.536**
인지전략 43	**.707**	2.638E−02	.167	9.449E−02	**.538**
인지전략 48	**.661**	.261	.172	5.607E−02	**.538**
인지전략 42	**.652**	−4.77E−02	4.889E−02	.165	**.457**
인지전략 47	**.611**	.282	7.143E−02	.186	**.493**
인지전략 38	**.597**	.162	.188	1.905E−02	**.418**
인지전략 50	**.592**	.194	.138	9.970E−02	**.417**
인지전략 44	**.582**	.121	.186	.256	**.453**
인지전략 46	**.561**	.153	9.374E−02	.282	**.426**
인지전략 45	**.525**	.252	6.828E−02	9.293E−02	**.353**
인지전략 37	**.498**	9.198E−02	.252	.177	**.351**

문항 내용	요인 1	요인 2	요인 3	요인 4	공통 분산
인지전략 49	.439	.385	.175	6.959E−02	.377
시연과 기억 63	3.66E−02	**.712**	5.431E−02	7.214E−02	**.479**
시연과 기억 66	−2.05E−02	**.670**	−7.91E−02	.167	**.401**
시연과 기억 62	3.970E−02	**.648**	.222	3.467E−02	**.444**
시연과 기억 65	4.621E−02	.616	.142	1.064E−02	.267
점검 61	.263	**.521**	.321	3.442E−03	**.440**
시연과 기억 64	.139	**.493**	5.552E−02	3.829E−02	.516
시연과 기억 68	.247	.495	3.904E−02	.300	.276
점검 60	.179	**.490**	.374	−.168	**.440**
시연과 기억 67	.264	**.400**	−2.84E−02	.213	**.484**
점검 58	.102	9.430E−02	**.728**	.125	.565
점검 56	4.672E−02	4.597E−02	**.699**	5.559E−02	.496
점검 51	.218	4.091E−02	**.540**	.113	.354
점검 55	.269	7.188E−02	**.535**	4.929E−02	.367
점검 57	5.661E−02	5.407E−02	.533	−4.20E−02	.292
점검 54	.168	.165	**.514**	−5.30E−04	.319
점검 53	6.272E−02	4.491E−02	.455	.156	.237
점검 52	.183	.270	**.449**	.166	.335
점검 59	.300	.312	.337	.260	.369
계획 72	.178	6.864E−02	9.232E−02	**.753**	.606
계획 73	.113	4.983E−02	5.329E−02	**.696**	.612
계획 69	.240	.199	−3.35E−02	**.692**	.404
계획 71	.201	5.448E−02	.391	**.640**	.550
계획 70	.176	.142	.429	**.561**	.577
고유치	6.149	3.678	3.657	2.894	
설명된 분산(%)	16.618	9.940	9.883	7.822	
누적 분산(%)	16.618	26.558	36.441	44.263	

<표 5-11> 행동 조절의 최종 요인구조

문항 내용	요인 1	요인 2	요인 3	요인4	공통 분산
노력 조절 89	**.718**	.232	.104	$-4.81\mathrm{E}-02$	**.583**
노력 조절 85	**.662**	$8.105\mathrm{E}-02$	$9.440\mathrm{E}-02$	$7.316\mathrm{E}-02$	**.459**
노력 조절 90	**.646**	.108	$6.683\mathrm{E}-02$	.184	**.467**
노력 조절 91	**.631**	.209	.217	.171	**.519**
노력 조절 88	**.606**	.240	.159	.130	**.467**
노력 조절 84	**.598**	.226	$7.913\mathrm{E}-02$	$5.131\mathrm{E}-02$	**.417**
노력 조절 83	**.566**	.364	$9.131\mathrm{E}-02$	$-7.74\mathrm{E}-02$	**.467**
노력 조절 87	**.549**	$-347\mathrm{E}-02$	$9.520\mathrm{E}-02$	.170	**.341**
노력 조절 86	.331	$8.210\mathrm{E}-02$	$-.163$	$-9.08\mathrm{E}-02$	.151
노력 조절 93	.320	.310	$-.106$	$-9.66\mathrm{E}-03$	.210
시간과공부조절 76	$-1.70\mathrm{E}-02$	**.729**	.217	$9.441\mathrm{E}-02$	**.589**
시간과공부조절 77	$4.025\mathrm{E}-02$	**.726**	.234	$7.163\mathrm{E}-02$	**.589**
시간과공부조절 78	$7.248\mathrm{E}-02$	**.654**	.107	.106	**.456**
시간과공부조절 74	.299	**.597**	.145	$2.732\mathrm{E}-02$	**.468**
시간과공부조절 75	.214	**.564**	$5.573\mathrm{E}-02$	.328	**.474**
시간과공부조절 79	.383	**.530**	$7.290\mathrm{E}-02$	$9.186\mathrm{E}-02$	**.441**
시간과공부조절 80	.256	**.525**	$5.051\mathrm{E}-02$	.156	**.367**
노력조절 92	.234	.417	$-4.68\mathrm{E}-02$	$-8.64\mathrm{E}-02$	.238
조력추구 106	$-2.85\mathrm{E}-02$	.199	**.726**	$2.121\mathrm{E}-02$	**.568**
조력추구 107	$-4.00\mathrm{E}-02$	.216	**.725**	$-2.67\mathrm{E}-02$	**.574**
조력추구 101	.125	.131	**.604**	$-3.70\mathrm{E}-03$	**.397**
시간과 공부조절 82	.154	.368	**.505**	$3.730\mathrm{E}-02$	**.416**
시간과 공부조절 81	$9.729\mathrm{E}-02$	.371	.460	$6.082\mathrm{E}-02$	.362
조력추구 104	$2.232\mathrm{E}-02$	$-4.41\mathrm{E}-02$	.478	.112	.243
조력추구 105	.247	$-5.47\mathrm{E}-03$	**.458**	.282	**.350**
조력추구 102	.264	$-.120$	**.438**	.258	**.343**
조력추구 99	.354	$8.331\mathrm{E}-02$	.369	.281	.348
조력추구 100	.451	$4.368\mathrm{E}-02$	.364	.273	.412
조력추구 103	.400	$6.413\mathrm{E}-02$	.336	.242	.336
공부환경조절 96	.149	.222	$2.198\mathrm{E}-02$	**.769**	**.663**
공부환경조절 95	$6.703\mathrm{E}-02$	.230	$1.665\mathrm{E}-02$	**.760**	**.635**
공부환경조절 97	.113	.221	$6.955\mathrm{E}-02$	**.685**	**.535**
공부환경조절 98	$-1.58\mathrm{E}-02$	$-4.80\mathrm{E}-02$	.190	**.523**	**.312**
공부환경조절 94	$7.236\mathrm{E}-02$	$-4.42\mathrm{E}-02$	$8.022\mathrm{E}-02$	.520	.284
고유치	4.453	3.913	3.249	2.865	
설명된 분산(%)	13.097	11.509	9.557	8.426	
누적 분산(%)	13.097	24.606	34.163	42.589	

먼저 동기 조절의 요인분석 결과 고유치 1.0 이상인 요인은 4개로 전체 분산의 48.10%를 설명하고 있는 것으로 나타나서 이들 4개 요인을 동기 조절의 하위 영역으로 최종 확정하였다.

인지 조절의 주성분요인분석 결과 고유치 1.0 이상인 요인은 4개로 전체 분산의 44.26%를 설명하는 것으로 나타나서 이들 4개 요인을 인지 조절의 하위 영역으로 최종 확정하였다.

행동 조절의 주성분요인분석 결과 고유치가 1.0 이상 되는 요인은 4개로 축소되었으며 이들 요인이 설명하는 누적분산은 42.58%에 해당하므로 이들 4개 요인을 행동 조절의 하위 영역으로 최종 확정하였다.

최종 요인구조 결과를 근거로 대학생용 자기조절학습 검사의 하위 구성요인의 명명 및 해석을 하면 다음과 같다.

동기 조절의 요인 1에 부하된 11개 문항들은 개인이 성취 장면에서 자신의 능력에 대해 가지는 기대를 의미함으로 '자기효능감'으로, 요인 2에 부하된 10개 문항들은 과제에 대한 목적, 과제의 흥미, 중요성에 대한 신념을 의미함으로 '내재적 가치'로, 요인 3에 부하된 6개 문항들은 자기 자신, 가까이 있는 시험 장면이나 잠재된 결과에 대한 부정적인 기대감 및 근심 등과 같은 불안 경험의 인지적인 요소와 불안 경험의 생리적·감정적인 요소인 정서적인 요소를 의미함으로 '시험불안'으로, 그리고 요인 4에 부하된 5개 문항들은 수업에서 비교와 규준적 평가를 중요시하여 항상 학습 과정보다 결과에 관심을 갖는 것을 의미함으로 '외현적 목표지향'으로 명명하였다.

다음으로 인지 조절의 요인 1에 부하된 13개 문항들은 학습자가 효율적인 학습과 정보를 기억하고 이해하기 위해 학습내용을 정교화, 조직화하는 데 사용하는 실제적인 전략에 해당함으로 '인지전략'으로, 요인 2에 부하된 7개 문항들은 학습내용들을 여러 가지 기억술을 동원하여 효과적으로 암기하는 것을 의미함으로 '시연과 기억'으로, 요인 3에 부하된 8개 문항들은 학습자 자신의 주의 집중을 추적하면서 이해 정도를 확인하는 전략에 해당함으로 '점검'으로, 요인 4에 부하된 5개 문항들은 목표를 설정하고, 읽기 전에 훑어보고, 질문을 만들며, 문제를 분석하는 것 등을 포함함으로 '계획'으로 명명하였다.

끝으로 행동 조절의 요인 1에 부하된 8개 문항들은 학습자가 과제를 수행하기 위해 학습자 스스로 노력을 분배하고 관리하는 등 학습을 수행하기 위해 노력하는 것에 해당함으로 '노력 조절'로, 요인 2에 부하된 7개 문항들은 학습자가 자신의 학습 시간과 공부방법을 효과적으로 조절하는 것을 의미함으로 '시간과 공부조절'로, 요인 3에 부하된 6개 문항들은 교수, 선배, 친구들에게 도움을 얻고자 노력하고, 이에 대해 긍정적인 태도를 취하는 것을 의미함으로 '조력추구 전략'으로, 요인 4에 부하된 4개 문항들은 최적의 학습 환경을 조성하기 위해 물리적 공부 환경을 선택하고 구조화하며 창조하는 것을 의미함으로 '공부환경조절'로 명명하였다.

2) 준거 타당도 결과

자기조절학습과 학업성취 간에는 비교적 높은 상관이 존재하며, 학습과제 유형과 관계없이 학생들의 학업성취에 있어서 중요한 예언치임을 규명한 선행 연구결과(박승호, 2004; 정미경, 1999, 2004; 양명희, 2000; Chung, 2000; Paris, Byrnes & Paris, 2001; Paris & Paris, 2001; Pintrich, 2000; Zimmerman, 2000)에 근거하여 최종 측정 도구의 준거 타당도는 학업성적과의 피어슨 상관계수로 분석하였다. 학업성적은 본검사에 참여한 대학생들의 2004학년도 2학기 전체 평점을 활용하였다. 분석결과는 〈표 5-12〉와 같고, 각 요인별 상관계수는 모두 유의한 것으로 나타났다. 특히, 노력조절과 학점과의 상관이 r=.450으로 가장 높고, 시연과 기억(.353), 자기효능감(.334)인 것으로 나타났다. 이는 Alderman(1999), Corno와 Mandinach(1983)의 연구에서 규명된 바와 같이, 노력 조절이 학업적 성공의 강력한 예측인임을 재확인해 주는 결과이며, 본 연구에서 개발된 대학생용 자기조절학습 검사는 적절한 준거 타당도를 확보하고 있다고 볼 수 있다.

<표 5-12> 자기조절학습 검사와 학점과의 상관(N=762)

	자기 효능감	내재적 가치	시험 불안	외현적 목표 지향	인지 전략	시연과 기억	점검	계획	노력 조절	시간과 공부 조절	조력 추구 전략	공부 환경 조절	자기 조절 학습
학점	.334**	.262**	-.090*	.202**	.235**	.353**	.141**	.188**	.450**	.244**	.258**	.206**	.392**

** p <0.01   * p <0.05

4. 자기조절학습 검사 결과 해석

자기조절학습 검사의 하위 구성요인별 모든 척도의 원점수는 백분위 점수와 표준점수(T점수)로 환산된다. 백분위 점수와 표준점수는 규준집단의 반응을 기초로 해서 수집되었다. 본검사 결과는 〈부록 5-1〉과 같이 한 개인이 표준화 집단에서 차지하는 상대적 위치를 알기 위해 사용되는 누가 백분율에 기초한 프로파일 형태로 제시되며, 각 척도별 분석 결과를 4단계 수준으로 분류하여 해석한다. 즉 백분위 점수가 75인 영역에 속한 경우는 이 능력이 매우 우수하다고 볼 수 있고, 백분위 점수가 50 이상이고 75 미만인 영역에 속한 경우는 이 능력이 양호하며, 백분위 점수가 25 이상 50 미만인 영역에 속하면 이 능력이 다소 부족하며, 백분위 점수가 25 미만인 경우는 이 능력이 부족한 것으로 해석될 수 있다.

제 5 장
논의 및 결론

　본 연구는 대학생용 자기조절학습 검사를 개발하고, 그 타당성을 검증하는 데 그 목적이 있다. 이러한 목적을 달성하기 위해 문헌연구를 고찰하여 자기조절학습의 구성요인을 찾아내고, 이에 대학생의 교수·학습 환경을 반영하여 자기조절학습 능력을 측정할 수 있는 검사를 개발하여 탐색적 타당화 과정과 확인적 타당화 과정을 거쳤고, 다음과 같은 결론을 도출하였다.

　검사의 개발 과정의 첫째 단계로서 관련 문헌과 기존에 개발된 자기조절학습 검사의 구성요인을 검토한 결과, 자기조절학습이란 동기 조절, 인지 조절, 행동 조절의 이론적 구성요인들의 유기적 관계 속에서 이루어지는 통합적인 학습 과정임이 확인되었다. 이와 같은 이론적 구성요인으로 이루어진 대학생용 자기조절학습 검사의 구인 타당도를 알아보기 위해 요인분석한 결과 동기 조절에는 자기효능감, 내재적 가치, 시험불안, 외현적 목표지향으로 명명할 수 있는 4개 요인이 산출되었고, 인지 조절에는 인지 전략, 시연과 기억, 점검, 계획으로 명명할 수 있는 4개 요인이 산출되었으며, 행동 조절에는 노력 조절, 시간과 공부조절, 조력추구 전략, 공부환경 조절로 명명할 수 있는 4개 요인이 산출되었다. 이를 바탕으로 〈부록 5-2〉와 같이 88개의 대학생용 자기조절학습 검사 문항을 개발하였다.

또한 자기조절학습의 하위 구성요인별 신뢰도검증 결과에 의하면, 내적 합치도 지수인 α=.93~.96으로 나타나 높은 신뢰도를 보여주었다. 이는 대학생용 자기조절학습 검사는 하위 요인별로 모두 문항의 내적 일관성을 유지하고 있으며, 검사의 각 문항이 그 검사가 의미하는 차원을 타당성 있고 신뢰롭게 측정하고 있음을 의미한다.

준거타당도 검증을 위해 자기조절학습의 하위 구성요인과 학업성취와의 관계를 상관분석한 결과, r=-.090~.450의 범위에서 통계적으로 의미 있는 상관이 있는 것으로 나타났다. 이것으로 보아 본 연구에서 개발된 대학생용 자기조절학습 검사는 적절한 준거타당도를 확보하고 있다고 볼 수 있다. 특히, 자기조절학습의 하위 구성요인 중 노력조절, 시연과 기억, 자기효능감 등이 학점과 높은 상관이 있는 것으로 나타났다. 이것은 Corno와 Mandinach(1983) 등이 자기조절학습이란 학생이 특정 영역에 관련된 맥락을 개선시키려는 학생 자신의 노력이라고 한 것과 일치하고, Alderman(1999)이 노력조절은 학문적 상황에서 점차적으로 학습전략을 구축하는 데 사용하고 학생들이 학교 안·밖의 많은 방해 요인들을 다룰 수 있도록 돕는다고 보고한 결과와 같은 맥락에서 해석될 수 있다. 그러나 본 연구에서 개발한 자기조절학습 검사와 기 개발된 검사와의 공인타당도를 제시하지 못한 한계점이 있으며, 이는 향후 연구를 통해 보완되어야 할 문제이다.

이러한 결과는 대학생용 자기조절학습 검사의 이론적, 실제적 활용 가능성에 대하여 몇 가지 중요한 사실을 추론할 수 있게 한다. 이론적 측면에서 교육학이나 심리학을 비롯한 사회과학 분야의 연구자들이 학습자의 교수·학습 과정에 관련된 다양한 문제를 연구할 때 타당한 연구 도구로 활용될 수 있을 것이다. 실제적 측면에서 첫째, 대학생의 자기조절학습 능력에 대한 신뢰롭고 정확한 진단적 정보를 제공할 수 있다. 대학생의 자기조절학습 능력 이해를 위한 정보의 역할을 수행하고, 이를 통해 학생의 학업성취 향상을 위한 지원의 역할을 수행할 수 있다. 즉 자기조절학습 능력과 분화 수준을 정확하게 파악해서 기술적 입장에서 자료를 제공할 수 있다. 둘째, 학생들은 자신의 학습 상태를 스스로 점검하고, 자기효능감(self-efficacy)을 갖게 되어 학습 과제에 대해 적극적이고 주도적인 자세를 취할 수 있을 것이다. 셋째, 21세기에는 컴퓨터를 사용한 검사(Computerized Adaptive Testing: CAT 혹은 Computer-Based Testing: CBT)가 지필 검사를 대치하는 새로운 검사 시행 방식으로 자리 잡게 될 것이 자명하므로 본 연구에서 개발된 자기조절학습 검사는 그대로 컴퓨터 이용검사로 활용될 것이다.

이상의 분석 결과를 종합해 볼 때, 본 연구에서 개발된 대학생용 자기조절학습 검사에서 밝혀진 구성요인에 대한 구조를 기초로 자기조절학습이 학습자의 발달 단계에 따라 어떻게 분화되는지에 대한 확인 연구가 필요하다. 그러나 앞으로 일부 문항을 수정하고, 계속적으로 미비점을 보완하며 한국 상황에 적합한 요인들을 추가해 나간다면 대학에서 학생들의 학습 과정과 방법에 대한 이해를 돕고 그들로 하여금 가장 적절한 학습 방법을 선택하도록 지원하는 일에 유용한 평가 도구로 쓰일 것이다.

제 6 부

자기조절학습과 창의적, 비판적 사고력 간의 관계

제 1 장
서 론

　21세기에는 지식과 정보의 끊임없는 생성이 사회의 핵심적인 가치로 등장함으로써 과거의 기능 적응적 인간형보다 능동적이고 창조적 인간형의 양성이 필요하게 되었다(허경철 외, 2000). 이에 따라 21세기 대학교육의 방향은 지식 탐구 능력의 육성, 학습능력 향상, 지식과 기술의 유지와 더불어 고차적 사고력을 함양할 수 있는 교육으로 변화되고 있다. 이처럼 고등교육 개혁에서 창의적 사고, 비판적 사고와 같은 고차적 사고력을 강조하는 것은 세계적인 추세이며(조연순, 2001), 궁극적으로 삶의 과정에서 당면하게 되는 문제에 현명하고 합리적으로 대처하기 위해 자기조절학습 능력을 함양하는 교육의 필요성이 더욱 강조되고 있다. 특히 21세기 교육 패러다임의 전환에 따라 정보통신기술을 기반으로 생성되는 가상의 공간에서 학습자가 스스로 지식을 생성하도록 지원하고 능동적으로 학습을 전개해 나가기 위해서 자기조절학습 능력은 더욱 중요한 학습자 특성으로 요구받게 될 것이다.

　이러한 맥락에서 교육의 주된 목적과 효과적인 학습 과정을 논의하고, 우수한 학습자를 기술함에 있어서 자기조절학습은 빠질 수 없는 핵심 구인이 되었다(Boekaerts, 1997; Winne, 1995). 많은 연구들이 자기조절학습이 학생들의 학업성취도를 예상할 수 있는 구성 요소임을 일관되게 보고하였다(박승호, 2003; 정미경, 1999, 2005; Chung, 2000; Linder & Harris, 1998; Paris & Paris, 2001; Pintrich, 2000; Zimmerman, 2000). 최근 자기조절학습 연구는 인지, 정서, 동기, 행동 측면의 구성요인을 모두 포함시키는 방향으로 진행되고 있다(Zeider, Boekaerts & Pintrich, 2000). 이러한 자기조절 과정은 학습에 적용하여 효과적인 증가를 가져오기 때문에 자기조절학습의 개념, 성격을 명확하게 규명하기 위해서는 이것이 다른 사고 능력들과 어떠한 관계에 있는지 분석해 볼 필요가 있다. 그러나 자기조절학습과 다른 사고 능력 간의 관계를 직접적으로 규명한 연구는 찾아보기 어렵다.

그런데 Pesut(1990)는 '자기조절적인 상위인지' 과정을 창의성과 하나의 틀로 설명하고자 하는 새로운 시도를 하였다. 즉 창의성도 자신의 주의 과정과 인식 과정에 대한 인식과 자기-강화, 자기-평가, 자기-점검의 과정을 포함하고 이를 통해서 더욱 발달될 수 있는데, 이것이 창의성의 상위인지적 과정이라고 주장하였다. Pesut(1990)의 견해는 자기조절학습이 창의성과 강력한 관계를 가질 수 있음을 구체적으로 암시한 것으로 창의성을 전형적인 자기조절적인 활동으로 개념화한 것이다. 같은 맥락에서 손향숙(1997)도 각 개인의 독창성이나 자발성이 강조되는 창의성을 전형적인 자기조절적 활동이라고 보았다. Feldhusen(1995) 또한 창의적 사고와 문제해결에 문제의 존재 감지, 문제의 구체적 확인, 문제에 대한 의문 제기, 원인 추정, 분명한 목표 설정, 문제해결에 필요한 추가 정보 판단, 문제 상황과 관련된 제 측면 확인, 친숙한 사물을 새롭게 재정의, 특정 행동이 일으킬 수 있는 암시성 감지, 문제해결 후 수행사항 점검, 다양한 해결책 중에서 가장 좋고 이례적인 해결 방법 선택 등 10가지의 상위인지 전략을 제시하였다. 그리고 Nickerson(1999)은 어린 학생들의 창의성을 길러주기 위해서는 내적 동기와 자신감을 길러주고 상위인지적 기술들을 가르쳐야 한다고 주장하였다. 최근 Cox(2002)는 대학생들을 대상으로 창의적 사고력과 자기조절학습 간의 관계를 분석한 결과, 정적 상관이 있다는 연구결과를 제시하였다. 홍기칠(2004)은 자기조절학습에는 창의성 요인이 포함되지 않지만, 자기 주도적으로 학습하려 할 때 창의적 사고로 문제를 해결하는 능력이 필요하다고 지적하여 자기조절학습이 창의적 사고력과 직결된다는 것을 암시하였다. 그렇다면 과연 자기조절학습이 학습자의 창의적 사고력을 설명할 수 있는 구인인가? 이는 곧 창의적 사고력을 기르기 위한 선행요건으로 자기조절학습에 별도의 관심을 기울일 필요가 있는가를 규명해야 함을 의미한다.

또한 창의성의 구성요인은 넓은 뜻으로는 창의성 관련 지식, 태도 그리고 기능이 포함된다. 그러나 좁은 뜻으로는 주로 창의적 기능만을 말한다. 이것은 새롭고 유용한 해결책을 찾아내는 사고 능력으로 확산적 사고와 비판적 사고로 구성된다(홍기칠, 2004). 이에 대해 Treffinger(1996)는 기초단계인 1단계에서 지식과 동기유발 및 상위인지 조절 등의 기본적인 요소가 갖추어져야 2단계인 창의적 사고와 비판적 사고로 올라갈 수 있고, 창의적 사고와 비판적 사고는 독립적인 개념이라고 가정하였다. 확산적 사고를 그 핵심으로 가지고 있는 창의적 사고와는 달리, 비판적 사고는 그 핵심에 수렴적 사고를 지니고 있어 확산적 사고는 포함하지 않는다는 것이다(김명숙 외, 2002). 비판적 사고력은 과정적 지식이 포함되며 비판적 사고의 개념은 단순한 정보 획득에 반해서 지식 개발과 문제해결에서의 인지과정을 강조하게 된다. Treffinger, Isaksen과 Dorval(2001) 또한 비판적 사고란 논리적이고 체계적으로 사고하는 기능으로 단지 수렴적 사고를 의미하는 것뿐만 아니라 문제 상황에 초점을 맞추어 사고하는 것으로 정의하였다. 이와 같은 비판적 사고력에 대한 정의는 Paul(1990)이 비판적 사고란 훈련된 자기주도적 사고이고 (신용주, 1996 재인용), Pintrich(1993) 등과 Bidjerano(2005)가 자기조절학습의 인지조절의 하위 구성요인으로 시연, 정교화, 조직화, 비판적 사고, 상위인지를 제시하면서, 여기서 비판적 사고란 개념의 비판적 평가와 새로운 상황에 지식을 적용하는 것이라고 개념화한 것과 같은 맥락에서 이해될 수 있다. 그러나 Kreber(1998)가 자기주도성, 비판적 사고, 인성 간의 관계를 분석한 바에 의하면 자기주도 학습과 비판적 사고력 간에는 통계적으로 유의한 차이가 없는 것으로 나타났다. 이처럼 교육에 있어서 자기조절학습과 비판적 사고력의 중요성이 부각됨에도 불구하고 자기조절학습과 비판적 사고력의 선행연구들 간에는 상이한 차이를 보인다.

따라서 본 연구에서는 대학생활을 통해서 개인적으로는 자신의 능력과 흥미를 기반으로 자기 주도적인 학습이 전개되어야 하고, 사회적으로는 합리적인 의사결정을 바탕으로 능동적인 참여와 창의적이고 비판적인 학습과정이 요구되는 대학생들의 자기조절학습과 창의적 사고력, 비판적 사고력과의 관계를 검증하고자 한다.

이상과 같은 연구목적을 중심으로 추진된 이 연구의 구체적인 연구문제를 기술하면 다음과 같다.

첫째, 자기조절학습은 창의적 사고력과 어떤 관계가 있는가? 그리고 대학생의 자기조절학습 수준에 따라 창의적 사고력에 차이가 나타나는가?

둘째, 자기조절학습은 비판적 사고력과 어떤 관계가 있는가? 그리고 대학생의 자기조절학습 수준에 따라 비판적 사고력에 차이가 나타나는가?

제 2 장
이론적 배경

1. 자기조절 학습자의 특성

자기조절학습 이론은 1980년대 이후 기존의 연구에서 밝혀진 산발적 또는 분리된 학습 요소들을 통합하는 개념적 특성이 있다. 따라서 자기조절학습 관련 용어와 하위 구성요인은 매우 다양하다(Zeidner, Boekaerts, & Pintrich, 2000). 대부분의 연구자들이 자기조절학습 연구를 위한 참조 모델로 삼고 있는 Zimmerman(1986)은 자기조절학습을 학습자가 상위인지적으로, 동기적으로, 행동적으로 자신의 학습 과정에 적극적으로 참여하는 것이라고 정의하였고, Pintrich와 De Groot(1990)는 자기조절학습을 학생들의 인지를 계획, 점검, 그리고 조절하기 위한 상위인지 전략, 교실의 학업적 과제에 대한 학생들의 노력을 관리하고 통제하는 요인, 학습자가 학습하고, 기억하며, 이해하기 위해 사용하는 인지전략 요인으로 간주하였다. 이 밖에도 Paris와 Paris(2001)는 자기조절학습이란 정보 습득과 전문가로서의 성장 그리고 자기 개선을 위한 개개인의 점검, 방향 제시, 자기조절의 행동에 의한 자율과 통제로 정의하였다. 또한 박승호(2003)는 학습자가 자신의 학습에 대한 목표를 설정하고 그런 후 그러한 목표를 향한 실행

과정에서 자신의 인지, 동기 및 행동을 모니터링, 조절, 통제하려고 하는 적극적이고 건설적인 과정으로 정의하였다.

이렇듯 자기조절학습의 정의는 다양하지만, 효율적인 학습 과정을 위해 자기조절이 필수적이며 자기조절을 잘하는 학습자들이 학업성취가 높은 것으로 규명되고 있다(박승호, 2003; 정미경, 1999, 2005; Chung, 2000; Paris, Byrnes & Paris, 2001; Paris & Paris, 2001; Pintrich, 2000; Zimmerman, 2000). Linder와 Harris(1998)는 상황적인 요구(situational demands)에 잘 적응된 학습자인 자기조절 학습자는 변화와 도전에 적응하는 데 있어서 좀 더 많은 유연성을 보여준다고 기술하였다. Pintrich(1995)는 자기조절학습 정도가 높은 학습자는 학습 중에 자신들이 어느 부분에서 이해와 주의를 잃었는가를 늘 점검하여 이해를 높이고 학습의 문제점을 수정 또는 보완하기 위하여 스스로를 점검한다고 기술하였다. Grow(1991)는 자기 주도적인 학습자는 자신의 학습에 책임을 질 수 있으며, 기꺼이 책임을 지려고 한다. 즉 이들은 자신의 학습에 있어서 스스로 목표 설정, 시간 운영, 정보 수집 및 이용, 평가 등을 할 수 있음을 강조하였다. 즉 자기조절 학습자는 목표를 세우고, 목표를 성취하기 위한 계획을 세우며, 자기 스스로를 동기화함으로써 그 과정을 조절하고, 목표를 향한 진보 정도를 평가하는 자기조절 전략을 사용한다.

이처럼 자기조절 학습자는 다양한 특성을 갖고 있지만 다음과 같은 공통된 특징이 있다.

첫째, 자기조절 학습자는 자신의 학업성취를 향상시키기 위해 학습에 인지적, 동기적, 행동적 전략을 체계적으로 사용한다.

둘째, 자기조절 학습자는 학습 중에 학습의 효과를 알아보기 위해 자기 지향적인 피드백을 사용한다.

셋째, 자기조절 학습자는 특정 자기조절학습전략을 선택하여 사용하는 방법이나 이유를 설명할 수 있다.

넷째, 자기조절 학습자는 변화와 도전에 적응하는 데 있어서 좀 더 많은 유연성을 보여준다.

2. 자기조절학습과 창의적 사고력

Pesut(1990)는 창의적 사고를 '자기조절적인 상위인지(meta-cognition)' 과정으로 설명하였다. 즉 자기조절 과정은 자신의 신체적 활동 또는 의식 과정을 자발적으로 수정하고자 하는 개인의 능력으로서 자기 감시, 자기평가, 자기강화 과정을 포함한다(손향숙, 2004). 창의성도 자신의 주의 과정과 인식 과정에 대한 인식과 자기-강화, 자기-평가, 자기-점검의 과정을 포함하고 이를 통해서 더욱 발달될 수 있는데, 이것이 창의성의 상위인지적 과정이라고 주장하였다. 이는 자기조절학습의 핵심 구성요인인 상위인지 과정과 창의성이 강한 관계를 가질 수 있음을 구체적으로 암시한 것이다.

상위인지를 개인의 인지과정에 대한 지식 또는 그와 관련된 산물로 정의한 Flavell(1979)은 상위인지를 상위인지적 지식과 상위인지적 경험으로 구분하였다. 상위인지적 지식이 과제에 적절한 지식을 선택하고 유지하며 일반화하는 것과 관련된 인지적 자원에 관한 개인의 지식이라면, 상위인지적 경험은 문제해결을 하는 동안 능동적 학습자에 의해 사용되는 자기조절 기제로서 계획, 점검, 조절과 같은 활동 과정을 포함한다. 계획은 목표를 설정하고, 정독하기 전에 훑어보고, 질문을 만들며, 문제를 분석하는 것 등을 포함하는 활동으로 문제에 대한 작업이 이루어지기 전에 일어난다. 점검은 스스로 주의 집중을 하고, 자기평가를 하며, 이해를 확인하는 것 등을 포함하는 활동으로 학습 그 자체 동안에 일어난다. 조절은 선택된 활동이 효과적이며 효율적이었는지를 계속적으로 체크하고, 필요할 때 활동을 조정하도록 하는 활동으로 과제를 완성한 후에 일어난다. 즉 사람, 과제 및 전략에 대하여 아는 것도 중요하지만 상위인지의 보다 중요한 측면은 과제를 수행하는 데 필요한 여러 가지 인지 과정들을 통제하고 조절하는 것이다. 이를 통해 볼 때 Pesut(1990)의 견해는 창의성을 전형적인 자기조절적인 상위인지 과정으로 개념화한 것이라고 볼 수 있다. 창의성의 전반적인 과정을 통해 스스로 문제를 점검하고 계획하고 수행하며 산물을 만들어내고 평가하는 동안 자신의 활동이나 사고에 대한 자기조절이 이루어지는 것이다.

Feldhusen(1995) 또한 창의적 사고 및 문제해결에 사용될 수 있는 상위인지적 기술을 제시하면서 이들 기술 혹은 전략이 정보 처리와 변형 과정을 촉진하여 새로운 산물을 생산하게 된다고 보았다. 그는 창의적인 사고와 문제해결에 문제의 존재 감지, 문제의 구체적 확인, 문제에 대한 의문 제기, 원인 추정, 분명한 목표 설정, 문제해결에 필요한 추가 정보 판단, 문제 상황과 관련된 제 측면 확인, 친숙한 사물을 새롭게 재정의, 특정 행동이 일으킬 수 있는 암시성 감지, 문제해결 후 수행사항 점검, 다양한 해결책 중에서 가장 좋고 이례적인 해결 방법 선택 등 10가지 상위인지 전략을 제시했다. 이는 상위인지가 창의성에 있어 중요한 역할을 한다는 것을 시사한다. 이외에도 Nickerson(1999)은 어린 학생들의 창의성을 길러주기 위해서는 내적 동기와 자신감을 길러주고 상위인지적 기술들을 가르쳐야 한다는 주장을 제기한 바 있다. Sternberg와 Williams(1996)는 창의성을 기르기 위해서는 긍정적이면서도 강력한 자기효능감을 길러주어야 한다고 강조하면서 자기조절학습의 핵심 구성요인인 자기효능감이 창의성과 밀접한 관련이 있음을 시사하였다. 최근 Cox(2002)는 대학생들을 대상으로 창의적 사고력과 자기조절학습 간의 관계분석에서 정적 상관이 있다는 연구결과를 제시하였다.

국내에서는 손향숙(1997, 2004)이 각 개인의 독창성이나 자발성이 강조되는 창의성은 전형적인 자기조절적 활동이라고 보았다. 즉 상위 인지적인 과정으로서의 창의성은 충분히 동기화된 상태에서 과제 속에 몰입하여 모호하고 불확실한 상태를 인내하며 목표지향적인 자기조절적인 특성을 지닌다. 자기조절 과정 속에는 자기 목표설정, 자기동기화, 자기 감시 및 자기강화의 과정들을 포함한다고 설명하였다. 홍기칠(2004) 또한 자기조절학습에는 창의성 요인이 포함되지 않지만, 자기 주도적으로 학습하려 할 때 창의적 사고로 문제를 해결하는 것은 필요한 능력이라고 제시하여 자기조절학습과 창의적 사고력과의 관련성을 시사하였다.

3. 자기조절학습과 비판적 사고력

발산적 사고를 그 핵심으로 가지고 있는 창의적 사고와는 달리, 비판적 사고는 그 핵심에 수렴적 사고를 지니고 있어 발산적 사고는 포함하지 않는다(김명숙 외, 2002). 비판적 사고는 논리적이고 체계적으로 사고하는 기능으로 단지 수렴적 사고를 의미하는 것뿐만 아니라 문제 상황에 초점을 맞추어 사고하는 것을 말한다. 즉 문제를 명료화하고 가능한 방안들의 타당성을 평가함으로써 문제의 해결책을 구체화하는 데 필요로 하는 사고로 주의 깊고, 정당하고, 구조적으로 가능성을 탐색하여 가능성들의 조직과 분석, 가능성 재개념과 개발, 우선

순위 매기기, 어떤 선택사항에 대한 결정과 같은 활동을 통해 사고나 행동에 초점을 맞추는 것을 말한다(Treffinger, Isaksen & Dorval, 2001; 조연순, 2001).

박선환(1999)은 비판적 사고력이란 문제를 객관적으로 분석하고, 그 타당성, 정확성, 신뢰성, 가치성을 평가하고, 그로부터 귀결되는 판단에 근거하여 결론을 추론하는 사고 능력으로 정의하고 분석, 평가, 추론의 구성 요소를 설정하였다. 따라서 비판적 사고에는 부정적인 측면과 긍정적인 측면을 고려하는 균형적 접근을 사용한 확정적인 판단, 신중하고 명확하게 생각하기, 새로움과 적절성 둘 다를 고려함과 목적을 염두에 두기 등이 포함된다. 이를 통해 볼 때 비판적 사고는 고차적 사고 기능으로서 이의 중요한 속성은 합리적, 논리적 사고의 기능 또는 능력만이 아니고 건전한 반성적 회의와 그에 따르는 비판 정신과 탐구적 태도를 포함한다고 볼 수 있다.

Ennis(1962)는 비판적 사고와 관련된 문헌들을 탐색하여 비판적 사고라고 할 만한 12개의 능력 또는 속성을 인지하고 그것들로부터 '진술(주장)에 대한 올바른 평가'로 정의하였다. 또한 미국철학회는 "비판적 사고 및 이상적인 비판적 사고자에 관한 동의서(Consensus Statement Regarding Critical Thinking and Ideal Critical Thinker, 1990)"에서 비판적 사고란 해석, 분석, 평가 및 추론을 산출하는 의도적이고 자기 규제적인 판단이며, 동시에 그 판단에 대한 근거가 제대로 되어 있는지 증거적, 개념적, 방법론적, 준거적 및 맥락적 측면들을 제대로 고려하고 있는지에 대한 설명을 산출하는 의도적이고 자기 규제적인 판단이라고 정의하였다. 이에 대해 델파이 조사 방법을 통해 비판적 사고 개념의 하위 구성요인으로 해석, 분석, 추론, 평가, 설명, 자기조절의 6개 하위기능으로 분류하였다. 여기서 제시한 자기조절은 자신의 추리와 추리 결과에 질문하고, 확인하고, 정당화하고, 수정하는 관점에서 자신의 추론적 판단을 분석하고 평가하는 데 이 기술을 적용함으로써 자신의 인지 활동들에 사용된 구성 요소 및 도출된 결과를 점검하는 것을 말한다. 이 정의에서 확인할 수 있듯이 자기조절학습의 하위 구성요인 중 인지와 상위인지 요인이 비판적 사고력과 관계가 있음을 시사받을 수 있다. 즉 비판적 사고를 잘 하기 위해서는 관심을 가지는 영역에 대한 지식이 필요하고, 이를 기초로 언제, 어떻게 그러한 사고를 해야 하는가를 판단하는 자기조절 전략이 있어야 한다.

이와 같은 맥락에서 Paul(1990)은 비판적 사고란 훈련된 자기 주도적 사고이고, Jones와 Safrit(1994)는 비판적 사고가가 되기 위해서는 자기 주도적이 될 필요가 있고, 반대로 자기 주도적 학습자가 되기 위해서는 비판적 사고가가 될 필요가 있음을 강조하였다. 즉 자기 주도적 학습은 비판적 사고 기술의 사용을 요구하고 동시에 그 기술을 발달시키고 보살펴야 한다는 것이다. 이는 비판적 사고의 과정은 새로운 관점을 확인하고 정당화시키며 변칙적 상황을 이해하고 통찰력과 가능한 대안들을 만들어 내려고 애쓰는 자기 주도적 학습자로부터 시작된다고 본 것이다(신용주, 1996 재인용). Pintrich(1993) 등과 Bidjerano(2005) 역시 자기조절학습의 인지조절의 하위 구성요인으로 시연, 정교화, 조직화, 비판적 사고, 상위인지를 제시하였는데, 여기서 비판적 사고란 개념의 비판적 평가와 새로운 상황에 지식을 적용하는 것을 의미하고 같은 맥락에서 이해될 수 있다. 이는 곧 비판적 사고력을 기르기 위한 선행 조건으로 자기조절학습의 중요성을 강조한 것이다. 반면에 Kreber(1998)는 자기주도성, 비판적 사고, 인성 간의 관계를 분석한 결과, 자기주도 학습과 비판적 사고력 간에는 통계적으로 유의한 차이가 없다고 보고하였다.

제 3 장
연구방법

1. 연구대상

본 연구에서는 경기도 지역에 소재한 H, Y대학에 재학 중인 남·여 학생 총 111명(1학년: 29명, 2학년 29명, 3학년 34명, 4학년 19명)을 연구대상으로 선정하였다. 대상 선정 후 이들에게 대학생용 자기조절학습 검사, 창의적 사고력 검사, 그리고 비판적 사고력 검사를 실시하였다.

2. 측정 도구

1) 자기조절학습 검사

자기조절학습을 측정하기 위한 도구로는 정미경(2005)이 개발한 '대학생용 자기조절학습 검사'를 사용하였다. 이 검사는 대학생들의 자기조절학습 능력을 종합적으로 측정하기 위해 개발된 검사로서 자기보고식 5점 척도로 되어 있다. 대학생용 자기조절학습 검사는 동기 조절, 인지 조절, 그리고 행동 조절의 3개 구성요인을 측정하는 88개 문항으로 구성되어 있다. 여기서 동기조절 요인이란 학습자가 학습에 참여하는 이유와 목적, 그리고 불안에 대한 처리와 같은 동기적 특성을 의미하고, 자기효능감, 내재적 가치, 시험불안, 그리고 외현적 목표지향의 하위 구성요인으로 분화되어 있다. 또한 인지조절 요인은 학습자가 자료를 기억하고 이해하는 데 사용하는 실제적인 전략을 말하고, 인지전략, 시연과 기억, 점검, 계획과 같은 하위 구성요인으로 분화되어 있다. 행동조절 요인은 학습자가 자신의 학습을 성공적으로 이끌기 위해 가장 적합한 학습환경을 선택하고, 구조화하며, 창조하는 것을 의미하며, 노력조절, 시간과 공부 조절, 조력추구 전략, 공부환경조절이 여기에 해당한다. 자기조절학습 검사의 구체적 영역과 문항 수는 다음 〈표 6-1〉과 같다.

<표 6-1> 대학생용 자기조절학습 검사의 영역과 문항 수

자기조절학습	검사 영역	검사 문항의 수
동기조절 (32문항)	자기효능감	11문항
	내재적 가치	10문항
	시험불안	6문항
	외현적 목표지향	5문항
인지조절 (31문항)	인지전략	13문항
	시연과 기억	7문항
	점 검	6문항
	계 획	5문항
행동조절 (25문항)	노력조절	8문항
	시간과 공부조절	7문항
	조력추구 전략	6문항
	공부환경조절	4문항
전 체		88문항

자기조절학습의 하위 구성요인별 신뢰도검증 결과에 의하면, 내적 합치도 지수인 Cronbach Alpha=.93~.96으로 나타나 높은 신뢰도를 보여주었다. 이는 대학생용 자기조절학습 검사는 하위 요인별로 모두 문항의 내적 일관성을 유지하고 있으며, 검사의 각 문항이 그 검사가 의미하는 차원을 타당성 있고 신뢰롭게 측정하고 있음을 의미한다.

2) 창의적 사고력 검사

창의적 사고력을 측정하기 위한 도구는 Torrance가 개발한 TTCT(언어) A형 검사를 김영채(2004)가 한국판으로 표준화한 도구를 사용하였다. TTCT 창의력 검사에서는 창의력(Creative thinking abilities)이란 창의적인 성취를 수행할 때 사용한다고 생각되는 '일반화된 정신 능력들의 집합'으로 정의하고, 창의력, 창의성 및 창의적 사고를 상호 교환적인 것으로 사용하고 있다. 이 검사는 질문하기, 원인 추측하기, 결과 추측하기, 작품 향상시키기, 마분지 상자의 독특한 용도, 가상해 보기의 6가지 활동으로 이루어져 있고, 이들 각 활동들은 유창성, 독창성 및 융통성 등에 따라 채점한다. 이 검사의 신뢰도는 유창성(.83), 융통성(.83), 독창성(.85)으로 나타났고, 검사 전체의 신뢰도 계수인 Cronbach Alpha=.94로 문항들이 내적 일관성을 유지하고 있음을 알 수 있다.

3) 비판적 사고력 검사

비판적 사고력을 측정하기 위한 검사 도구로는 박선환(1999)이 개발한 대학생용 '비판적 사고력 검사'를 사용하였다. 국내에서 비판적 사고력을 측정하기 위해 개발된 검사는 박선환(1999, 대학생용)과

KICE 비판적 사고력 검사(2002, 초등학교 4학년 – 고등학교 3학년)가 있지만, 본 연구의 연구대상이 대학생이기 때문에 박선환(1999)이 개발한 검사 도구를 사용하였다. 박선환(1999)은 비판적 사고력을 '문제를 객관적으로 분석하고, 그 타당성, 정확성, 신뢰성, 가치성을 평가하고, 그로부터 귀결되는 판단에 근거하여 결론을 추론하는 사고 능력'으로 정의하였고, 하위 구성요인으로 분석, 평가, 추론을 제시하였다. 분석(66문항), 평가(66문항), 추론(66문항)을 측정하기 위한 198개 예비검사 문항에 대한 타당화 과정을 거쳐 75개 문항의 비판적 사고력 검사를 개발하였다. 여기서 분석이란 문제의 확인 및 객관적 분석이고, 평가란 문제의 진술, 논의에 대하여 가능한 모든 근거와 조건을 기초로 그 타당성, 정확성, 신뢰성, 가치성을 평가하는 것이며, 추론은 관찰된 사실들 또는 추측한 사실들로부터 도출해 낼 수 있는 결론을 의미한다. 본 연구에서는 개발된 75개 문항을 사용하였고, 교차타당도를 통해 확인한 검사 전체의 신뢰도 계수인 Cronbach Alpha = .70 – .74이고, 반분신뢰도는 .72 – .74로 양호하게 나타났다.

3. 자료 처리

본 연구에서 측정된 자료는 SPSS Win 11.0 프로그램을 이용하여 처리하였다. 자기조절학습, 창의적 사고력 그리고 비판적 사고력 간의 상관관계를 알아보기 위하여 Pearson 상관계수를 산출하였다. 그리고 자기조절학습의 수준별 집단 구성을 위하여 검사 실시 후 백분위 점수를 중심으로 자기조절학습 수준을 상, 중, 하 집단으로 나누었다. 또한 이 집단별로 창의적 사고력과 비판적 사고력의 차이분석을 실시하였다.

제 4 장
연구 결과 및 해석

1. 자기조절학습과 창의적 사고력과의 관계

대학생들의 자기조절학습과 창의적 사고력 간에는 어떤 상관관계가 있는지를 확인하기 위하여 Pearson 상관계수를 산출하였으며, 그 결과 는 〈표 6-2〉와 같다.

<표 6-2> 자기조절학습과 창의적 사고력 간의 상관계수

	자기효능감	내재적 가치	시험 불안	외현적 목표 지향	인지 전략	시연과 기억	점검	계획	노력 조절	시간과 공부 조절	조력 추구	공부 환경 조절	자기 조절 학습 총점
유창성	.289**	.200*	-.032	.149	.335**	.243*	.182	.206*	.356**	.281*	.132	.210*	.369**
융통성	.318**	.213**	.068	.149	.313**	.167	.220*	.235*	.290**	.230*	.126	.126	.340**
독창성	.291*	.171	.111	.174	.282**	.145	.265**	.182	.238*	.182	.038	.124	.305*
창의적 사고력 총점	.309**	.196*	.068	.139	.332**	.201*	.256**	.235*	.318**	.241*	.116	.167	.361**

* p <.05, ** p <.01, *** p <.001

〈표 6-2〉에 의하면, 자기조절학습 총점과 창의적 사고력 총점 사이 에는 .361의 유의미한 정적 상관이 있는 것으로 나타났다. 하위요인별

로 보면, 유창성의 경우 노력조절(.356), 인지전략(.335)과 유의한 상관이 있는 것으로 밝혀졌다. 이는 많은 수의 아이디어들을 생산해 낼 줄 아는 능력을 나타내는 유창성이 높은 학습자의 경우, 자신의 학습을 성공적으로 이끌기 위해 노력을 조절하고 적합한 학습전략을 사용하고 있다고 볼 수 있다. 또한 융통성의 경우 자기효능감(.318), 인지전략(.313)의 순으로 유의한 상관이 있는 것으로 나타났다. 다양한 종류의 아이디어를 생산해 내고, 하나의 접근에서 다른 접근으로 이동하고, 그리고 여러 가지의 전략을 사용할 줄 아는 능력인 융통성은 자기효능감과 인지전략과 의미 있는 관계가 있음을 의미한다. 학습자가 과제를 수행하기 위하여 필요한 행위를 조직하고 실행해 나가는 자신의 능력에 대한 판단을 의미하는 자기효능감과 적절한 인지전략의 사용은 창의적 사고력을 키우기 위해 갖추어야 할 필수적인 능력임을 시사한다. 이는 자기효능감은 과제를 수행하는 데 필요한 다른 동기 및 인지적 요인들과 서로 영향을 주고받으면서 학업적 수행과 성취 및 창의성 발현에도 영향을 주고 있다는 윤초희(2005)의 연구와도 일치한다. 또한 독창성의 경우 자기효능감(.291), 인지전략(.282)에서 의미 있는 상관관계를 보여주고 있다. 이는 독창성 점수가 높은 학습자는 만족을 지연시키거나 긴장을 감소시킬 줄 아는 능력이 있고(김영채, 2004), 이를 위해서는 자신의 능력에 대한 기대가 높고, 적절한 인지전략이 필요함을 의미한다.

다음으로 자기조절학습의 하위요인과 총점을 상, 중, 하 집단으로 분류하고, 자기조절 학습력을 갖고 있는 상집단(상위 1/3)과 하집단(하위 1/3) 간에 창의적 사고력의 총점의 평균에 대한 차이 검증을 한 결과는 〈표 6-3〉과 같다.

<표 6-3> 자기조절학습 수준별 창의적 사고력 점수의 t검증

자기조절학습 요인	수 준	N	평 균	표준편차	t
자기효능감	저	35	80.85	10.82	2.760**
	고	40	87.52	10.11	
내재적 가치	저	36	81.12	9.55	1.41
	고	46	84.21	10.08	
시험불안	저	34	82.00	12.19	1.105
	고	39	84.82	9.59	
외현적 목표지향	저	31	82.24	9.83	1.35
	고	38	85.65	10.93	
인지전략	저	36	79.22	9.20	3.893***
	고	38	87.37	8.81	
시연과 기억	저	33	82.01	9.79	1.608
	고	40	85.62	9.36	
점 검	저	32	80.61	8.49	1.753
	고	51	84.15	9.25	
계 획	저	35	78.96	8.73	2.498*
	고	43	84.84	11.51	
노력조절	저	33	78.64	8.99	3.292**
	고	47	85.74	9.81	
시간과 공부조절	저	32	82.12	7.46	1.90
	고	38	85.45	10.9	
조력추구전략	저	32	79.65	8.42	2.038*
	고	44	84.17	10.28	
공부환경조절	저	29	79.11	8.84	2.177*
	고	40	84.66	11.47	
자기조절학습 총점	저	37	79.75	9.25	3.697***
	고	39	88.02	10.19	

* p <.05, ** p <.01, *** p <.001

　〈표 6-3〉에 나타난 결과를 보면, 자기조절 학습자와 자기조절학습 능력이 부족한 집단 간에 창의적 사고력에 의미 있는 차이가 있음을 알 수 있다(t =.3697, p <.001). 또한 자기조절학습의 하위 구성요인별로 살펴보면 자기효능감, 인지전략, 계획, 노력조절, 조력추구전략, 공

부환경조절 등이 높은 집단이 낮은 집단보다 창의적 사고력 수준 역시 높은 것으로 나타났다. 이는 동기조절, 인지조절, 행동조절을 포괄하는 보다 복합적인 능력이 높은 학습자는 창의적 사고력이 높고 이를 통해 창의성이 발현될 수 있다고 볼 수 있다.

2. 자기조절학습과 비판적 사고력과의 관계

대학생들의 자기조절학습과 비판적 사고력 간에는 어떤 상관관계가 있는지를 확인하기 위하여 Pearson 상관계수를 산출하였으며, 그 결과는 〈표 6-4〉와 같다.

<표 6-4> 자기조절학습과 비판적 사고력 간의 상관계수

	자기 효능감	내재적 가치	시험 불안	외현적 목표 지향	인지 전략	시연과 기억	점검	계획	노력 조절	시간과 공부 조절	조력 추구	공부 환경 조절	자기 조절 학습 총점
분석	0.51	0.89	.115	−.058	.125	.144	.000	.105	.213*	.092	.049	.027	.113
평가	−.113	−.018	−.085	−.070	−.028	.016	.019	.009	−.059	−.021	−.206*	−.148	−.105
추론	.089	−.030	.004	.120	.124	.105	.114	−.061	.167	.065	−.015	.140	.167
비판적 사고력 총점	.028	.036	.015	−.051	.090	.129	.063	.019	.121	.037	−.090	.047	.092

* p 〈.05, ** p 〈.01, *** p 〈.001

〈표 6-4〉에 의하면, 자기조절학습 하위요인과 비판적 사고력 간 상관관계는 .092로서 유의미한 관계가 나타나지 않았다. 노력조절과 분석이 .213의 관련성을 나타냈고, 조력추구 전략과 평가가 −.206의 관계가 있는 것으로 밝혀졌지만, 비교적 낮은 상관을 보였다.

다음으로 자기조절학습의 하위요인과 총점을 상, 중, 하 집단으로 분류하고, 자기조절 학습력을 갖고 있는 상집단과 하집단 간에 비판적 사고력에 대한 차이 검증을 한 결과는 〈표 6-5〉와 같다.

〈표 6-5〉 자기조절학습 수준별 비판적 사고력 점수의 t검증

자기조절학습 요인	수 준	N	평 균	표준편차	t
자기효능감	저	35	64.23	8.93	.929
	고	40	65.93	6.52	
내재적가치	저	36	65.06	7.49	.116
	고	46	65.24	6.74	
시험불안	저	34	64.50	7.93	.886
	고	39	66.10	7.51	
외현적 목표지향	저	31	63.81	7.83	.699
	고	38	65.16	8.11	
인지전략	저	36	63.97	8.98	.214
	고	38	64.37	6.85	
시연과 기억	저	33	62.85	8.75	1.473
	고	40	65.53	6.78	
점 검	저	32	65.00	8.81	.318
	고	51	65.53	6.35	
계 획	저	35	62.89	9.08	.909
	고	43	64.49	5.68	
노력조절	저	33	62.73	8.99	1.506
	고	47	65.49	6.55	
시간과 공부조절	저	32	64.19	8.98	.389
	고	38	64.92	6.26	
조력추구전략	저	32	64.28	8.313	.533
	고	44	65.20	6.77	
공부환경조절	저	29	63.45	7.05	.626
	고	40	64.63	8.14	
자기조절학습 총점	저	37	63.38	8.56	.712
	고	39	64.62	6.36	

* p 〈.05, ** p 〈.01, *** p 〈.001

〈표 6-5〉에 나타난 바와 같이 대학생의 자기조절학습 수준에 따라 비판적 사고력은 통계적으로 유의미한 차이가 없는 것으로 나타났다. 또한 자기조절학습의 하위 구성요인의 수준에 따라서도 비판적 사고력은 통계적으로 유의미한 차이가 나타나지 않았다. 그러나 자기조절학습의 하위 구성요인별로 높은 집단이 낮은 집단보다 비판적 사고력 수준은 높은 것으로 나타났다.

제 5 장
논의 및 결론

본 연구에서는 대학생의 자기조절학습과 창의적 사고력, 비판적 사고력 간에 어떠한 관계가 있는지를 알아보고, 자기조절학습 수준에 따라 창의적 사고력과 비판적 사고력에는 어떤 차이가 있는지를 살펴보았다.

본 연구의 결과에 의하면 첫째, 자기조절학습과 창의적 사고력 간에는 유의미한 정적 상관(.361)이 있는 것으로 나타났다. 이는 창의성의 전반적인 과정을 통해 스스로 문제를 점검하고, 계획하고, 수행하며, 산물을 만들어내고 평가하는 동안 자신의 활동이나 사고에 대한 자기조절이 이루어짐을 의미하는 선행연구들(Cox, 2002; Nickerson, 1999; Pesut, 1990; 손향숙, 1997, 2004; 홍기칠, 2004)을 뒷받침하는 결과이다. 특히, 창의적 사고력을 자기조절적인 상위인지 과정으로 정의한 Pesut(1990)의 주장을 재확인할 수 있었다. 즉 창의적 사고력도 자신의 주의 과정과 인식 과정에 대한 인식과 자기-강화, 자기-평가, 자기-점검의 과정을 포함하고 이를 통해서 더욱 발달될 수 있는데, 이것이 창의적 사고력의 상위인지적 과정이라고 규정한 Pesut(1990)의 주장을 검증한 것이다.

또한 자기조절학습 하위 구성요인별로 수준을 상위 1/3과 하위 1/3

로 구분하여 상, 하 두 집단 간에 t검증 한 결과에서는 자기효능감, 인지전략, 계획, 노력조절, 조력추구전략, 공부환경조절이 높은 집단이 낮은 집단보다 창의적 사고력 수준 역시 높다는 결과가 일관성 있게 나타났다. 이는 자신의 능력에 대한 기대가 높고, 잠재적 방해에도 불구하고 목표에 초점 맞추기를 지속하고 노력을 기울이며, 인지전략과 계획 등의 상위인지 전략을 갖고 있는 학습자가 창의적 사고력 역시 높음을 의미한다. 특히, 창의성을 기르기 위해서는 긍정적이면서도 강력한 자기효능감을 길러주어야 한다고 강조하면서 자기조절학습의 핵심 구성요인인 자기효능감이 창의성과 밀접한 관련이 있음을 시사한 Sternberg와 Williams(1996)의 주장을 뒷받침하는 결과이다.

둘째, 자기조절학습과 비판적 사고력 간에는 관련성이 나타나지 않았다. 자기조절학습 하위 구성요인의 수준에 따라 비판적 사고력에서도 통계적으로 유의미한 차이가 나타나지 않았다. 다만, 자기조절학습의 하위 구성요인별로 높은 집단이 낮은 집단보다 평균 점수에 있어서는 높게 나타났다. 이는 비판적 사고 과정은 새로운 관점을 확인하고 정당화시키며 변칙적 상황을 이해하고 통찰력과 가능한 대안들을 만들어내려고 애쓰는 자기주도적 학습자로부터 시작된다는 Wright(1990), Jones와 Safrit(1994)(신용주, 1996 재인용), Paul(1990) 등의 연구결과와는 차이를 보이고 있지만, Kreber(1998)가 자기주도성, 비판적 사고, 인성 간의 관계분석에서 유의한 차이가 없음을 보고한 결과와 일치하고 있다.

끝으로 후속 연구를 위한 제언을 하면서 본 연구를 마무리 짓고자 한다.

첫째, 본 연구에서는 비판적 사고력의 개념을 인지적인 사고 기능으로 제한하고 있으나, 김명숙 외(2002)는 비판적 사고를 잘하기 위해서는 인지적인 사고 기능과 더불어 태도, 성향(disposition)을 갖추어야 한다는 점을 강조하였다. 즉 비판적 사고를 잘하려면 인지적인 측면에서의 비판적 사고 능력인 비판적 사고력과 더불어 비판적 사고를 중요하게 여기고 적용하고자 하는 사고 성향을 갖추어야 한다는 것이다. 또한 학습자 개인의 지식은 비판적 사고에서 내리는 판단의 질과 방향에 대해 중요한 역할을 한다는 것이다. 이와 같은 점을 감안해 볼 때, 추후 연구에서는 비판적 사고력의 개념에 비판적 사고력뿐만 아니라 비판적 사고 성향이라고 하는 정의적 측면을 포함하여 관련성을 확인할 필요성이 제기된다.

둘째, 본 연구의 조사대상의 범위가 작고, 무작위 표집을 하지 못했다는 한계가 있다. 따라서 연구대상을 확장 표집하여 자기조절학습과 고차적 사고력인 창의적 사고력과 비판적 사고력 간의 관계를 분석하는 것이 요구된다.

셋째, 본 연구의 대상은 대학생들이지만, 이들의 자기조절 학습력과 창의적 사고력과 비판적 사고력의 관계 형태나 구조에 대한 결과는 영재교육 분야에도 의미 있는 기초 자료가 될 수 있을 것이다. 즉 일반 학습자와는 다른 학습 특성을 가지고 있는 영재아들은 교육적으로나 전문적으로 개발될 수 있는 잠재력이 많다. 따라서 생산적인 사고 조직과 구조 개발에 필요한 적절한 교수 전략 및 교육을 위한 수업 프로그램을 개발할 때 본 연구에서 확인된 자기조절학습과 창의적 사고력, 비판적 사고력의 관계분석 자료를 적극적으로 활용하여야 할 것이다.

|참고 문헌|

권대훈(1995). 목표지향성과 자기효능이 학습방략과 학업성적에 미치는 영향. 안동대학교, 학생지도연구, 제15집, 33~64.

권정아(1992). 중학생의 학년, 성, 지능수준, 학업성취수준에 따른 학습동기화방략 연구. 석사학위논문. 동아대학교 교육대학원

교육인적자원부(1997). 국어과 교육과정.

교육인적자원부(1997). 중학교 교육과정.

김기석(1990). 교육연구에 있어서 컴퓨터의 이용 - LISREL과 GLIM을 중심으로. 전자계산연구, 제13권, 31~44.

김명숙, 박정, 김영정, 민찬홍(2002). 사고력검사개발연구(Ⅱ), 한국교육과정평가원 연구 보고 RRE 2002~3.

김민경, 박성희(1999). 게시판 활용 학습에서 자기규제 학습유형, 학습 스타일과 학습 결과의 제 측면에 관한 연구, 교육공학연구, 15(3), 177~189.

김아영(1998). 동기이론의 교육 현장 적용 연구와 과제: 자기효능감 이론을 중심으로. 한국 교육심리학회 연차 학술대회, 교육심리연구, 12(1), 105~133.

김영상(1992). 교과특성, 학업성취, 성, 지능에 따른 자기조정 학습의 이용. 석사학위논문, 고려대학교 대학원.

김영채(1990). 학업수행과 결합되어 있는 동기 및 학습전략 변인. 계명행동과학(계명대학교, 계명행동과학연구소), 3(1), 15~38.

김영채(1992). 학습전략 개발을 위한 훈련프로그램. 대학생활연구(한양대학교 학생생활연구소), 제10호, 37~60.

김영채(2004). 한국판 TTCT(언어) - A형 검사요강. 토란스 창의력 한국

FPSP/현곡 R&D.

김유미(1995). 자기조절 전략 수업과 상위인지가 아동의 작문 수행에 미치는 효과. 박사학위논문, 중앙대학교 대학원.

김옥기(1988). 초인지, 인지전략과 수행간의 관계. 박사학위논문, 중앙대학교 대학원.

김종백(1992). 자기조정적 학습과 동기가 학업성취에 미치는 영향. 석사학위논문, 고려대학교 대학원.

김종순(1995). 학습전략과 상위인지와의 관계 분석 연구. 교육학 연구. 33(3), 85~106.

김홍원(1993). 자기교시 훈련이 상위인지, 귀인양식 및 과제성취도에 미치는 영향. 박사학위논문, 성균관대학교 대학원.

김홍원(1996). 자율 학습 능력의 개념 정립 및 신장 방법 탐색. 사회과교육, 29호, 315~341.

노국향(1999). 자기주도적 학습능력 척도 개발을 위한 탐색적 시도. 교육과정평가연구, 2(1), 27~38

류명숙(1991). 학습동기 및 학습자원관리와 학업성취와의 관계분석. 석사학위논문, 연세대학교 대학원.

문병상(1993). 자기조절된 학습전략 훈련이 아동의 자기효능과 학업성취에 미치는 효과. 석사학위논문, 경북대학교 대학원.

박경숙, 임두순, 박효정(1989). 학습전략 훈련 프로그램(II): 읽기 전략을 중심으로. 한국교육개발원.

박선환(1999). 대학생의 비판적 사고력 증진을 위한 프로그램의 효과. 박사학위논문, 숙명여자대학교 대학원.

박승호(1995). 초인지, 초동기, 의지통제와 자기조절학습과의 관계. 교육심리연구, 9(2), 57~90.

박승호(1997). 초인지 교수·학습자료를 활용한 중재프로그램의 효과에 관한 연구. 교육심리연구, 11(3), 101~122.

박승호(2003). 자기조절학습의 발달을 위한 동기적 요인의 역할. 교육심리연구, 17(1), 55~70.

박승호(2004). 자기조절학습과 동기: 초동기와 의지통제의 교육적 함의. 교육방법학회, 16(1), 95~114.

박승호·이문옥·이옥선(2000). 초인지 읽기 전략이 5~6학년 아동의 독해에 미치는 영향에 관한 연구. 교육심리연구, 14(1), 71~86.

박홍균 (2001). 컴퓨터 기반 학습 환경에서 자기조절학습전략의 학습방법이 학습과정과 학습성취에 미치는 영향. 교육정보방송연구, 7(4), 33~51.

박영태(1990). 과제유형, 연령 및 학력수준별 초인지 훈련 효과분석. 박사학위논문, 동아대학교 대학원.

박준희(1994). 초등학교 아동의 학습동기와 자기조절 학습능력과의 관계. 석사학위논문, 한국교원대학교 대학원.

박현숙, 현 주(1990). 학습전략 훈련 프로그램 개발연구(Ⅲ), 한국교육개발원.

백영균(2001). 학교의 보완체제로서의 사이버 학교. 한국교육개발원, 학술정보원. 초·중등 사이버학교 도입의 가능성 탐색. 교육정책포럼 자료집.

서민원(1996). 대학교육의 효과성 변인의 측정과 분석. 박사학위논문, 서울대학교 대학원.

손승희(1992). 인지적 동기 변인의 탐색 및 학업성취에 대한 설명력 연구. 석사학위논문, 숙명여자대학교 대학원.

손종식(1993). 학년 및 성별에 따른 자기조절학습 수준과 학업성취 및 지능과의 관계. 박사학위논문, 동아대학교 대학원.

손향숙(1997). 자기 규제적 방략 훈련과 확산적 사고 훈련이 창의성 향상에 미치는 효과. 박사학위논문, 성균관대학교 대학원.

손향숙(2004). 상위인지적 과정으로서 창의성과 교육적 시사. 용인대학교 논문집, 22. 355~369.

송인섭(1988). 다변인분석법, 한국교육개발원.

송인섭(1990). 인간심리와 자아개념, 서울: 양서원.

신민희(1998). 자기조절 학습환경이 학습성취와 동기에 미치는 영향. 교육공학연구, 14(1), 143~162.

신용주(1996). 성인교육적 관점에서 본 비판적 사고의 이해. 교육학연구, 34(1), 169~187.

신종순(1997). 자기조절학습에서 정의적 변인의 역할: 자아와 동기전략을 중심으로. 박사학위논문, 건국대학교 대학원.

신헌재(1996). 초등학교 국어과 교수·학습 자료 개발 연구, 한국교원대학교 교육 연구원.

양명희(2000). 자기조절학습의 모형 탐색과 타당화 연구. 박사학위논문, 서울대학교 대학원.

유영만(2002). '학습'없는 e-Learning과 '지식'없는 지식 경영. 교육정보방송 연구, 8(3), 45~83.

윤운성(1998, 10). 자기효능감 연구의 분석과 연구 방향. 교육심리학회소식, 제3권, 제2호, pp.3-14.

윤초희(2005). 영재성 유형과 학년 수준에 따른 동기 및 인지적 특성. 영재와 영재교육, 4(2). 53~72.

이명근(2000). 사이버교육의 기능성 제고 방안. 연세교육과학, 48, 43~54.

이경화(1999). 유아의 독해능력에 미치는 상보적 수업의 효과분석(Ⅰ). 교육심리연구, 13(4). 143~176.

이기우(1992). 학습전략훈련과 상위인지가 아동의 독해학습에 미치는 효과. 박사학위논문, 중앙대학교 대학원.

이달석(1990). 메타인지와 학업성취도와의 관계분석. 박사학위논문, 충남대학교 대학원.

이동길(1985). 시험불안 극복훈련이 고등학생들의 시험불안 감소에 미치는 효과. 학생지도연구(경북대학교), 18(1), 99~113.

이성흠(1988). 학습전략과 학업성취의 관계분석. 석사학위논문, 서울대학교 대학원.

이순묵(1990). 공변량구조분석, 서울: 성원사.

이순묵(1992). 공변량구조분석의 동치모델. 한국심리학회지, 11(1), 1~23.

이신동(1999). 자기조절 학습능력 향상 프로그램의 효과범위. 교육심리연구, 13(4). 47~66.

이재승(1997). 쓰기 과정에서의 자기 조정 능력 증진 방안. 국어수업방법, 초등 국어교육학회, 박이정.

이종목(1990). 여성근로자의 직무스트레스와 조직행동과의 관계에 관한 공변량 구조모형. 박사학위논문, 고려대학교 대학원.

이종삼(1997). 초·중등학생의 자기조정 학습전략 및 의지통제전략 사용에서 차이. 교육학연구, 35(1), 137~160.

이종연(2002). 웹 기반 교육에서 학습자의 자기주도성 및 사전지식과 전달 전략이 학습만족도와 학업성취도에 미치는 영향. 교육공학연구, 18(3). 3~25.

임정훈, 임병노, 최성희(2004). Blended Learning을 활용한 커뮤니티기반 교수·학습 모형 개발. 한국교육공학회 춘계학술대회 자료집, 169~181.

정미경(1999). 자기조절학습과 학업성취의 관계에 관한 구조모형 검증. 박사학위논문, 숙명여자대학교 대학원.

정미경(2000). 초등 아동의 자기조절학습 모형의 타당화, 아시아교육연구, 1(1), 25~54

정미경(2002). 초등학교 고학년용 자기조절학습 검사의 타당화 연구. 교육심리연구, 16(4), 303~324.

정미경(2004). 자기 주도적 학습력 신장을 위한 수업 환경, 연수자료 2004~5. 경상북도 교육청.

정영란(2003). 웹 기반 프로젝트 중심 학습이 학습자의 태도, 학습결과 및 성찰적 실천에 미치는 영향. 박사학위논문, 한양대학교 대학원.

정인성(1999). 웹 기반 교수·학습 체제설계 모형. 나일주(편), 웹 기반 교육(pp.77-100), 서울: 교육과학사.

정인성(1999). 웹 기반 가상수업 연수자료집. 한국방송통신대학교 방송통신 교육연구소.

정정옥(1995). 자기조절학습이 정상아와 학습장애아의 학업성취에 미치는 영향. 박사학위논문, 서울여자대학교 대학원.

정종진(1994). 자기규제 학습방략 훈련이 아동의 산수교과에 대한 자기효
　　능감과 학업성취에 미치는 효과. 초등교육연구, 제8집, 한국교육
　　학회 초등교육연구회, 109~126.

정택희(1987). 수업 외 학습시간 투입의 동기요인과 효과분석 연구. 박사
　　학위논문, 고려대학교 대학원.

정현숙(1994). 공변량구조분석. 한국가족학연구회(편), 가족학 자료분석방
　　법, 서울: 하우, 307~347.

정현주(2001). 학내 e-학습의 실체와 e-학습 환경개선 방안. 창의력 개
　　발연구, 5, 73~88.

조난심(2000). 21세기 학교교육, 무엇을 가르칠 것인가? 한국교육과정 평
　　가원 창립 2주년 기념 세미나 자료집 연구자료 ORM 2000~1.

조미헌, 박홍식(2001). E-Learning 환경에서의 협동학습 활동 지원 방안
　　탐구. 청주교육대학교 과학교육연구소 논문집, 24, 203~224.

조선배(1996). LISREL 구조방정식모델. 서울: 영지문화사.

조연순(2001). 창의적, 비판적 사고력과 교과 지식의 융합을 위한 교수·학
　　습모형으로서의 문제중심학습 고찰. 초등교육연구. 14(3). 295~316.

최진승(1988). 일반불안, 시험불안, 학업불안, 수학불안과 수학성적과의
　　공접 및 인과관계 분석. 박사학위논문, 경북대학교 대학원.

최진승, 손종식(1993). 학습동기화 방략 척도 개발에 관한 연구. 학생연구
　　(동아대학교 학생생활연구소), 제21집, 89~119.

최현섭·최명환·노명완·신헌재·박인기·김창원·최영환(1996). 국어교
　　육학개론, 삼지원.

한국교육과정평가원(2001). 국어 학업성취도 평가

한국교육과정평가원(2001). 국어 읽기 진단·배치검사

한국교육학술정보원(2001). 사이버 교육체제 실태조사 연구.

한국교육학술정보원(2003). 사이버가정학습 시범운영결과.

한덕웅(1985). 조직행동의 동기이론. 서울: 법문사.

한덕웅, 탁진국(1993). 생활사건, 자기 효능성 및 대처 양식에 따른 부적
　　응 효과의 인과적 모형 검증. 학생지도 연구(성균관대학교), 제10

권, 36~56.

한정선(2000). e-learning시대의 매체와 방법의 의미 재고. 교육공학연구, 16(4), 201~224.

허경철(1991). Bandura의 자아효능감 발달 이론과 자주성 함양을 위한 교수·학습 방법. 한국교육, 제18권, 67~84.

허경철, 강창동, 소경희(2000). 지식기반사회에서의 학교 교육과정 구성을 위한 기초 연구(I), 한국교육과정평가원 연구보고 RRC 2000~10.

홍기칠(1994). 자기조절 기능의 발달수준에 따른 컴퓨터 본위 수업의 통제방략이 학습과 동기에 미치는 영향. 박사학위논문, 경북대학교 대학원.

홍기칠(2004). 구성주의적 자기주도학습을 위한 학습력 분석과 학습모형 개발. 교육심리연구, 18(1), 75~98.

Alderman, M. K.(1999). *Motivation for achievement: Possibilities for teaching and learning.* Malwah, NJ: Lawrence Erlbaum Associates.

Ames, C. & Archer, J.(1988). Achievement goals in the classroom: Students' learning strategies and the motivation process. *Journal of Educational Psychology, 80,* 260~267.

Armstrong, A. M.(1989). The development of self-regulation skills through the modeling and structuring of computer programming. *Educational Technology Research & Development, 37*(2), 69~76.

Bandura, A.(1977). Self-efficacy: Toward a unifying theory of behavioral change. *Psychological Review, 84,* 191~215.

Bandura, A.(1982). Self-efficacy mechanism in human agency. *American Psychologist, 37,* 122~147.

Bandura, A.(1986). *Social foundations of thought and action: A social cognitive theory.* Englewood cliffs, NJ: Prentice Hall.

Baumert, J., Fend, H, O'Neil, H. F., Peschar, J. L.(1998). *Prepared for Life-Long Learning.* [Frame of reference for the measurement of self

-regulated learning as a cross-curricular competency(CCC) in the PISA project], Paris: OECD.

Bentler, P. M.(1980). Multivariate analysis with latent variables: Causal modeling. *Annual Review of Psychology, 31,* 419~456.

Bentler, P. M., & Bonett, D. G.(1980). Significance tests and goodness of fit in the analysis of covariance structures. *Psychological Bulletin, 88,* 588~606.

Bentler, P. M., & Chou, C.(1987). Pratical issues in structural modeling. *Sociological Methods and Research, 16,* 78~117.

Bidjerano. T.(2005). Gender differences in self-regulated learning. Annual Meeting of The northeastern Educational Research Association.

Bloom, B. S.(1964). *Stability and change in human characteristics,* NY: John Wiley and Sons, Inc.

Bloom, B. S.(1976). *Human characteristics and school learning.* 인간의 제 특성과 학교학습, 김호권 역(1977), 서울: 능력개발.

Biggs, J. B.(1978). Individual and group difference in study processes, *British Journal of Educational Psychology, 48,* 266~279.

Boekaerts(1995). Self-regulated learning: Bridging the gap between metacognitive and metamotivation theories. *Educational Psychologist, 30,* 195~200.

Boekaerts, M.(1997). Self-regulated learning: A new concept embraced by researchers, policy makers, educators, teachers, and students. *Learning and Instruction, 7(2),* 161~186.

Bonk, C. J. & Dennen, V.(1999). Learner Issues with WWW-based system. *International Journal of Educational Telecommunications, 5(4),* 410~417.

Borkowski, J. G., Peck. V., Reid. M. K., & Kurtz, B.(1983). Impulsivity and strategy transfer: Metamemory as mediator. *Child Development, 54,* 459~473.

Brooks, D. W.(1997). Web-teaching: A guide to designging interactive teaching for the World Wide Web. NY: Plenum Press.

Brophy, J.(1983). Conceptualizing student motivation, *Educational Psychologist, 18,* 200~215.

Bopry(1999). The warrant for constructivist practice within educational technology. *ETR&D, 47*(4), 5~26.

Brown, A. L., Smiley, S. S., Day, J. D., Townsend, M. A. R., & Lawton, S. C.(1977). Intrusion of a thematic idea in children's comprehension and retention of stories. *Child Development, 48,* 1454~1466.

Chung, M. K.(2000). Development of self-regulated learning. *Gifted and Talented International, 16*(1), 27~39.

Corno, L. & Mandinach, E.(1983). The role of cognitive engagement in classroom learning and motivation. *Educational Psychologist, 18,* 88~100.

Corno(1986). The metacognitive control components of self-regulated learning. *Contemporary Educational Psychology, 11,* 333~346.

Cox, B. F.(2002). The relationship between creativity and self-directed learning among adult community college students. Unpublished doctoral dissertation, The University of Teddessee.

Dansereau, D. F.(1978). The development of a learning strategies curriculum. In H. F. O'Neil, Jr.(Ed.), *Learning strategies.* NY: Academic Press. 1~29.

Fassinger, R. E.(1987). Use of structural equation modeling in counseling psychology research. *Journal of Counseling Psychology, 34*(4), 425~436.

Feldhusen, J. F.(1995). Creativity: A knowledge base, metacognitive skills, and personalities factors. *Journal of Creative Behavior, 29*(4), 255~268.

Flavell, J. H.(1979). Metacognition and cognitive monitoring: A cognitive developmental inquiry. *American Psychologist, 34,* 906~911.

Garcia, T. & Pintrich, P. R.(1993). Self-schemas, motivational strategies and self-regulated learning. (ERIC Document Reproduction Service No. ED 359234).

Graham, S., & Harris, K. R.(1989). Components analysis of cognitive strategy instruction: Effects on learning disabled students' composition and self-efficacy. *Journal of Educational Psychology, 81,* 353~361.

Grow, G. O.(1991). Teaching learners to be self-directed. *Adult Education Quarterly, 41*(3), 125~149.

Harasim, L.(1990). *Online education: Perspectives on a new environment.* NY: Praeger.

Harris, K. R.(1990). Developing self-regulated learners: The role of private speech and self-instructions. *Educational Psychologist, 25*(1), 35~49.

Harter, S.(1987). The determinants and mediational role of global self-worth in children. In Eisenberg(Ed.), *Contemporary topics in developmental psychology,* NY: Wiley.

Hewitt, J.(2002). From a focus on tasks to a focus on understanding: the cultural transformation of a Toronto classroom. in T. Koshmann, T. Ha., & M. Miyake(Ed.). CSCL2: carrying forward the conversation(pp.11-42). Mahwah, NJ: LEA.

Howard-Rose., & Winne, P. H.(1993). Measuring components and sets of cognitive process in self-regulated learning. *Journal of Educational Psychology, 85*(4), 591~604.

James, L. R., Mulaik, S. A., & Brett, J.(1982). *Causal Analysis: Assumptions, models, and data.* Beverly Hills: Sage Publications.

Joreskog, K. G., & Sorbom, D.(1989). *Lisrel VII user's reference guide.*

mooresville, IN: Scientific Software.

Khan, B. H.(1997). Web-based instruction. Englewood Cliffs, NJ: Educational Technology.

Knowles(1975). *Self-directed learning: A guide for learners and teachers*, Chicago: Follett Pub. Co.

Kreber, C.(1998). The relationships between self-directed learning, critical thinking, and psychological type, and some implications for teaching in higher education, *Studies in Higher Education*, 23(1), 71~86.

Learnactivity(2002). http://learnativity.com: elearning.html..

Lee, S.(1999). A qualittive analysis of individual and collaborative reflection. *International Journal of Educational Technology*, *1*(1), 287~305.

Lepper, M. R. & Malone, T. W.(1987). Intrinsic motivation and instructional effectiveness in computer-based education. In R. E. Snow & M. J. Farr(Eds.), *Aptitude, learning and instruction. Vol.3*, NJ: Erlbaum. 107~141.

Lindner, R. W. & Harris, B. R.(1992). The development and evaluation of a self-regulated implications for instructor-independent instruction. (ERIC Document Reproduction Service No. ED 348010).

Lindner, R. W., Harris, B. R., & Gordon, W. I.(1996). The design and development of the self-regulated learning inventory: A status report. (ERIC Document Reproduction Service No. ED 401321).

Lindner, R. W. & Harris, B. R.(1998). Self-regulated learning in education majors. *Journal of General Education*, *47*(1), 63~78.

Long, J. S.(1983). *Covariance structure models: An introduction to LISREL*. Beverly Hills, CA: Sage Publications.

Mace, F. C., Belfiore, P. J., & Shea, M. C.(1989). Operant theory and research on self-regulation. In B. J. Zimmerman & D. H.

Schunk(Eds.), *Self-regulated learning and academic achievement: Theory, research, and practice.* NY: Springer-Verlag, 27~50.

Masie, E.(2002). Blended learning: The magic is in the mix. *The ASTD E-Learning Handbook,* 58~63.

Mayer, R. E. & Cook, L. K.(1980). Effects of shadowing on prose comprehension and problem solving. *Memory & Cognition,* 8, 101~109.

McCombs, B. L.(1984). Processes and skills underlying continuing intrinsic motivation skills training interventions. *Educational Psychologist,* *19,* 199~218.

McCombs, B. L.(1986). The role of the self-system in self-regulated learning. *Contemporary Educational Psychology,* *11,* 414~432.

McCombs(1989). A phenomenological view. In B. J. Zimmerman & D. H. Schunk(Eds.), *Self-regulated learning and academic achievement: Theory, research, and practice.* NY: Springer-Verlag, 51~82.

McKeachie, W. J., Pintrich, P. R., Lin, Y. G., Dmiyh, D. A. F.(1986). *Teaching and learning in the college classroom: A review of the research literature.* Ann Arbor, MI: University of Michigan: MCRIPTAC.

Meece, J. L., Blumenfeld, P. C., & Hoyle, R. H.(1988). Students' goal orientations and cognitive engagement in classroom activities. *Journal of Educational Psychology,* *80*(4), 514~523.

Meece, J. L., Wigfield, A., & Eccles, J. S.(1990). Predictors of math anxiety and its influence on young adolescents course enrollment intentions and performance in mathematics. *Journal of Educational Psychology,* *82*(1), 60~70.

Miller, R. B., Behrens, J. T., & Greene, B. A.(1993). Goals and perceived abilities: Impact on student valuing, self-regulation, and persistence. *Contemporary Educational Psychology,* *18,* 2~14.

Multon, K. D., Brown, S. D., & Lent, R. W.(1991). Relation of self-efficacy beliefs to academic outcomes: A meta-analytic investigation. *Journal of Counseling Psychology, 38,* 30~38.

Nickerson, R. S.(1999). Enhancing creativity. In R. J. Sternberg(Ed.), *Handbook of Creativity.* Cambridge: Cambridige University Press. 392~430.

Nolen, S. B.(1988). Reasons for studying: Motivational orientations and study strategies. *Cognition and Instruction, 5,* 269~287.

OECD(1997). *Prepared for life? How to measure cross-curricular competencies.* Paris: OECD.

Pajares, F.(1996). Self-efficacy beliefs in academic settings. *Review of Educational Research, 66*(4), 543~578.

Pajares, F., & Miller, M. D.(1994). Role of self-efficacy and self-concept beliefs in mathematical problem solving: A path analysis. *Journal of Educational Psychology, 86*(2), 193~203.

Paris, S. G., & Byrnes, J. P.(1989). The constructivist approach to self-regulation and learning in the classroom, In B. J. Zimmerman & D. H. Schunk(Eds.), *Self-regulated learning and academic achievement: Theory, research, and practice.* NY: Springer-Verlag. 169~200.

Paris, S. G., Byrnes, J. P., & Paris, A. H.(2001). Constructing theories, identities, and actions of self-regulated learners. In B. J. Zimmerman, & D. H. Schunk(Eds.). *Self-regulated learning and academic achievement: Theoretical perspectives*(pp.253-287). NJ: Lawrence Erlbum Associates.

Paris, S. G., Cross, D. R., & Lipson, M. Y.(1984). Informed strategies for learning: A program to improve children's reading awareness and comprehension. *Journal of Educational Psychology, 76*(6), 1239~1252.

ris, S. G., & Newman, R. S.(1990). Developmental aspects of self−regulated learning. *Educational Psychologist, 25*(1), 87~102.

Paris, S. G., Newman, R. S., & McVey, K. A.(1982). Learning the functional significance of mnemonic actions: A microgenetic study of strategy acquisition. *Journal of Experimental Child Psychology, 34,* 490~509.

Paris, S. G., & Oka, E. R.(1986). Children's reading strategies, metacognition and motivation. *Developmental Review, 6,* 25~56.

Paris, S. G., & Paris, A. H.(2001). Classroom applications of research on self−regulated learning, *Educational Psychologist, 36*(2), 89~101.

Pesut, D. J.(1990). Creative thinking as a self−regulatory metacognitive process−A model for education, training and further research. *Journal of Creative Behavior, 24*(2), 105~110.

Pintrich, P. R.(1989). The dynamic interplay of student motivation and cognition in the college classroom. In C. Ames & M. L. Maehr(Eds.), *Adevances in motivation and achievement: Motivation enhancing environments(Vol.6,* 117~160). Greenwich, CT: JAI Press.

Pintrich, P. R.(2000). The role of goal orientation in self−regulated learning. In M. Boekaerts, P. R. Pintrich & M. Zeidner(Eds.) Handbook of self−regulation(pp. 451−502). San Diego, CA: Academic Press.

Pintrich, P. R., Cross, D. R., Kozma, R. B., & McKeachie, W. J.(1986). Instructional psychology. *Annual Review of Psychology, 37,* 611~651.

Pintrich, P. R., & De Groot, E. V.(1990). Motivational and self−regulated learning components of classroom academic performance. *Journal of Educational Psychology, 82*(1), 33~40.

Pintrich, P. R., & Garcia, T.(1991). Student motivation and self-regulated learning: A LISREL model. (ERIC Document Reproduction Service No. ED 333006).

Pintrich, P. R., & Garcia, T.(1993). Self-schemas, motivational strategies and self-regulated learning. (ERIC Document Reproduction Service No. ED 359234).

Pintrich, P. R., Roeser, R., & De Groot, E.(1994). Classroom and individual differences in early adolescents' motivation and self-regulated learning. *Journal of Early Adolescence, 14,* 139~161.

Pintrich, P. R. Smith, D. A., Garcia, T., & McKeachie, W. J.(1993). Reliability and predictive validity of the Motivated Strategies for Learning Questionnaire(MSLQ). *Educational and Psychological Measurement,* 53, 801~813.

Pokay, P., & Blumenfeld, P. C.(1990). Prediction achievement early and late in the semester: The role of motivation and use of learning strategies. *Journal of Educational Psychology, 82,* 41~50.

Pressley, M., & Ghatala, E. S.(1990). Self-regulated learning: Monitoring learning from text. *Educational Psychologist, 25*(1), 19~33.

Purdie, N.(1995). Strategies for Self-regulated learning: A cross-cultural comparison. (ERIC Document Reproduction Service No. ED 385653).

Purdir, N., & Hattie, J.(1996). Cultural Differences in the Use of Strategies for Self-Regulated Learning. *American Educational Research Journal, 33*(4), 845~871.

Purdie, N., Hattir, J., & Douglas, G.(1996). Student conceptions of learning and their use of self-regulated learning strategies: A cross-cultural comparison. *Journal of Educational Psychology, 88*(1), 87~100.

Robinson, E.(1983), E.(1983). Metacognitive development. In S. Meadows(Ed.), *Developing Thinking: Approaches to children's cognitive development.* London: Methuen & Co. Ltd.

Schunk, D. H.(1984). Self-efficacy perspective on achievement behavior. *Educational Psychologist, 19,* 48~58.

Schunk, D. H.(1989). Social cognitive theory and self-regulated learning. In B. J. Zimmerman & D. H. Schunk(Eds.), *Self-regulated learning and academic achevement: Theory, research, and practice.* NY: Springer-Verlag. 83~110.

Schunk, D. H., & Zimmerman, B.(1994). *Self-regulation of learning and performance: Issues and educaional applications.* Hillsdale, NJ: Erlbaum.

Schneider, W.(1986). The role of conceptual knowledge and metamemory in the development of organizational process in memory. *Journal of Experimental Child Psychology, 42,* 318~336.

Schunk, D. H.(1989). Social cognitive theory and self-regulated learning. In B. J. Zimmerman & D. H. Schunk(Eds.), *Self-regulated learning and academic achevement: Theory, research, and practice.* NY: Springer-Verlag. 83~110.

Shell, D. F., Colvin, C., & Bruning, R. H.(1995). Self-efficacy, attribution, and outcome expectancy mechanisms in reading and writing achievement: Grade level and achievement level differences. *Journal of Educational Psychology, 87,* 386~398.

Sink, C. A.(1991). Self-regulated learning and academic performance in middle school children. (ERIC Document Reproduction Service No. ED 334270).

Song in-sub.(1982). The dimensionality and relationships between home environment, self-concept and academic achievement. Doctor of Philosophy of the University of New England.

Treffinger, Feldhusen, Isaksen, Cross & Remle(1996). Organization and structure of productive thinking center for Creative Learning.

Wallace, P.(1999). *The psychology of the internet.* Cambridge University Press.

Weinert, F. E.(1983). Self-regulated learning as an instructional prerequisite, method and objective. *Education, 28,* 117~128.

Weinstein, C. E. & Mayer, R. E.(1986). The teaching of learning strategies. In M. C. Wittrock(Ed.). *Handbook of Research on Teaching,* 3rd, New York: Macmilan Publishing Company, 315~375.

Weinstein, C. E., & Schulte, A., and Palmer, D.(1987). LASSI: Learning an Study Strategies Inventory. Clearwater, Fla: H & H Pub. Co. Inc.

Winne(1995). Inherent details of self-regulated learning. *Educational Psychologist,* 30, 173~187.

Wolfe, C. R.(2000). Learning and Teaching on the World Wide Web. London, UK: Academic Press.

Winne, P.(1995). Self-regulation of ubiquitous but its forms very with knowledge. Educational Psychologist, 30, 223~228.

Yang, Y. C.(1991). The effects of self regulatory skills and type of instructional control on learning from computer-based instruction. Unpublished doctoral dissertation. The Florida State University.

Zeidner, M., Boekaerts, M., & Pintrich, P. R.(2000). Self-regulation: Directions and challenges for future research. In M. Boekaerts, P. R. Pintrich, & M. Zeidner(Eds.), The Handbook of Self-Regulation(749~768). San Diego, CA: Academic Press.

Zimmerman, B. J.(1986). Becoming a self-regulated learner: Which are the key subprocesses? *Contemporary Educational Psychology,*

11, 307~313.

Zimmerman, B. J.(1989). A social-cognitive view of self-regulated academic learning. *Journal of Educational Psychology, 81*, 329~339.

Zimmerman, B. J.(1990). Self-regulated learning and academic achievement: An overview. *Educational Psychologist, 25*(1), 3~17.

Zimmerman, B. J.(2000). Attaining self-regulation: A social cognitive perspective, In M. Boekaerts, P. R. Pintrich & M. Zeidner(Eds.). *Handbook of self-regulation*(pp.13-39). CA: Academic Press.

Zimmerman, B. J., & Martinez-Pons, M.(1986). Development of a structured interview for assessing student use of self-regulated learning strategies. *American Educational Research Journal, 23*, 614~628.

Zimmerman, B. J. & Martinez-Pons, M.(1988). Construct validation of a strategy model student self-regulated learning. *Journal of Educational Psychology. 80*(3), 284~290.

Zimmerman, B. J. & Martinez-Pons, M.(1990). Student differences in self-regulated learning: Relating grade, sex, and giftedness to self-efficacy and strategy use. *Journal of Educational Psychology, 82*, 51~59.

Zimmerman, B. J. & Schunk, D. H.(1989). *Self-regulated learning and academic achievement: theory, research, and practice.* New York: Springer-Verlag.

|부 록|

〈부록 1-1〉 자기조절학습 검사

1. 자기효능감

1. 나는 다른 학생들과 비교해 볼 때 학교공부를 잘할 수 있다고 생각한다.
2. 나는 학교에서 공부한 내용을 이해할 수 있다고 믿는다.
3. 나는 우리 반에서 아주 공부를 잘하게 될 것이라고 기대한다.
4. 나는 우리 반에서 다른 학생과 비교해 볼 때 내가 능력 있는 학생이라고 생각한다.
5. 나는 수업 시간에 내게 주어진 문제나 숙제들을 잘 해결할 수 있다고 확신한다.
6. 나는 우리 반에서 좋은 성적을 받을 것이라고 생각한다.
7. 나는 친구들보다 공부하는 요령이 우수하다고 생각한다.
8. 나는 우리 반 친구들보다 배운 것을 많이 알고 있다고 생각한다.
9. 나는 수업내용을 학습할 수 있는 능력이 있다는 사실을 안다.

2. 내재적 가치

10. 나는 새로운 사실을 학습하기 위해 도전을 필요로 하는 수업을 좋아한다.
11. 나는 수업에서 선생님께서 가르치시고 있는 내용을 학습하는 것이 공부에 중요하다고 생각한다.
12. 나는 수업에서 지금 배우고 있는 내용을 좋아한다.
13. 나는 지금 배우고 있는 수업 내용을 다른 수업에서도 활용할 수 있을 것이라고 생각한다.
14. 나는 비록 그 과목이 어렵다 하더라도 내가 하고 싶은 내용이라면 기꺼이 선택한다.
15. 나는 시험에서 비록 낮은 점수를 받았을 때에도 잘못된 점을 찾아내어 다시 학습하려고 시도한다.
16. 나는 수업에서 내가 지금 배우고 있는 내용이 수업을 이해하는 데 쓸모 있다고 생각한다.
17. 나는 현재 수업에서 배우고 있는 내용이 흥미 있다고 생각한다.
18. 나는 학교에서 배운 내용을 이해하는 것이 중요하다고 생각한다.

3. 시험불안

19. 나는 시험을 보는 동안 너무 긴장해서 배웠던 내용을 잘 기억할 수가 없다.
20. 나는 시험을 칠 때 걱정되고 당황스럽다.
21. 나는 시험에 대해 걱정을 많이 한다.
22. 나는 시험 볼 때 내가 시험을 얼마나 못 볼지에 대해 생각한다.

4. 상위인지

23. 나는 새로운 내용을 공부하기 전에 그것들이 어떻게 조직되어
    있는지를 훑어본다.
24. 나는 글을 읽을 때 독서의 초점을 분명히 하기 위하여 미리 질
    문을 해 본다.
25. 나는 글을 쓸 때, 미리 계획을 세운다.
26. 나는 숙제나 공부를 할 때 나의 생각을 조금이라도 포함시켜
    보려고 노력한다.
27. 나는 글을 쓸 때, 글을 쓰는 목적에 대해 미리 생각해 본다.
28. 나는 새로운 것을 읽기 전에 그것에 관해 무엇을 알고 있는지
    를 나 자신에게 묻는다.
29. 나는 글의 첫머리에 무엇을 써야 할지 생각해 본다.
30. 나는 공부하기 전에 어떻게 공부할 것인지를 생각하는 편이다.
31. 나는 글을 쓸 때 어떤 방법으로 써야 할지 미리 생각해 본다.
32. 나는 글을 쓸 때, 쓸 내용을 머릿속으로 생각해 본다.
33. 나는 글을 쓸 때, 무엇에 대해 써야 할지 생각해 본다.
34. 나는 책을 읽기 전에 왜 읽어야 하는지를 생각한 후 읽으면 내
    용을 훨씬 잘 이해한다.
35. 나는 공부할 때 이해가 잘 안 되는 내용은 다시 공부한다.
36. 나는 책의 내용이 이해하기 어려우면 읽는 방법을 바꾼다.
37. 나는 글을 쓸 때, 더 잘 쓰기 위해서 선생님께서 말씀하신 것을
    기억해서 쓴다.
38. 나는 책에서 읽은 내용을 공부할 때 활용하려고 노력한다.
39. 내가 글을 쓰고도 무엇에 관해 썼는지 모를 때가 있다.

40. 나는 글을 쓰기 전에 먼저 부분적인 글을 써본다.

41. 나는 산수 문제를 풀 때, 처음 선택한 방법으로 못 풀면 다른 방법을 찾는다.

42. 나는 시간이 모자랄 때도 어떻게 해서든지 글을 마무리한다.

43. 나는 수업 때문에 책을 읽기는 하지만 도대체 무슨 소리인지 모를 때가 있다.

44. 나는 글을 읽다가 시간이 모자라면 무슨 이야기인지 잘 알려주는 부분만 읽는다.

45. 나는 글을 읽을 때, 중요하지 않은 부분은 읽지 않고 건너뛴다.

46. 나는 글을 읽다가 혼돈이 생기면 앞으로 돌아가서 내용을 짐작해 보려고 노력한다.

47. 나는 수업시간에 다른 생각을 하다가 중요한 사항을 놓치는 경우가 종종 있다.

48. 나는 글을 쓸 때, 내 글에 무엇을 보충해야 할지를 안다.

49. 나는 글을 읽다가 한 문장의 의미를 모르면 앞뒤 문장을 통해 그 문장의 의미를 생각한다.

50. 나는 글을 쓸 때, 글의 종류에 따라 다르게 쓰였는지를 검토한다.

51. 나는 글을 쓸 때, 잠시 멈추고 내가 쓴 글을 검토한다.

52. 나는 쓴 글을 검토하다 부족한 내용은 보충한다.

53. 나는 글을 잘 쓰는 아이들은 자신이 쓴 글을 스스로 고쳐간다고 생각한다.

54. 나는 누가 시키지 않아도 내가 쓴 글을 다시 읽고 고친다.

55. 나는 글을 읽다 모르는 낱말이 나오면 뜻을 알아내기 위해 옆의 낱말들을 본다.

5. 인지전략

56. 나는 시험공부를 할 때 교과서와 공책을 되풀이하여 읽고 또 읽는다.

57. 나는 수업 중에 배운 내용들을 기억하려고 여러 번 외운다.

58. 나는 시험공부를 할 때 공책에 필기한 내용을 다시 적어본다.

59. 나는 공부할 때 공부한 내용을 되풀이 말하면서 반복한다.

60. 나는 수업 시간에 들은 것이나 읽은 것이 이해가 되었는지를 확인하기 위해서 나 자신에게 질문을 해 본다.

61. 나는 책을 읽을 때 알고 있는 것과 연결시키려고 노력한다.

62. 나는 공부할 때 중요한 내용은 공책에 정리한다.

63. 나는 시험 전에 공책이나 교과서를 복습해 볼 시간이 거의 없다.

64. 나는 요점에만 밑줄을 치거나 중요한 것만 필기한다.

65. 나는 학습내용을 이해하지 못할 때 다른 학생에게 도움을 요청한다.

66. 나는 시험공부를 할 때 공부한 내용을 가끔 친구들에게 설명해 보곤 한다.

67. 나는 어떤 주제를 공부할 때, 모든 것이 맞아 들어가게 하려고 노력한다.

68. 나는 시험공부를 할 때 교과서, 공책, 참고서의 내용을 같이 맞추어 본다.

69. 나는 어떤 주제에 대해 공부를 할 때 내 생각을 정리하여 조직한다.

70. 나는 학습내용을 조직화하고 요약하는 데 도움이 되도록 간단한 도표나 그림을 만들어본다.

71. 나는 독서물과 학습내용을 연결시켜 봄으로써 학습내용을 이해
   하려고 노력한다.
72. 나는 수업 중 필기를 하다가 혼돈이 생기면 수업이 끝난 후 그
   것을 나름대로 다시 정리한다.

6. 자원관리전략

73. 나는 다른 활동 때문에 공부하는 데 많은 시간을 보내지 못하
   고 있다.
74. 나는 공부시간을 잘 활용하고 있다.
75. 나는 내가 세운 공부 계획을 실천하기가 어렵다.
76. 나는 공부할 내용이 재미없고 지루하더라도 끝까지 공부한다.
77. 나는 공부할 때 처음부터 그냥 읽어가지 않고 충분히 생각해
   보고 배울 것이 무엇인지를 확인한다.
78. 나는 효과적인 공부를 하기 위해 공부하는 장소를 확실히 정해
   둔다.
79. 나는 정해진 공부장소를 가지고 있다.
80. 나는 학습내용이 어려우면 공책을 다시 들여다보고 빠뜨렸던
   아이디어나 개념들을 메워 넣는다.
81. 나는 흥미 없는 과목이라고 해도 점수를 잘 받으려고 열심히
   공부한다.
82. 나는 너무 어려운 공부는 다 끝내지 않고 포기해버리거나 쉬운
   부분만 공부한다.
83. 나는 규칙적으로 학교에 출석한다.
84. 나는 시험 볼 때 중요한 개념들을 생각해 낼 수 있도록 핵심

단어들을 기억하려고 노력한다.

85. 나는 공부할 때 타인의 도움 없이 스스로 공부하려고 노력한다.

86. 나는 필요하다면 도움을 구할 수 있는 사람을 알아놓으려 한다.

87. 나는 학교에서 공부하는 동안 칠판에 적혀 있는 것 또는 선생님 목소리의 억양 등과 같은 단서를 활용하여 중요한 내용에 정신을 기울인다.

88. 나는 학습 내용과 내 인생의 공부 이외의 다른 부분 사이에 어떤 관계가 있는지 모르겠다.

〈부록 2-1〉 초등학생용 자기조절학습 검사 문항

1. 나는 우리 반 친구들에 비해 공부를 잘한다.

2. 나는 학교에서 배운 내용을 잘 이해한다.

3. 나는 다른 학생들에 비해 어려운 문제를 잘 푼다.

4. 나는 우리 반의 다른 친구들에 비해 우수한 학생이다.

5. 나는 앞으로도 좋은 성적을 올릴 수 있을 것이다.

6. 나는 우리 반의 다른 친구들에 비해 공부하는 방법이 우수하다.

7. 나는 수업 내용을 학습할 수 있는 능력이 있다.

8. 나는 숙제와 시험에서 잘할 자신이 있다.

9. 나는 다소 어렵더라도 공부에 대한 호기심을 갖게 하는 과목을 좋아한다.

10. 나는 공부할 때 좋은 성적을 받는 것보다 많은 내용을 배우는 것을 중요하게 생각한다.

11. 나는 내가 풀지 못할 정도로 문제가 어려워도 무엇인가를 배울 수 있는 문제를 좋아한다.

12. 나는 많은 노력이 들더라도 무엇인가를 배울 수 있는 학습 내용을 좋아한다.

13. 나는 다소 어렵더라도 내가 하고 싶은 과목이라면 기꺼이 공부한다.

14. 나는 새로운 것을 배우기 위해 도전을 필요로 하는 수업을 좋아한다.

15. 나는 공부하는 내용이 나에게 매우 중요하기 때문에 공부한다.

16. 나는 지금 수업에서 배우고 있는 내용을 다른 수업 시간에도

활용할 수 있을 것이라고 생각한다.

17. 나는 수업 중에 선생님께서 가르쳐 주시는 내용을 학습하는 것이 공부에 중요하다고 생각한다.

18. 나는 학교에서 배운 내용을 이해하는 것이 중요하다고 생각한다.

19. 나는 학교생활이 내가 성장해 나가는 데 중요한 역할을 할 것이라고 생각한다.

20. 나는 학교에서 배우는 내용이 살아가는 데 유용할 것이라고 생각한다.

21. 나는 시험지를 보면 알던 것도 생각이 안 난다.

22. 나는 시험 볼 때 차근차근 문제를 풀지 않고 허둥대면서 이 문제 저 문제 푼다.

23. 나는 시험지를 보면 심장 박동이 빨라지고, 진땀이 나며, 화장실에 가고 싶다.

24. 나는 시험 칠 때 긴장해서 답을 못 쓸 때가 있다.

25. 나는 시험지를 받으면 몸이 굳어진다.

26. 나는 공부하기 전에 어떻게 공부할지 미리 생각해 본다.

27. 나는 공부할 때 새로운 것이 나오면 모두 외운다.

28. 나는 공부할 때 중요한 내용은 공책에 정리한다.

29. 나는 공부할 때 교과서, 공책을 읽고 또 읽는다.

30. 나는 수업 중에 배운 내용들을 암기하려고 여러 번 외운다.

31. 나는 공부할 때 공부한 내용을 되풀이 말하면서 반복한다.

32. 나는 공부할 때 모든 것을 외우려고 애쓴다.

33. 나는 공부할 때 교과서, 공책, 참고서 내용을 맞추어 본다.

34. 나는 공부할 때 나름대로 내 생각을 정리해 본다.

35. 나는 독서물과 학습 내용을 연결시켜 봄으로써 학습 내용을 이

해하려고 노력한다.

36. 나는 수업 중에 필기하다가 혼란스러워지면 수업이 끝난 후에 그것을 나름대로 다시 정리한다.

37. 나는 공부한 내용을 정리하면서 간단히 요약해 본다.

38. 나는 공부할 때 개념들을 모아서 나름대로 관계 지어 본다.

39. 나는 책을 읽을 때, 책 읽는 목적을 분명히 하기 위해 나 자신에게 미리 질문해 본다.

40. 나는 글쓰기 전에, 미리 계획을 세운다.

41. 나는 글을 쓰기 전에, 글 쓰는 목적에 대해 미리 생각해 본다.

42. 나는 글의 첫머리에 무엇을 써야 할지 생각해 본다.

43. 나는 글을 쓰기 전에, 어떤 방법으로 써야 할지 미리 생각해 본다.

44. 나는 글쓰기 전에 먼저 부분적인 글을 써 본다.

45. 나는 시간이 부족해도 어떻게 해서든지 글쓰기를 마무리한다.

46. 나는 글을 쓰기 전에, 쓸 내용을 머릿속으로 생각해 본다.

47. 나는 글을 쓰기 전에, 무엇에 대해 써야 할지 생각해 본다.

48. 나는 공부하는 도중에 내용을 이해하고 있는지 스스로에게 질문해 보곤 한다.

49. 나는 글을 쓸 때, 내가 쓴 글에 무엇을 보충해야 할지 안다.

50. 나는 글을 쓸 때, 글의 종류에 따라 알맞게 썼는지 검토한다.

51. 나는 글을 쓸 때, 잠시 멈추고 내가 쓴 글을 검토한다.

52. 나는 내가 쓴 글을 검토하고 부족한 내용은 보충한다.

53. 나는 누가 시키지 않아도 내가 쓴 글을 읽어보고 다시 고친다.

54. 나는 공부 시간을 잘 활용하고 있다.

55. 나는 효과적으로 공부하기 위해 시간 계획을 세워 공부한다.

56. 나는 공부할 내용이 재미없고 지루하더라도 끝까지 공부한다.

57. 나는 매일 일정한 시간을 정해 놓고 공부한다.

58. 나는 공부를 잘하기 위해 식사, 수면, 운동 등을 규칙적으로 한다.

59. 나는 학습 과제가 주어지면 정해진 시간 내에 완성한다.

60. 나는 선생님이나 부모님이 시키기 전에 스스로 알아서 공부한다.

61. 나는 고정적인 공부 장소를 가지고 있다.

62. 나는 공부가 잘되는 시간은 비워놓고 그 시간에는 공부만 한다.

63. 나는 시험 볼 때 중요한 개념들을 생각해 낼 수 있도록 핵심 단어들을 암기하려고 노력한다.

64. 나는 학교에서 공부할 때 칠판에 적혀 있는 것이나 선생님 목소리의 억양 등과 같은 단서를 이용하여 중요한 내용에 정신을 기울인다.

65. 나는 모르는 것이 생기면 백과사전이나 인터넷을 찾아본다.

66. 나는 공부하다가 모르는 부분이 생기면 다른 사람에게 물어본다.

67. 나는 시험에 나올 만한 것을 잘 아는 친구가 있으면 물어보거나 같이 공부한다.

68. 나는 공부하다가 어려운 부분은 쉽게 포기하거나 쉬운 부분만 공부한다.

69. 나는 공부하려면 쓸데없는 생각 때문에 집중을 못한다.

70. 나는 무엇부터 공부할지 결정하기가 어렵다.

〈부록 3-1〉 중학생용 자기조절학습 검사

1. 나는 우리 반 친구들에 비해 공부를 잘한다.
2. 나는 학교에서 배운 내용을 이해한다.
3. 나는 다른 학생들에 비해 어려운 문제를 잘 푼다.
4. 나는 우리 반의 다른 친구들에 비해 우수한 학생이다.
5. 나는 앞으로도 좋은 성적을 올릴 수 있을 것이다.
6. 나는 새로운 것을 배울 수 있는 과목을 열심히 공부한다.
7. 나는 내가 풀지 못할 정도로 문제가 어려워도 무엇인가를 배울 수 있는 문제를 좋아한다.
8. 나는 우리 반의 다른 친구들에 비해 공부하는 방법이 우수하다.
9. 나는 수업 내용을 학습할 수 있는 능력이 있다.
10. 나는 앞으로도 공부를 잘할 수 있을 것이다.
11. 나는 숙제와 시험에서 잘할 자신이 있다.
12. 나는 선생님께서 시키는 일을 잘 해 낸다.
13. 나는 공부하는 내용이 내게 중요하기 때문에 공부한다.
14. 나는 지금 수업에서 배우고 있는 내용을 좋아한다.
15. 나는 지금 수업에서 배우는 내용을 다른 수업 시간에도 활용할 수 있을 것이라고 생각한다.
16. 나는 지금 배우는 내용이 수업을 이해하는 데 쓸모 있다고 생각한다.
17. 나는 수업 중에 선생님께서 가르쳐 주시는 내용을 학습하는 것이 공부에 중요하다고 생각한다.
18. 나는 지금 수업에서 배우는 내용이 흥미롭다고 생각한다.

19. 나는 학교에서 배운 내용을 이해하는 것이 중요하다고 생각한다.

20. 나는 학교생활이 내가 성장해 나가는 데 중요한 역할을 할 것이라고 생각한다.

21. 나는 학교에서 배우는 내용이 살아가는 데 유용할 것이라고 생각한다.

22. 나는 시험지를 보면 알던 것도 생각이 안 난다.

23. 나는 시험 볼 때 차근차근 문제를 풀지 않고 허둥대면서 이 문제 저 문제 푼다.

24. 나는 시험지를 보면 심장 박동이 빨라지고, 진땀이 나며, 화장실에 가고 싶다.

25. 나는 시험 칠 때 긴장해서 답을 못 쓸 때가 있다.

26. 나는 시험을 치면서 잘 못 볼까 봐 걱정한다.

27. 나는 시험지를 받으면 몸이 굳어진다.

28. 나는 다른 학생보다 공부를 잘하는 것을 중요하게 생각한다.

29. 나는 다른 학생보다 내가 더 똑똑하다는 것을 선생님께 보여드리고 싶다.

30. 나는 선생님의 질문에 나 혼자만 대답하면 기쁘다.

31. 나는 공부를 잘했는데도 선생님께서 칭찬을 안 해 주시면 기분이 나쁘다.

32. 나는 쉽고 친근한 내용을 배우기 좋아하는데 그 이유는 좋은 점수를 받을 수 있기 때문이다.

33. 나는 가능하면 다른 친구들보다 좋은 점수를 받고 싶다.

34. 나는 글의 첫머리에 무엇을 써야 할지 생각해 본다.

35. 나는 글을 쓰기 전에, 어떤 방법으로 써야 할지 미리 생각해 본다.

36. 나는 글을 쓸 때, 더 잘 쓰기 위해 선생님께서 말씀하신 것을

기억해서 쓴다.

37. 나는 시간이 부족해도 어떻게 해서든지 글쓰기를 마무리한다.

38. 나는 글을 쓰기 전에, 쓸 내용을 머릿속으로 생각해 본다.

39. 나는 글을 쓰기 전에, 무엇에 대해 써야 할지 생각해 본다.

40. 나는 책을 읽는 도중에 어떤 문장의 뜻을 모르면 앞·뒤 문장을 통해 그 문장의 뜻을 생각한다.

41. 나는 글을 쓸 때, 잠시 멈추고 내가 쓴 글을 검토한다.

42. 나는 내가 쓴 글을 검토하다 부족한 내용은 보충한다.

43. 나는 글을 잘 쓰는 아이들은 자신이 쓴 글을 스스로 고칠 줄 안다고 생각한다.

44. 나는 누가 시키지 않아도 내가 쓴 글을 읽어보고 다시 고친다.

45. 나는 공부하기 전에 어떻게 공부할지 미리 생각해 본다.

46. 나는 공부할 때 중요한 내용은 공책에 정리한다.

47. 나는 공부할 때 교과서, 공책을 읽고 또 읽는다.

48. 나는 수업 중에 배운 내용들을 암기하려고 여러 번 외운다.

49. 나는 시험 공부할 때 공책에 필기한 내용을 다시 적어본다.

50. 나는 공부할 때 공부할 내용을 되풀이 말하면서 반복한다.

51. 나는 공부할 때 교과서, 공책, 참고서 내용을 맞추어 본다.

52. 나는 공부한 내용을 정리하면서 간단히 요약해 본다.

53. 나는 책을 읽을 때 독서의 초점을 분명히 하기 위해 나 자신에게 미리 질문해 본다.

54. 나는 책을 읽기 전에 그것에 관해 알고 있는 것이 무엇인지 나 자신에게 질문해 본다.

55. 나는 글쓰기 전에 먼저 부분적인 글을 써 본다.

56. 나는 책을 읽기 전에 왜 읽어야 하는지 생각한 후 읽으면 내용

을 훨씬 잘 이해한다.

57. 나는 선생님의 수업 방식을 고려하여 공부 방법을 조절할 수 있다.

58. 나는 공부하는 도중에 내용을 이해하고 있는지 스스로에게 질문해 보곤 한다.

59. 나는 새로운 내용을 공부할 때 이미 배운 내용과 어떤 관련성이 있는지 찾아본다.

60. 나는 새로운 내용을 배울 때는 그것과 관련된 상황을 머릿속으로 상상해 보면서 이해한다.

61. 나는 학습 내용을 실생활과 관련지어 공부한다.

62. 나는 독서물과 학습 내용을 연결시켜 봄으로써 학습 내용을 이해하려고 노력한다.

63. 나는 공부가 잘되는 시간은 비워 놓고 그 시간에는 공부만 한다.

64. 나는 공부 시간을 잘 활용하고 있다.

65. 나는 효과적으로 공부하기 위해 시간 계획을 세워 공부한다.

66. 나는 공부할 내용이 재미없고 지루하더라도 끝까지 공부한다.

67. 나는 공부할 때 처음부터 그냥 읽지 않고 충분히 생각해 보고 배울 것이 무엇인지 확인한다.

68. 나는 매일 일정한 시간을 정해 놓고 공부한다.

69. 나는 공부를 잘하기 위해 식사, 수면, 운동 등을 규칙적으로 한다.

70. 나는 선생님이나 부모님이 시키기 전에 스스로 알아서 공부한다.

71. 나는 모르는 것이 생기면 백과사전이나 인터넷을 찾아본다.

72. 나는 학습 과제가 주어지면 정해진 시간 내에 완성한다.

73. 나는 시험 일정표와 숙제 마감 날짜 등을 눈에 잘 띄는 곳에 적어둔다.

74. 나는 좋은 점수를 받기 위해 싫어하는 과목도 열심히 공부한다.

75. 나는 규칙적으로 학교에 출석한다.

76. 나는 시험 볼 때 중요한 개념들을 생각해 낼 수 있도록 핵심
단어들을 암기하려고 노력한다.

77. 나는 공부할 때, 최대한 열심히 한다.

78. 나는 숙제를 정해진 시간까지 다 끝내 놓는다.

79. 나는 이해하지 못하는 것이 있으면 선생님께 여쭈어 본다.

80. 나는 공부하다가 모르는 부분이 생기면 다른 사람에게 물어본다.

81. 나는 학교에서 공부할 때 칠판에 적혀 있는 것이나 선생님 목
소리의 억양 등과 같은 단서를 이용하여 중요한 내용에 정신을
기울인다.

82. 나는 시험에 나올 만한 것을 잘 아는 친구가 있으면 물어보거
나 같이 공부한다.

〈부록 4-1〉 대학생용 자기조절학습 검사 프로파일

하위 영역		백분위 점수(%)				
		0	25	50	75	100
동기 조절	자기 효능감					
	내재적 가치					
	시험불안					
	외현적 목표지향					
인지 조절	인지전략					
	시연과 기억					
	점검					
	계획					
행동 조절	노력조절					
	시간과 공부조절					
	조력추구 전략					
	공부환경 조절					

〈부록 4-2〉 대학생용 자기조절학습 검사 문항

동기 조절 문항

1. 나는 우리 과 다른 학생들에 비해 공부를 잘한다.
2. 나는 학교에서 배운 내용을 이해한다.
3. 나는 노력한 만큼 좋은 학점을 받는다.
4. 나는 우리 과의 다른 학생들에 비해 우수한 학생이다.
5. 나는 앞으로도 좋은 학점을 받을 수 있다.
6. 나는 우리 과의 다른 학생들에 비해 공부 방법이 우수하다.
7. 나는 강의 내용을 공부할 수 있는 능력이 있다.
8. 나는 앞으로도 공부를 잘할 것이다.
9. 나는 교수님께서 시키시는 일을 잘해 낸다.
10. 나는 교수님으로부터 인정을 받는다.
11. 나는 어려운 과제라도 노력하면 할 수 있다.
12. 공부는 내 인생의 중요한 목표이다.
13. 나는 많은 노력이 들더라도 무엇인가를 배울 수 있는 학습 내용을 좋아한다.
14. 나는 공부하는 내용이 내게 중요하기 때문에 공부한다.
15. 나는 공부하는 내용이 흥미 있기 때문에 공부한다.
16. 나는 학교에서 배운 내용을 이해하는 것이 중요하다고 생각한다.
17. 나는 대학 생활이 내가 성장하는 데 중요한 역할을 할 것이라고 생각한다.
18. 나는 대학에서 배우는 내용이 살아가는 데 유용할 것이라고 생

각한다.

19. 나는 학교공부를 중요하게 생각한다.

20. 나는 교수님의 말씀을 중요시한다.

21. 나는 교수님의 말씀이 어려워도 알려고 노력한다.

22. 나는 시험지를 보면 알 던 것도 생각이 안 난다.

23. 나는 시험 볼 때 허둥댄다.

24. 나는 시험 볼 때 긴장해서 답을 못 쓸 때가 있다.

25. 나는 시험 볼 때 잘 못 볼까 봐 걱정한다.

26. 나는 시험지를 받으면 몸이 굳어진다.

27. 나는 공부를 열심히 해도 시험 때면 걱정된다.

28. 나는 다른 학생들보다 공부 잘하는 것이 중요하다.

29. 나는 다른 학생들보다 내가 더 우수하다는 것을 교수님께 보여
드리고 싶다.

30. 나는 교수님의 질문에 나 혼자만 대답하면 기쁘다.

31. 나는 가능한 다른 친구들보다 좋은 학점을 받고 싶다.

32. 나는 학점이 무엇보다 중요하다고 생각한다.

인지 조절 문항

33. 나는 책에서 읽은 내용을 공부할 때 활용하려고 노력한다.

34. 나는 암기할 내용을 잘 아는 것과 연결해서 외운다.

35. 나는 새로운 내용을 공부할 때 이미 배운 내용과 관련시켜 공
부한다.

36. 나는 공부할 때, 내가 지금까지 아는 것들과 새로운 것이 어떤
관련성이 있는지 찾아본다.

37. 나는 새로운 내용을 배울 때는 그것과 관련된 상황을 머릿속으로 상상해 보면서 이해한다.

38. 나는 강의 내용을 실생활과 관련지어 공부한다.

39. 나는 새로운 개념을 배울 때는 이해하기 쉽도록 구체적인 예를 떠올려 본다,

40. 나는 어떤 주제에 대해 공부할 때 나름대로 내 생각을 정리해 본다.

41. 나는 복잡한 내용을 공부할 때 그림이나 표로 작성해 본다.

42. 나는 독서 내용과 강의 내용을 연결시켜 봄으로써 강의내용을 이해하려고 노력한다.

43. 나는 공부할 때 개념들을 모아서 나름대로 관계를 정립해 본다.

44. 나는 공부할 때 비슷한 내용을 관련시키거나 비교한다.

45. 나는 어려운 내용은 내가 잘 아는 것과 관련시킨다.

46. 나는 교수님께서 강조하시는 곳에 밑줄을 친다.

47. 나는 공부할 때 교재, 노트, 참고자료의 내용을 맞추어 본다.

48. 나는 공부할 때 교재, 노트를 읽고 또 읽는다.

49. 나는 강의 중에 배운 내용들을 암기하려고 여러 번 외운다.

50. 나는 시험 공부할 때 노트에 필기한 내용을 다시 정리한다.

51. 나는 공부할 때 새로운 것이 나오면 모두 외운다.

52. 나는 어떤 내용을 외우기 위해 자주 사용하는 나만의 방법이 있다.

53. 나는 글의 첫머리에 무엇을 써야 할지 생각해 본다.

54. 나는 공부하기 전에 어떻게 공부 할지 미리 생각해 본다.

55. 나는 책을 읽는 도중에 혼돈이 생기면 앞으로 돌아가서 내용을 정리해 본다.

56. 나는 책을 읽을 때 어떤 문장의 뜻을 모르면 앞·뒤 문장을 통해 그 문장의 뜻을 생각한다.

57. 나는 글을 쓸 때, 잠시 멈추고 내가 쓴 글을 검토한다.

58. 나는 누가 시키지 않아도 내가 쓴 글을 읽어보고 다시 고친다.

59. 나는 독서할 때 초점을 분명히 하기 위해 나 자신에게 미리 질문해 본다.

60. 나는 글쓰기 전에, 미리 계획을 세운다.

61. 나는 글쓰기 전에, 글 쓰는 목적에 대해 미리 생각해 본다.

62. 나는 책 읽기 전에 그것에 관해 알고 있는 것이 무엇인지 나 자신에게 질문해 본다.

63. 나는 책 읽기 전에 왜 읽어야 하는지 생각한 후 읽는다.

행동 조절 문항

64. 나는 공부할 내용이 재미없어도 끝까지 공부한다.

65. 나는 학습 과제가 주어지면 정해진 시간 내에 완성한다.

66. 나는 좋은 학점을 받기 위해 싫어하는 과목도 열심히 공부한다.

67. 나는 규칙적으로 강의에 출석한다.

68. 나는 공부할 때, 최대한 열심히 한다.

69. 나는 공부할 내용이 재미없고 지루해도 끝까지 공부한다.

70. 나는 과제물을 정해진 시간까지 다 끝내 놓는다.

71. 나는 공부할 때, 배운 내용을 익히기 위해 최선을 다한다.

72. 나는 공부 시간을 잘 활용한다.

73. 나는 효과적으로 공부하기 위해 시간 계획을 세워 공부한다.

74. 나는 매일 일정한 시간을 정해 놓고 공부한다.

75. 나는 공부를 잘하기 위해 규칙적으로 생활한다.

76. 나는 공부하는 시간과 쉬는 시간을 분명히 구분한다.

77. 나는 교수님이나 부모님께서 시키기 전에 스스로 알아서 공부한다.

78. 나는 고정적인 공부 장소가 있다.

79. 나는 여러 가지 보충자료들을 수집해서 공부한다.

80. 나는 강의 중에 모르는 내용이 있으면 교수님께 질문한다.

81. 나는 공부하다가 모르는 내용이 있으면 다른 사람에게 물어본다.

82. 나는 모르는 내용이 있으면 관련 자료나 인터넷을 찾아본다.

83. 나는 학교생활과 관련해서 어려운 문제는 교수님께 도움을 받는다.

84. 나는 학습 자료가 필요하면 교수님께 도움을 구한다.

85. 나는 공부를 잘할 수 있도록 환경을 정돈한다.

86. 나는 필요한 책을 공부하기에 편리하도록 정돈한다.

87. 나는 공부하는 데 방해가 되는 물건을 제거한다.

88. 나는 집중이 잘 안 될 때 쉬운 과목이나 내가 좋아하는 과목으로 바꾸어서 공부한다.

·저자·

정미경 　　·약　력·

숙명여자대학교 교육심리학과 졸업
숙명여자대학교 대학원 교육학 석사(교육심리 전공)
숙명여자대학교 대학원 교육학 박사(학교교육과 교육심리 전공)

전 한국교육과정평가원 Post-Doc.
　한국교육과정평가원 연구교수
현 한경대학교 교양학부 교수
　한경대학교 교수학습센터 소장
　한국교육심리학회 이사
　한국영재교육학회 이사

자기조절학습 탐구

·초판 인쇄	2008년 4월 15일
·초판 발행	2008년 4월 15일
·지 은 이	정미경
·펴 낸 이	채종준
·펴 낸 곳	한국학술정보㈜
	경기도 파주시 교하읍 문발리 513−5
	파주출판문화정보산업단지
	전화　031) 908−3181(대표)·팩스　031) 908−3189
	홈페이지　http://www.kstudy.com
	e−mail(출판사업부)　publish@kstudy.com
·등　　록	제일산−115호(2000. 6. 19)
·가　　격	35,000원

ISBN　978-89-534-8570-9 93370 (Paper Book)
　　　　978-89-534-8571-6 98370 (e−Book)